Distribution

Pour le Canada:

Les messageries ADP
955, rue Amherst
Montréal (Québec)
H2L 3K4
Tél.: (514) 523-1182

Pour la France:

Dilisco
122, rue Marcel Hartmann
94200 Ivry-sur-Seine
France
Tél.: (1) 49 59 50 50

Pour la Belgique:

Vander, s.a.
321, avenue des Volontaires
B-1150 Bruxelles (Belgique)
Tél.: (32-2) 762 9804

Pour la Suisse:

Diffusion Transat, s.a.
Route des Jeunes, 4ter
Case postale 1210
CH-1211 Genève 26
Tél.: (022) 342 7740

Secrets d'une vie magique

Données de catalogage avant publication (Canada)

Williams, Pat, 1940-

Secrets d'une vie magique

Traduction de: Go for the magic – Autobiographie

ISBN 2-89225-295-4

1. Williams, Pat, 1940- . 2. Basket-ball - Entraîneurs - États-Unis - Biographies. 3. Vie chrétienne. 4. Succès - États-Unis. 5. Orlando Magic (Équipe de basket-ball). I. Denney, James D. II. Titre.

GV884.W55A3 1996 796.323'07'7092 C96-940675-4

Cet ouvrage a été publié en langue anglaise sous le titre original:
GO FOR THE MAGIC, THE FIVE SECRETS BEHIND A MAGICAL, MIRACULOUS WAY OF LIFE
Published in Nashville, Tennessee, by Thomas Nelson, Inc., Publishers, and distributed in Canada by Word Communications, Ltd., Richmond, British Columbia

Dépôts légaux: 3e trimestre 1996
Bibliothèque nationale du Québec
Bibliothèque nationale du Canada
Bibliothèque nationale de France

Conception graphique de la couverture:
OLIVER LASSER

Version française:
ANNIE DESBIENS ET MIVILLE BOUDREAULT

Photocomposition et mise en pages:
COMPOSITION MONIKA, QUÉBEC

ISBN 2-89225-295-4

(Édition originale: ISBN 0-8407-7436-2, Thomas Nelson, Inc., Publishers, Nashville, Tennessee)

Pat Williams
avec la collaboration de Jim Denney

Secrets d'une vie magique

Découvrez les cinq secrets de la réussite de Walt Disney

« L'histoire racontée par Pat Williams s'adresse aussi bien aux particuliers qu'aux entreprises. Elle nous montre qu'en transformant nos pensées en actions, nous pouvons tous nous doter d'un pouvoir formidable: celui de façonner notre propre destinée. »

Stephen R. Covey
Auteur de *Les Sept Habitudes de ceux qui réalisent tout ce qu'ils entreprennent*

« ***Secrets d'une vie magique*** *vous démontre comment chacun de nous peut réaliser ses rêves. »*

H. Wayne Huizenga
Propriétaire des Panthers de Miami (LNH)

« Le meilleur livre de motivation que j'ai jamais lu. »

Tommy Lasorda
Entraîneur-chef des Dodgers de Los Angeles (LNB)

Si vous désirez recevoir le catalogue de nos parutions,
il vous suffit de nous écrire à l'adresse suivante:
Les éditions Un monde différent ltée
3925, Grande-Allée
Saint-Hubert (Québec), Canada J4T 2V8
ou de composer le (514) 656-2660

Je dédie ce livre à deux personnes remarquables qui ont profondément marqué ma vie: Rich DeVos et le regretté Walt Disney.

Table des matières

Avant-propos 11

Remerciements 13

Chapitre 1 Réalisez vos rêves 15

Le premier secret magique:

Pensez «avenir»

Chapitre 2 Le passé est mort et enterré 33

Chapitre 3 Aujourd'hui ou Que faire en attendant demain? 51

Chapitre 4 Demain ou Comment préparer l'avenir 73

Le deuxième secret magique:

Donnez libre cours à votre imagination

Chapitre 5 La pensée infinie 105

Chapitre 6 Tout est possible! 137

Le troisième secret magique:

Visez l'excellence

Chapitre 7 Vingt fois sur le métier remettez votre ouvrage 171

Le quatrième secret magique: **Persévérez**

Chapitre 8 La résolution inébranlable d'atteindre son but 203

Le cinquième secret magique: **Amusez-vous!**

Chapitre 9 Et dire qu'on me *paie* pour faire ce travail! . . . 237
Chapitre 10 Qu'est-ce que la réussite après tout? 265

Avant-propos

Petite fille, je croyais à la magie. C'était toutefois le magicien, et non un tour en particulier, qui attirait mon attention. Un magicien possède à la fois le pouvoir et l'habileté de faire croire aux gens des choses qu'ils n'ont pas vraiment vues. La magie me fascinait car j'avais toujours rêvé d'accomplir quelque chose de vraiment remarquable, ou encore d'être quelqu'un dont les accomplissements seraient difficiles à croire et ce, même en les ayant vus. Ces rêves magiques sont devenus réalités: en 1988, lors de l'épreuve de sélection olympique du 100 mètres, j'ai franchi le fil d'arrivée avec un temps de 10 s 49. Ce résultat dépassait toutes mes espérances, ce qui prouve à quel point la puissance de l'esprit est magique.

Pat Williams a écrit un livre tout à fait pertinent qui inspirera tout autant ceux qui ont vécu une expérience magique que les autres. Ce livre nous encourage, nous motive à croire en nous-même, et nous dit comment y parvenir. J'ai déjà cru que seuls les gens riches avaient le pouvoir de réaliser leurs rêves; mais j'ai plus tard compris que nous pouvons tous faire de même si, comme le démontre le livre de Pat, nous y croyons vraiment.

Si vous recherchez des conseils et des suggestions vous trouverez tout ce dont vous avez besoin dans *Secrets d'une vie magique*; ce livre renferme toute la magie nécessaire pour aller au bout de ses rêves. Tout comme la Bible, *Secrets d'une vie magique* est un livre complet qui s'adresse à tous. Pour ma part, non seulement le reliraije encore et encore, mais je le partagerai avec ma famille et mes amis pour qu'eux-mêmes le partagent avec d'autres. J'en lis chaque matin quelques phrases pour me motiver à commencer ma journée du bon pied; je fais la même chose chaque soir afin de rendre grâce pour une autre merveilleuse journée qui s'achève.

Florence Griffith Joyner
Détentrice de cinq médailles olympiques

Remerciements

Ce livre n'aurait jamais vu le jour sans les conseils, les suggestions et le talent de Jim Denney et de Janet Thoma.

Chapitre 1

Réalisez vos rêves

- *« N'attendez pas demain pour faire tout ce que vous pouvez ou rêvez de faire. »*

  Gœthe

- *« À l'origine de toute grande entreprise, je veux dire de toute entreprise vraiment importante, on trouve une personne avec une idée en laquelle elle a vraiment cru. »*

  Irvine Robbins,
  cofondateur des crèmes glacées Baskin-Robbins

- *« Les rêves deviennent réalités si nous leur restons fidèles. »*

  Judy Wardell Halliday,
  spécialiste en contrôle du poids

Ce dimanche de septembre 1985, je croyais me rendre tout simplement en voiture à l'aéroport mais j'avais tort. Cette promenade fut un point *décisif* dans ma vie.

Avec le recul, je peux dire aujourd'hui que c'est grâce à cette randonnée en automobile qu'on doit l'existence même de l'équipe de basket-ball: le Magic d'Orlando. Cette journée de 1985 a vraiment été en quelque sorte la «plateforme de lancement» de tout ce qui s'est passé au cours des quelques années suivantes. À cette époque, j'étais directeur général d'une équipe de basket-ball, les 76ers de Philadelphie.

Dans la voiture, j'étais assis à l'avant, le siège à côté du conducteur. À l'arrière se trouvait un de mes amis, John Tolson, membre de l'équipe pastorale de l'église First Presbyterian d'Orlando. Notre «chauffeur» était Jim Hewitt, un des hommes d'affaires les plus importants d'Orlando, que j'avais rencontré quelques années auparavant à San Antonio, au Texas. Jimmy était un laïc très engagé au sein de la First Presbyterian. Ce matin-là, j'avais assisté à un service religieux et je me trouvais assis à côté de Jimmy sur le tout premier banc de l'église. Une fois la célébration terminée, Jimmy et John m'avaient aimablement offert de me déposer à l'aéroport d'Orlando où je devais prendre mon vol en direction de Philadelphie.

En route vers l'aéroport, je lançai de manière désinvolte: «Vous savez, la NBA* songe à procéder à une expansion et la Floride pourrait bien accueillir une des nouvelles équipes.

– Une équipe de basket-ball professionnel en Floride?», répondit Jimmy, tellement excité qu'il lâcha complètement le volant

* National Basketball Association

pour gesticuler. « Ouais ! Génial ! Bubba, c'est grand temps d'y penser ! »

Ce Jimmy est tout un personnage : exubérant, enthousiaste, honnête, très ouvert d'esprit, bref, une des personnes les plus charmantes et les plus chaleureuses que l'on puisse rencontrer. Pas très grand mais costaud, Jimmy est affublé d'un énorme menton et surnomme tout le monde « Bubba ». En affaires, c'est une main de fer dans un gant de velours, le genre d'homme qui joue avec ses entreprises comme un enfant avec son train électrique. Impossible de ne pas aimer ce bon vieux Jimmy. Tout ce qu'il touche le passionne : sa foi, sa famille, ses affaires et ses sports préférés, tout particulièrement l'équipe de football de l'université de l'État de la Floride.

Mais l'arrivée possible d'une équipe professionnelle de basket dans l'État de la Floride n'enchantait pas seulement Jimmy. De la banquette arrière, l'enthousiasme de John Tolson était tout aussi palpable ; j'ai parfois l'impression qu'avant même d'être un prédicateur, John est d'abord un fervent amateur de basket-ball. « C'est grand temps qu'une telle chose se produise », s'exclama-t-il. Il est inconcevable qu'un État de cette taille, qui possède deux équipes de football professionnel, une à Miami et l'autre à Tampa Bay, n'ait aucune équipe de baseball ou de basket des ligues majeures ! »

Je leur demandai alors : « Et si c'était vous qui décidiez, à quelle ville accorderiez-vous l'équipe : Miami ou Tampa ? »

Sur-le-champ, les deux hommes répondirent en chœur : « Non, non, non ! »

Surpris, je me tournai vers Jimmy, puis vers John. « Quoi ?

– Pas à Miami ! », grimaça Jimmy.

– Et sûrement pas à Tampa ! », renchérit John.

– Alors où ? »

Encore une fois, Jimmy lâcha le volant et ouvrit tout grand les bras.

« Regarde autour de toi, Bubba !

– Orlando ?

– Connais-tu une ville plus propre et plus belle que celle-ci ? », demanda John. Avec Walt Disney World à ses portes, Orlando est déjà la capitale mondiale du divertissement. Une équipe de basket professionnelle irait comme un gant à cette ville ! »

« Orlando ! ». En prononçant ce mot, un rêve prend déjà forme dans mon esprit. Devant le paysage qui défile par la fenêtre, j'essaie de l'imaginer. Orlando est en effet une jolie petite communauté en pleine expansion. Mais peut-elle accueillir une équipe de la NBA ? À mon avis, non. Il ne faut pas perdre de vue que nous sommes en 1985, c'est-à-dire après la construction de Walt Disney World, mais avant l'arrivée des Universal Studios, du Barnett Bank Building et du SunBank Center. Bref, à cette époque, Orlando n'a pas encore un seul gratte-ciel !

Toutefois, plus j'y pensais, plus l'idée d'un magnifique centre sportif flambant neuf, s'élevant au beau milieu de cette ville en plein essor du centre de la Floride, s'imposait à mon esprit. Je me mis à rêver d'une jeune et dynamique équipe championne de la NBA se lançant en ligne d'attaque sur le plancher de ce centre sportif et révolutionnant le monde du sport. Et je me voyais, dirigeant cette nouvelle équipe et traversant à grandes enjambées le hall d'entrée avec sur le dos un blouson marqué de l'écusson de l'équipe, les... d'Orlando.

Les quoi d'Orlando ? Les Oranges d'Orlando ? Les Hérons d'Orlando ? Les Séminoles d'Orlando ? Quelle importance ! Tout ce qui comptait, c'est qu'Orlando était peut-être l'endroit idéal pour bâtir de A à Z une organisation de tout premier plan. Ici, à l'ombre du Magic Kingdom de Disney, on pourrait mettre sur pied une équipe qui ferait des merveilles avec un ballon et un panier.

« Messieurs », dis-je alors à mes amis, vos propos ont tout simplement enflammé mon imagination. »

Quelques minutes plus tard, nous étions devant l'aérogare de la compagnie Delta à l'aéroport d'Orlando, où m'attendait l'avion qui me ramènerait à Philadelphie. En leur serrant la main, je leur dis : « Vous savez, beaucoup d'idées géniales n'ont jamais dépassé le stade de développement où nous nous trouvons actuellement. Nous pouvons tout laisser tomber immédiatement ou, peut-être, commencer des démarches prometteuses. Si l'idée vous tient à cœur, c'est maintenant ou jamais le temps de tâter le terrain pendant que la NBA est à tout le moins disposée à parler d'expansion.

« Eh bien, par où commence-t-on ? », demanda Jimmy.

– Par le commissaire de la NBA, David Stern », lui répondis-je. Je sortis alors mon carnet d'adresses pour donner à Jimmy le numéro de téléphone de David Stern.

– Bubba », dit Jimmy, je fais quelques vérifications et je te rappelle. »

C'était la fin de la conversation. Je suis monté dans l'avion et suis retourné à Philadelphie pour préparer la saison 1985-1986. Dans l'industrie du sport, on ne compte plus les projets ambitieux dont on parle beaucoup mais qui ne voient finalement jamais le jour. Pour tout dire, je ne m'attendais pas à avoir des nouvelles de Jim Hewitt de sitôt.

Mais une fois de plus, j'avais tout à fait tort !

Une idée qui fait du chemin

De retour au travail pour amorcer ma douzième année comme directeur général des 76ers, mes pensées se tournaient obstinément vers le Sud, vers le centre de la Floride baigné de soleil. Je me demandais sans cesse : « *Pat, à quoi penses-tu ? Tu adores diriger les 76ers ! Tu aimes les gens, les joueurs et les partisans. Tu ne comptes plus les saisons gagnantes. Tout va comme sur des roulettes ! Pourquoi donc songerais-tu à repartir de zéro dans une nouvelle ville avec une équipe qui n'existe pas encore et une organisation qui n'a pas fait ses preuves ? Tout pourrait tomber à l'eau...* »

C'était toutefois plus fort que moi. Je ne pouvais m'empêcher d'y penser. Ce rêve s'était emparé de moi et me hantait. Ce que j'ignorais à ce moment-là, c'est qu'il s'était aussi emparé de Jim Hewitt.

De fait, dès son retour de l'aéroport, Jim s'est mis immédiatement au travail. Il a rejoint à New York le commissaire de la NBA, David Stern, et a pris rendez-vous avec lui. Puis, il a sauté dans le premier avion pour aller le rencontrer et le bombarder de questions : « Comment forme-t-on un groupe de propriétaires ? Combien coûte la mise sur pied d'une nouvelle franchise ? Comment recruter des joueurs de premier plan ? Quels sont les règlements de la ligue à connaître ? Comment s'y prendre pour construire un nouveau centre sportif pour le basket ? » Après sa discussion avec monsieur

Stern, Jimmy m'a appelé pour me dire: « Pat, ce projet fermente et va commencer à lever. À toi maintenant de mettre la main à la pâte. »

Nous étions en décembre: il neigeait sur Philadelphie tandis qu'Orlando était inondée d'un soleil de plus en plus radieux. Profitant d'une invitation à prononcer une conférence dans le centre de la Floride, je fis un saut dans cet endroit magique que je considérais maintenant comme ma future ville d'adoption. Une fois sur place, je rencontrai John et Jim, et quelques autres personnes intéressées à notre rêve. Je leur posai alors un tas de questions sur Orlando, et eux m'en posèrent tout autant sur la façon de diriger une équipe professionnelle de basket-ball. En quittant Orlando, il devint de plus en plus évident que notre rêve avait le vent en poupe.

De retour à Philadelphie, j'écoutai mon répondeur et je tombai sur un message de Bill Gaither, un vieil ami et une vedette de la musique gospel. Auteur de chansons comme « Something Beautiful », « There's Something about That Name » et « The King Is Coming », Bill est véritablement le Babe Ruth de la musique gospel. Il est également un fervent amateur de basket-ball. Je le rappelai donc, nous discutâmes, puis au beau milieu de la conservation, Bill me dit inopinément: « Pat, lorsque je quitterai le monde de la musique, j'aimerais vraiment me lancer dans le même domaine que toi.

– Mon domaine?

– Oui, je voudrais travailler dans le monde du basket-ball.

– Vraiment? Et qu'aimerais-tu faire dans le basket-ball?

– Eh bien, j'aimerais beaucoup devenir copropriétaire d'une équipe.

– Sans blague? En connais-tu une qui serait à vendre?

– Non. Je ne parle pas d'une équipe déjà établie », dit-il. « Selon moi, aucune d'entre elles n'est située dans la ville idéale. Non, il faudrait que ce soit une toute nouvelle équipe. Une équipe d'expansion. Et il faudrait que cette équipe s'établisse dans la bonne ville.

– Ah oui? Quelle ville?

– La seule possible: Orlando en Floride. »

J'étais stupéfait. Sans voix. Bill ignorait tout de mon rêve et des discussions en cours sur la création d'une équipe à Orlando. Il ne savait même pas que je débarquais justement de cette ville.

Après quelques balbutiements, je réussis finalement à dire: «Bill, c'est absolument incroyable! Pourquoi penses-tu à Orlando?

– De toutes les villes que j'ai visitées lors de mes tournées, une seule émerge du lot, et c'est Orlando», m'expliqua-t-il. «Cette région de la Floride dégage quelque chose de tout à fait particulier. L'atmosphère qui y règne, l'esprit qui anime sa communauté, l'attitude et le style des gens qui l'habitent, font d'Orlando un endroit à part. Ce serait pour moi un lieu de retraite rêvé. Et si je pouvais, seul ou avec d'autres, posséder une équipe de la NBA à Orlando, je serais vraiment comblé.»

Bill Gaither n'est finalement jamais devenu copropriétaire de l'équipe, mais le simple fait qu'il ait étalé devant moi son rêve a donné beaucoup de force au mien. Qu'il m'en ait parlé à ce moment précis arrivait tellement à point que c'était plus qu'une pure coïncidence. Dorénavant, il fallait vraiment que je découvre jusqu'où ce rêve allait nous mener.

Ce rêve trottait donc dans l'esprit de beaucoup de gens et, ensemble, nous étions en train de le transformer en réalité. Au cours de l'hiver 1986, Jim Hewitt a rassemblé un groupe d'acheteurs et mis en branle le processus préliminaire à l'obtention d'une franchise de la NBA pour le centre de la Floride. Pendant tout ce temps, je parlais presque quotidiennement au téléphone avec Jim.

Finalement, en juin de la même année, j'ai quitté les 76ers pour emménager à Orlando et faire progresser ce rêve. Dès mon arrivée là-bas et tout au long de l'année suivante, chaque journée s'est transformée en aventure très intense: il fallait rallier la communauté à notre projet, activer le mécanisme menant à la construction d'un centre sportif, convaincre la NBA de procéder à une expansion, et vendre l'idée qu'Orlando était la ville idéale pour accueillir une nouvelle équipe. Pas même un an plus tard, à la fin d'avril 1987, le conseil d'administration de la ligue a voté en faveur de l'ajout de quatre nouvelles équipes, dont une à Orlando, qui feraient leur entrée pour la saison 1989-1990.

Quel nom donner à cette équipe? Après tout ce qui s'était passé, un nom venait tout naturellement à l'esprit: Magic. En effet, où que vous alliez à Orlando, vous pouviez sentir un vent d'optimisme balayant la ville et ayant pour origine le monde merveilleux de Walt Disney. Tous ceux qui travaillaient à bâtir la nouvelle équipe ressentaient cet optimisme et s'en servaient comme source d'inspiration. Par conséquent, aucun nom ne convenait mieux que le Magic d'Orlando!

Toutefois, nous constatâmes rapidement que, sur le terrain, il fallait plus qu'un simple coup de baguette magique pour bien jouer au basket-ball. La première saison du Magic, en 1989-1990, a été «formidablement médiocre» : avec sa fiche de 18 victoires contre 64 défaites, l'équipe s'est retrouvée avant-dernière au classement général de la NBA.

Après cette première saison pénible, le Magic d'Orlando a commencé à montrer des signes d'amélioration. En 1990-1991, notre fiche de 31 victoires et 51 défaites nous a permis d'être au milieu du classement général. Notre saison suivante, celle de 1991-1992, a toutefois marqué un léger recul avec une fiche de 21-61. C'est alors que la chance s'est mise à tourner: pendant deux années d'affilée, nous avons gagné la loterie du repêchage amateur. (Quelles sont les probabilités de gagner deux fois de suite le privilège d'être les premiers à choisir au repêchage? Si ce n'est pas de la *magie*, alors je me demande qu'est-ce que c'est)! Notre premier gain à cette loterie nous a permis de repêcher, en mai 1992, un incroyable jeune centre de l'université de la Louisiane: Shaquille Rashaun O'Neal. Notre second gain, en 1993, nous a permis de sélectionner un arrière remarquable de l'université de Memphis: Anfernee «Penny» Hardaway. À partir de ce moment, les magiciens du ballon d'Orlando ont eu le vent dans les voiles. Terminant la saison régulière 1994-1995 avec 57 victoires contre 25 défaites, le Magic a maintenu une fiche à domicile de 39-2, deuxième meilleure à ce chapitre dans toute l'histoire de la NBA.

Tout a débuté par une idée, un rêve, une conversation dans une voiture en route vers l'aéroport. Lorsqu'on «croit en la magie du rêve», nul ne sait jusqu'où elle mènera!

Les cinq secrets magiques

Mes premières années à Orlando ont été – oserais-je le dire? – tout simplement *magiques*. Aucun autre mot ne saurait mieux les décrire. Il y avait quelque chose de magique à voir nos joueurs et notre personnel former peu à peu une organisation gagnante (qui a gagné non seulement des matchs, mais aussi l'esprit et le cœur des partisans). Tout aussi magiques ont été l'appui et la réaction de la communauté. Et il y avait autre chose, une sorte de magie qui nous enveloppait, une magie à la fois tangible et indéfinissable, que je pouvais sentir sans jamais pouvoir la nommer. Je me rappelais souvent les paroles de Bill Gaither: «Cette ville dégage *vraiment* quelque chose de particulier, un je-ne-sais-quoi d'indescriptible qu'on ne trouve nulle part ailleurs.»

Ce *je-ne-sais-quoi de particulier*, je serais bien incapable de dire exactement ce que c'est.

Puis un jour, j'ai ramassé par hasard un exemplaire du *Reader's Digest*. En le feuilletant, je suis tombé sur un article qui m'a littéralement sauté au visage. Il traitait des «cinq secrets de la réussite de Walt Disney». Écrit par John Culhane, l'article décrivait en cinq étapes ce «quelque chose» dont j'avais pu sentir les effets sans jamais arriver à le comprendre vraiment.

L'organisation de Disney nous a beaucoup aidés à mettre sur pied le Magic d'Orlando et à créer des liens fructueux avec les autorités locales et les gens d'affaires. Pendant mes premières années à Orlando, en effet, j'ai rencontré à de nombreuses reprises des dirigeants de Disney et j'ai eu l'occasion d'en connaître quelques-uns très bien. En compagnie de gens comme Bob Matheison, Dick Nunis et le regretté Bob Allen, j'ai eu la chance de passer des moments très agréables et inspirants au cours desquels j'ai entendu des témoignages de première main au sujet de Walt Disney. En fait, plusieurs des cadres de Disney ont fait leurs premiers pas en affaires sous la supervision de Walt Disney lui-même et ont passé les premières années de leur carrière à ses côtés, apprenant sa philosophie des affaires et de la vie en général.

Sans que je m'en rende vraiment compte, ces dirigeants ainsi que toute l'organisation Disney m'avaient permis de voir à l'œuvre les «cinq secrets de la réussite de Walt Disney». J'avais vécu pendant des années à l'ombre de la souris à grandes oreilles de Walt, et pourtant je n'avais pas compris pourquoi elle projetait une ombre si imposante. En lisant l'article de John Culhane, j'ai soudain saisi pourquoi Orlando est un endroit si spécial: c'est ici que continue à vivre l'incroyable créateur de cette souris! Walt Disney est encore bien en vie à Orlando et se porte même à merveille! Ses cinq secrets de la réussite sont comme une aura qui enveloppe de sa magie à la fois Walt Disney World et la région d'Orlando.

En parcourant l'article, mon émotion grandissait. L'émotion de la découverte, l'émotion de l'« Eurêka! J'ai trouvé! ». Les mots de Bill Gaither me revenaient de nouveau à l'esprit: « Cette région de la Floride dégage quelque chose de tout à fait particulier. L'atmosphère qui y règne, l'esprit qui anime sa communauté, l'attitude et le style des gens qui l'habitent, font d'Orlando un endroit à part. » Puis j'ai pensé: *Oui! Je comprends maintenant d'où provient ce cachet unique! C'est la personnalité hors du commun de Walt Disney qui imprègne tout le centre de la Floride. Walt Disney World est un endroit si remarquable, qui a établi un modèle si difficile à surpasser que tous ceux qui y vivent recherchent cette excellence. Voilà pourquoi Orlando possède le plus bel aéroport du monde! Voilà pourquoi Orlando abrite les gens les plus chaleureux et les plus accueillants qui soient. Voilà aussi pourquoi Orlando est une des villes les plus propres et les plus belles du monde! Tout cela repose sur les cinq secrets de la réussite de Walt Disney!*

Selon monsieur Culhane, voici les cinq secrets qui ont permis à Walt Disney d'aller au bout de ses propres rêves et qui sont aujourd'hui indissociables du style de Walt Disney World et de la culture d'Orlando:

1. Pensez « avenir ».
   Faites en sorte que vos efforts d'aujourd'hui donnent des fruits demain!
2. Donnez libre cours à votre imagination.
   Vos capacités dépassent ce que vous pouvez imaginer: imaginez donc ce qu'il y a de mieux!
3. Visez l'excellence.
   Bannissez les mots: « J'en ai assez fait »!

4. Persévérez.
   N'abandonnez *jamais* !
5. Amusez-vous.
   Vous ne réussirez jamais si vous n'aimez pas réellement ce que vous faites !

En lisant ces cinq principes, j'ai compris que *chacun de nous* peut les appliquer dans sa vie de tous les jours. En fait, depuis cette prise de conscience, j'ai pratiquement entrepris une seconde carrière basée sur ces cinq secrets: je m'efforce de les approfondir, d'en parler, de les intégrer dans ma vie, de recueillir des anecdotes et des citations à leur appui.

Grandir avec Walt

Je me suis souvent demandé ce que ma vie aurait été si j'avais côtoyé Walt Disney, si j'avais travaillé, bâti et vécu à ses côtés durant cette période formatrice où il a construit son empire du divertissement. Les histoires relatant les premiers combats menés par monsieur Disney sont légendaires. Par exemple, au plus fort de la crise des années 1930, il a investi 1,5 million de dollars de son propre argent et de celui d'investisseurs dans un long métrage d'animation, le tout premier de l'histoire du cinéma. Ce montant représentait le triple du budget initial et constituait pour l'époque une somme colossale à dépenser pour un film, qu'il soit d'animation ou non. Les observateurs de l'industrie cinématographique prédisaient un échec retentissant.

Selon eux, les spectateurs, habitués aux dessins animés de sept minutes mettant en vedette Mickey Mouse, n'accepteraient *jamais* de s'asseoir pendant deux heures pour regarder un conte de fées intitulé *Blanche-Neige et les Sept Nains*. Si le film avait été l'échec qu'on prédisait, il aurait poussé à la faillite financière l'homme et son entreprise. Toutefois, les cinq secrets de la réussite de Walt ont eu gain de cause sur les prophètes de malheur. *Blanche-Neige* a été *le* film à voir en 1937 – et il continue à rapporter beaucoup d'argent depuis près de 60 ans !

Au début des années 1950, Walt Disney a relevé un défi encore plus grand: transformer une ancienne orangeraie du sud de la Californie en un parc d'attractions d'un style encore jamais vu. Walt ne voulait pas construire un autre de ces parcs pour attrape-nigauds, mal entretenus et dangereux, véritable ramassis de montagnes russes délabrées, de bonimenteurs à l'allure louche et d'opérateurs de grande roue à l'air bourru. Il rêvait plutôt d'un royaume étincelant du rire et du plaisir où on retrouverait les thèmes développés dans ses films. Ce rêve a d'abord pris forme en 1952 avec le concept du «Kiddieland» (qu'on projetait de construire au coût de 10 000 $ sur une partie du terrain des studios Disney situés à Burbank), pour finalement se concrétiser avec l'ouverture, le 17 juillet 1955, d'une cité du divertissement de 17 millions de dollars, dotée de 22 attractions.

«Je n'ai jamais pu convaincre les banquiers de la viabilité de Disneyland, car le rêve leur offrait trop peu de garanties»*, a-t-il raconté plus tard. Pour réunir une partie des fonds nécessaires, Walt Disney a donc dû hypothéquer son propre avenir et celui de son entreprise de production. Il a aussi conclu des ententes de commandites avec diverses entreprises. De plus, en échange de capitaux et de garanties de prêts, il a vendu à la chaîne de télévision ABC les droits sur sa série télévisée ainsi que le tiers de ses intérêts dans le parc d'attractions. Disneyland doit son existence à la persistance obstinée d'un homme à la poursuite de son rêve.

Le dernier grand défi dans la vie de Walt Disney a été de réaliser un autre rêve: amener la magie de Disney sur la Côte Est. J'aurais adoré être à bord de cet avion privé où Walt, au début des années 1960, a pour la première fois survolé les orangeraies et les marais du centre de la Floride, la tête pleine de rêves. J'imagine alors l'avion virant à basse altitude au-dessus des plantations de citronniers, et cet homme aux traits doux et paternels regardant à travers le hublot, ses yeux brillants d'une vision ambitieuse.

À ses associés qui l'accompagnaient, Walt a peut-être dit: «Vous savez, juste en bas, là où poussent aujourd'hui des oranges, des mandarines et des pamplemousses, je peux m'imaginer, s'élançant vers le ciel, un gigantesque château où des millions d'enfants de partout à travers le monde pourront venir s'amuser et vivre l'expérience de leur vie.»

---

* Cité par Randy Bright dans *Disneyland: Inside Story* (New York: Abrams, 1987), p. 103.

Je vois ensuite l'avion de Walt qui survole un lac au bord duquel un alligator paresse au soleil près d'un héron bleu qui dort sur une patte. J'entends Walt dire: « Autour d'un tel lac, je m'imagine tous les peuples de la terre construire en l'honneur de leur pays et de leur culture des monuments et des pavillons qui formeront une exposition universelle permanente. Cette exposition permettra à des millions de gens de venir faire le tour du monde en une journée. Un endroit pareil pourrait rapprocher les peuples et les aider à mieux se comprendre. Et ce serait tellement *amusant* ! »

Son avion survolant un terrain marécageux, j'entends ensuite Walt dire: « Et regardez là ! Nous pourrions assécher ces marais pour y construire des kilomètres de studios et de bâtiments adjacents. Il n'y a pas de brouillard ici, seulement du soleil. Quel endroit merveilleux pour tourner des films ! »

Walt Disney est décédé le 15 décembre 1966, bien avant l'inauguration de Walt Disney World. Toutefois, il serait heureux – et émerveillé, je crois – de voir ce qui est advenu de son rêve. Aujourd'hui, tout le centre de la Floride est imprégné de cet homme, de sa personnalité, de sa vision et de l'organisation qu'il a créée.

Oui, quelle expérience exaltante et mémorable cela aurait été de survoler le centre de la Floride aux côtés de Walt Disney et de prédire toutes les merveilles qui allaient surgir de ces champs et marais. Pourtant, je crois qu'il est encore plus passionnant de penser à l'avenir et aux possibilités infinies qui sont à notre portée lorsque nous découvrons et appliquons les cinq secrets de la réussite.

Destination : la réussite

Qu'attendez-vous de la vie ? Vous voulez réussir en affaires ? Vous désirez plutôt être un bon père ou une bonne mère et élever des enfants en santé, équilibrés et heureux ? Vous souhaitez accomplir quelque chose dans le domaine artistique – un roman, un scénario, un tableau – mais vous êtes paralysé par la peur de l'échec ? Vous avez l'impression que votre vie est désordonnée, qu'elle s'effiloche, et vous ne trouvez pas de véritable raison de vivre ? Peu importe ce que la *réussite* signifie pour vous, les cinq secrets magiques vous en donneront les clés.

Ces secrets font partie intégrante de ma vie. Je les enseigne à mes enfants. Je les applique dans ma vie familiale. Je les ai vus à l'œuvre lors de la création du Magic d'Orlando. Ces secrets sont les ingrédients qu'il faut pour réussir un monde merveilleux, une équipe de basketball magique et un mode de vivre magique et miraculeux.

Dans les pages qui suivent, nous allons explorer les cinq secrets de la réussite. Nous verrons pourquoi ils ont été la clé du succès non seulement pour Walt Disney, mais pour des gens comme Shaquille O'Neal, Henry Ford, Bill Veeck, George Allen, Rich DeVos, Penny Hardaway, Larry King, Danny Kaye, Florence Griffith Joyner, Brian Shaw, Ted Williams, Bill Russell, Muhammad Ali, Donald Royal, et de très nombreux autres. Nous entreverrons les merveilles qui se produisent quand des gens ont l'audace de croire en leurs rêves et qu'ils ont ensuite le courage, la persévérance et l'ingéniosité de les réaliser.

Après tout, qu'est-ce qu'un rêve? Qu'est-ce qu'une idée? Qu'est-ce qu'une vision? Ce sont des choses tout à fait intangibles, des traces électrochimiques qui imprègnent les minuscules fibres des cellules du cerveau et qui sont de loin moins substantielles que l'air invisible que vous respirez. Mais venez dans le centre de la Floride, franchissez les portes de Walt Disney World, contemplez sa magnificence, touchez les bâtiments, faites un tour dans les manèges, goûtez à la nourriture, écoutez la musique. Walt Disney World est un monde de fantaisie, mais il est également réel et tangible. Réfléchissez à ceci: cette réalité incroyable et concrète appelée Walt Disney World n'était au début rien de plus qu'un rêve habitant l'esprit d'un seul homme.

Commencez-vous maintenant à entrevoir l'immense potentiel de vos rêves? Désirez-vous réaliser les vôtres? Voulez-vous savoir comment y parvenir?

Alors, joignez-vous à moi. Attachons nos ceintures et envolons-nous vers un périple dont la destination a pour nom réussite.

Le premier secret magique:

Pensez «avenir»

Chapitre 2

Le passé est mort et enterré

- *« Vivre dans le passé a ses bons côtés: ça coûte moins cher. »*

  Ken Hussar,
  humoriste américain

- *« Si ce que vous avez fait hier vous semble remarquable, c'est que vous n'avez rien fait aujourd'hui. »*

  Lou Holtz,
  entraîneur de l'équipe de football
  de l'université Notre-Dame

- *« Il est impossible d'entrevoir son avenir avec clarté quand on est obnubilé par le passé. »*

  Mark McCormack,
  auteur et représentant d'articles de sport

Ivern Ball a dit: «Le passé devrait être un tremplin et non un hamac». Qui est Ivern Ball? Je n'en ai aucune idée. Son conseil représente peut-être son seul et unique moment de gloire. Peu importe, je dis: Ivern Ball, chapeau! Votre conseil est tout simplement *fantastique*.

En 1983, lorsque je dirigeais les 76ers de Philadelphie, j'ai appris une leçon. Nous avions alors dans notre équipe des joueurs remarquables comme Moses Malone, Julius Irving, Bobby Jones, Andrew Toney et Maurice Cheeks. C'était une équipe absolument merveilleuse. Cette année-là, nous avons dominé les séries éliminatoires, battant en finale les Lakers de Los Angeles en quatre parties consécutives pour remporter le championnat de la NBA.

En effet, cinquante mille personnes s'étaient rassemblées au Veterans Stadium pour célébrer l'événement, suivi d'une parade sur Broad Street organisée par la ville de Philadelphie et à laquelle avait pris part une foule en liesse de près de deux millions de personnes. Une fois ces festivités terminées, nous avons dessiné les bagues commémorant ce championnat en nous rappelant l'extraordinaire année que nous venions de vivre à titre d'équipe championne de la NBA. Nous étions au comble de l'excitation, prêts à profiter du magnifique été qui s'annonçait.

Puis, peut-être trop rapidement, la saison 1983-1984 a débuté. Le match d'ouverture à Philadelphie a donné lieu à de nouvelles célébrations en présence du commissaire de la NBA, Larry O'Brien, qui nous a alors remis nos bagues de championnat. Sous les acclamations de la foule, chaque membre de l'équipe l'a mise à son doigt, et la nouvelle saison s'est amorcée.

Il m'est alors arrivé quelque chose de très étrange. En effet, mon regard était sans cesse attiré vers cette bague; dès que j'avais un instant de libre, je m'assoyais pour la contempler. Puis le temps a filé. La nouvelle saison était commencée depuis déjà quelques semaines quand je me suis rendu compte que mon esprit n'était pas du tout concentré sur elle ! Le *présent* me laissait plutôt indifférent, car j'avais trop de plaisir à admirer cette bague et à me replonger dans le *passé*. Un passé rempli de bons souvenirs, certes, tous plus excitants les uns que les autres; mais ils n'étaient rien d'autres que cela: des souvenirs.

Cette bague était en train de devenir un problème pour moi. Les souvenirs n'allaient pas remplir les gradins, ni remporter des championnats. Il me fallait revenir au moment *présent*, affronter les défis du *présent* et essayer de tirer le maximum du *présent*. La bague me pesait et je sentais qu'elle allait m'empêcher de faire mon travail si je ne posais pas un geste radical. J'ai alors pris la décision de la retirer de mon doigt, de la remiser dans son écrin et de l'entreposer dans un endroit sûr. Tout ça s'est passé il y a plus de douze ans, et je ne l'ai plus portée depuis. Je ne l'ai pas même regardée. J'ai décidé que cette bague ne m'enchaînerait plus au passé.

La vie se conjugue à trois temps

Que ce soit pour un royaume magique, une équipe de basketball magique ou un mode de vie magique et miraculeux, le premier secret de la réussite est le suivant: *Pensez «avenir»*. Faites en sorte que les efforts consentis aujourd'hui rapportent des dividendes demain. Ne vous embourbez pas dans les échecs du passé. Ne vous vautrez pas dans la gloire du passé. Vivez dans le présent et concentrez vos efforts sur l'avenir. Voilà comment vous réaliserez vos rêves. Dans toute l'histoire de l'humanité, c'est ainsi que les véritables gens d'action ont transformé leurs rêves en réalité.

Qui est votre modèle de réussite? Un athlète tout étoile comme Shaquille O'Neal ou Joe Montana? Un entrepreneur comme Walt Disney ou Bill Gates? Un grand leader militaire comme Norman Schwarzkopf? Un dirigeant d'entreprise de premier plan comme Lee Iacocca ou Michael Eisner? Un politicien remarquable comme Franklin Roosevelt ou Ronald Reagan? Un artiste reconnu comme Tom Cruise ou Mariah Carey? Un auteur prolifique comme Tom Clancy ou Tom Peters? Un grand leader religieux comme Billy Graham ou Charles Swindoll? Pourquoi tous ces gens ont-ils réussi ? Selon moi, leur succès repose en partie sur leur façon d'utiliser le cadeau le plus précieux qui nous soit donné : le *temps*.

Pour chacun d'entre nous, la vie se conjugue à trois temps : *le passé, le présent* et *l'avenir*. Ces trois périodes de temps sont à notre disposition et nous en usons comme bon nous semble. Vos journées comptent le même nombre d'heures que celles de toute personne qui connaît du succès. Chacun dispose de soixante secondes par minute, de soixante minutes par heure et de vingt-quatre heures par jour. Ni plus, ni moins. Je suis convaincu que le secret de la réussite repose en partie sur *la manière d'aborder le passé, le présent et l'avenir*.

Premièrement, il faut jeter un regard lucide sur le *passé*. Le passé est mort et enterré. Impossible de le récupérer. Comme le disait le grand humoriste Will Rogers : « Ne laissez pas le passé empiéter sur le présent ». Il ne s'agit pas d'oublier le passé, car on peut en tirer des enseignements qui serviront à mieux profiter du présent. Il s'agit plutôt de s'en libérer, car ce n'est pas en vivant dans le passé qu'on connaît du succès. Ce sont les gestes d'*aujourd'hui* qui permettent de réaliser ses rêves.

Au cours de ma jeunesse à Philadelphie, une de mes idoles était une figure légendaire du baseball, Cornelius Alexander McGillicuddy, mieux connu sous le nom de Connie Mack. De 1886 à 1896, Mack a joué comme receveur pour plusieurs équipes. (Il avait abrégé son nom pour qu'il tienne sur une feuille de pointage). À la fin de sa carrière de joueur actif, en 1901, il a amorcé une nouvelle carrière comme propriétaire et entraîneur-chef des Athletics de Philadelphie. D'ailleurs, il les dirigeait encore lorsque j'ai assisté à ma toute première partie de baseball en 1947. Il avait alors plus de 80 ans, mais il était toujours en poste et il y demeura jusqu'à sa retraite en 1950, à l'âge de 88 ans. Sous sa gouverne, les A's ont remporté neuf championnats de la Ligue américaine et cinq Séries mondiales.

Le secret de la réussite de Connie Mack : Ne jamais se complaire dans le passé. « J'ai découvert », a-t-il déjà dit, « que je me préoccupais trop du passé et que cette attitude menaçait de détruire ma carrière d'entraîneur d'une équipe de baseball. Lorsque j'ai compris à quel point cela était futile, j'ai décidé de me concentrer si fort sur les matchs à gagner que je n'aurais plus le temps de penser aux matchs déjà perdus. Il est impossible de moudre son grain avec l'eau qui a déjà descendu le cours du ruisseau. » Le grand Connie Mack a longtemps été mon idole. Au cours des dernières années, j'ai essayé d'intégrer sa philosophie dans mon mode de vie et dans ma façon de travailler. Cependant, il m'est parfois arrivé d'essayer de moudre mon grain avec de l'eau qui avait déjà descendu le cours du ruisseau.

J'ai consacré plus de trente ans de ma vie au monde du sport, un monde où on se laisse facilement paralyser par la rétrospection. Dans le sport plus qu'ailleurs, les directeurs généraux et les instructeurs sont constamment entourés de gérants d'estrades. Il se trouve toujours un partisan, un journaliste, un commentateur, un joueur, un propriétaire, ou même un collègue, qui arrive par derrière et qui demande pourquoi on a pris telle décision ou pourquoi on ne l'a pas prise, pourquoi on a repêché tel joueur plutôt que tel autre, pourquoi on a fait tel échange.

J'ai eu mon lot de mauvais choix au repêchage, des choix absolument horribles qui m'ont forcé à garder pendant des années des joueurs qui n'apportaient rien à l'équipe. Je sais ce que c'est, donc, de repenser année après année à certaines décisions et de se dire: « Quel imbécile j'ai été ! Comment ai-je pu me tromper à ce point ? »

Un exemple ? Nous sommes en 1970, je suis directeur général des Bulls de Chicago et nous nous préparons pour le repêchage des joueurs de niveau collégial. (Le repêchage est un moment crucial pour une équipe et il s'agissait de mon tout premier). Notre dépisteur au collégial est Jerry Krause, aujourd'hui directeur général des Bulls. Toute son attention se porte sur un arrière prometteur de l'université du Nouveau-Mexique, Jimmy Collins. Après avoir passé beaucoup de temps à l'observer, à l'étudier et à discuter avec lui, nous nous forgeons une excellente opinion à son sujet. À la fin du mois de mars, peu avant la séance de repêchage, notre instructeur, Dick Motta, revient à Chicago après avoir assisté à un match de la NCAA* auquel participait l'équipe texane d'El Paso. Ne tenant plus en place, Dick Motta déborde littéralement d'enthousiasme: « Vous devez absolument voir jouer ce petit arrière de l'équipe d'El Paso.

* National Collegial Athletic Association.

Ce gars est tout simplement fantastique. Je veux l'avoir avec les Bulls ! »

Je lui demande : « Quel est son nom ?

– Nate Archibald », répond Dick Motta.

– Très bien, allons le rencontrer pour voir s'il pourrait s'intégrer dans notre équipe. »

Le jour du repêchage, nous entrons en contact avec Nate Archibald et nous lui demandons d'attendre notre appel téléphonique dans sa chambre à la résidence des étudiants. Ensuite, Dick, Jerry et moi tenons une réunion pour planifier notre stratégie de repêchage : tout d'abord, faire de Jimmy Collins notre choix de première ronde ; ensuite, repêcher Nate Archibald en deuxième ronde s'il est toujours disponible. Notre plan n'inspire guère confiance à Dick Motta – il veut *vraiment* avoir Nate Archibald dans son équipe – mais au bout du compte, il se rallie. À la fin de notre réunion, je lui dis : « Dis-moi, Dick, qu'arrivera-t-il si Nate Archibald n'est plus disponible lorsque viendra notre tour en deuxième ronde ? »

Dick Motta me regarde alors et prononce des paroles qui me hanteront pendant des années : « Nous devrons jouer contre lui ».

Le repêchage commence et nous choisissons Jimmy Collins. Puis, la deuxième ronde débute. Cincinnati, qui repêche avant nous, réclame Nate Archibald. Dick Motta hoche la tête de dépit.

Pour tout dire, Jimmy Collins n'est jamais devenu le brillant joueur que nous avions espéré. Deux ans après avoir été sélectionné en première ronde, il a définitivement quitté le basket-ball. En revanche, Nate Archibald a connu une étincelante carrière de 14 saisons dans la NBA. Récemment, il a même été admis au Temple de la renommée. Pendant les quinze années qui ont suivi ce repêchage, pas une journée ne s'est terminée sans que je me frappe la tête contre le mur en me répétant : « Et dire que tu aurais pu repêcher Nate Archibald ! » Qu'avions-nous décelé chez Jimmy Collins qui ne s'est pas vérifié par la suite ? Combien de victoires nous ont échappé au cours des saisons suivantes à cause d'un choix malheureux fait en première ronde de ce repêchage ?

En fait, ma carrière est pleine d'histoires de ce genre. On pourrait dire qu'elles constituent l'envers de la médaille par rapport à l'histoire de la bague de championnat: si vous ne faites pas attention, vos échecs passés vous paralyseront autant que vos succès passés. Je le sais. J'ai vécu cette expérience. Pendant des années, je me suis tellement accablé de regrets et de blâmes que j'ai failli détruire ma carrière. Il ne faut pas vivre dans le passé, qu'il soit glorieux ou non. Il faut le chasser de son esprit et se consacrer au présent, faire face aux défis et aux problèmes d'*aujourd'hui*.

À l'occasion d'une de ses émissions spéciales diffusées sur le réseau PBS*, l'auteur Leo Buscaglia disait toute l'estime qu'il avait pour Julia Child, une personnalité du monde culinaire. «J'adore tout simplement son attitude», expliquait-il. «Elle dit: «Ce soir, nous allons préparer un soufflé!» Puis elle mélange ceci, elle fouette cela, elle échappe quelque chose par terre, elle s'éponge le visage avec une serviette, bref, elle pose tous ces petits gestes éminemment humains. Puis elle prend le soufflé, le met au four et vous parle un moment. Finalement, elle dit: «Voilà, c'est prêt!» Mais en ouvrant la porte du four, le soufflé se dégonfle et devient plat comme une crêpe. Panique-t-elle? Fond-t-elle en larmes? Pas du tout! Elle esquisse un sourire et dit: «Eh bien! on ne peut pas toujours réussir! Sur ce, bon appétit!»

Nous devrions adopter la même attitude que Julia Child. Chacun de nous mijote son petit soufflé: une nouvelle proposition d'affaires, un changement de carrière, un investissement, un premier roman, un nouveau projet pour son église. Certains obtiendront le plus beau soufflé qui soit; d'autres le verront tomber à plat. Ceux qui ont échoué se prépareront-ils un meilleur avenir en rabâchant sans fin leur échec? Certainement pas!

Quelqu'un a déjà dit: «Il n'y a rien de plus éreintant que de porter le passé sur ses épaules». C'est vrai. Personne n'est parfait, alors soyons fiers d'être tout simplement humains. Rions de nos erreurs et passons à autre chose. Si vous ratez votre soufflé, ouvrez-vous une boîte de haricots, mettez-vous à table... puis passez à autre chose.

Un des présidents des États-Unis les plus appréciés, le pragmatique et terre-à-terre Harry S. Truman, avait une saine perception du

* Public Broadcasting System.

passé. Il disait: « Lorsque vient le moment de prendre une décision, je la prends, je l'oublie, puis je passe à autre chose. À titre de président des États-Unis, j'ai eu à prendre d'importantes décisions: je les prenais, puis je passais à autre chose. On n'a jamais le temps d'arrêter, car il y a toujours une nouvelle décision à prendre. Il ne faut pas regarder en arrière. Si on prend une mauvaise décision, on la corrige en prenant une autre décision, puis on va de l'avant. »

Il s'agit donc d'écouter attentivement ses propres pensées, son monologue intérieur. Nombreux sont ceux qui nourrissent des propos négatifs et accusateurs à leur propre égard. Ils alimentent sans relâche leur attitude défaitiste: « Si seulement j'avais... » « Tout est de ma faute... » « Je suis tellement stupide... » « Pourquoi ces choses n'arrivent-elles qu'à moi... ? » Ils se répètent ces mots et essuient une défaite. Ils les prononcent à voix haute à la maison et ruinent les espérances de leur famille. Ils les redisent encore au bureau et tout leur milieu de travail s'effondre...

De tels propos, tournés vers le passé, dénués d'espoir, empreints de mélancolie, mènent à l'échec. Ils dirigent la personne dans la mauvaise direction, la font reculer vers un passé qu'elle ne peut changer. Tout le monde peut échouer. Le truc consiste à se relever, à garder le cap sur l'avenir et non sur le passé. Chacun de nous a ses problèmes, ses souffrances, ses déceptions: une enfance malheureuse, un conjoint adultère, un divorce, un problème de santé, une perte d'emploi, une faillite, une trahison. Mais il faut se dire: « Tout ça, c'est chose du passé. Je dois vivre le moment présent et orienter mes énergies vers un avenir meilleur ». Nous commettons tous des péchés; si nous nous repentons, dit la Bible, Dieu nous pardonne, il purifie notre âme et nous donne une nouvelle chance*. Il faut donc chasser de votre esprit vos échecs passés, vos problèmes passés, vos vieilles souffrances et vos anciens péchés qui vous ont été pardonnés. Faites face à l'avenir et changez votre vocabulaire. Au lieu de dire « si seulement... », « pourquoi moi?... », ou « c'est encore de ma faute... », dites-vous: « Je suis prêt à vivre une nouvelle aventure ! ».

---

* (1 Jean, 1, 9).

Les enseignements à tirer du passé

Comme vous l'avez probablement constaté, j'adore les citations, ces phrases très denses qui résument en peu de mots toute la sagesse accumulée au fil du temps. Je suis un avide collectionneur de ces petites phrases qui vont directement à l'essentiel, et mon classeur déborde de citations, de poèmes, de proverbes et d'anecdotes. (J'ai d'ailleurs fait recopier et classer cette collection dans un fichier informatique). J'ai même conservé pendant un certain temps une caisse pleine de coupures de magazines et d'enveloppes couvertes de gribouillages. J'avoue que cette habitude a singulièrement compliqué la tâche de mes éditeurs qui, en matière de citations, aiment l'ordre et les références exactes: en effet, comment retracer l'origine de coupures entassées pêle-mêle dans une caisse? Quoi qu'il en soit, il ne vous reste qu'à me croire sur parole: toutes les personnes que je cite ont, à un moment ou à un autre, prononcé les propos que je leur attribue.

Richard M. Nixon a accompli beaucoup de choses. Il a également commis beaucoup d'erreurs. Dans les dernières années de sa vie, il a réussi dans une certaine mesure à rétablir sa réputation ternie par le scandale honteux du Watergate. Les présidents Reagan, Bush et Clinton l'ont d'ailleurs consulté à plusieurs reprises sur des questions de politique étrangère. La réhabilitation de monsieur Nixon s'explique peut-être par son attitude à l'égard du passé. «Je n'aime pas le passé, sauf quand il m'aide à mieux préparer l'avenir», disait-il. Même une situation aussi embarrassante que celle du Watergate comporte ses enseignements, et Richard Nixon a de toute évidence essayé de tirer les siens sans revivre toutes les souffrances du passé.

Que signifient ces paroles de Richard Nixon? Que sans s'y complaire ou s'y attarder inutilement, on doit apprendre du passé. Walt Disney pensait la même chose. Il disait: «À mon avis, il est important de connaître un échec cuisant dans sa jeunesse. J'ai beaucoup appris de cette façon. On est alors plus conscient de ce qui peut arriver. C'est pourquoi je n'ai jamais eu peur lorsque tout menaçait de s'effondrer dans ma vie. Je n'ai jamais ressenti de crainte. J'ai toujours eu le sentiment que je pourrais m'en sortir et gagner ma vie en faisant autre chose.»

Le passé conditionne ce que nous sommes aujourd'hui, de la même façon que nos gestes d'aujourd'hui déterminent ce que nous serons demain. Vivre, c'est comme conduire une voiture : il est sage de jeter un coup d'œil dans le rétroviseur de temps à autre, mais sans plus ; c'est devant qu'il faut regarder. Si vous ne lâchez pas le rétroviseur du regard, vous vous retrouverez bientôt dans le fossé.

En 1993, le général Colin Powell, ancien chef des états-majors de l'armée américaine, a prononcé une conférence devant les élèves du Lawson State Community College à Birmingham, en Alabama. Voici un des excellents conseils qu'il leur a donnés : « Vous ne devez utiliser le passé que pour apprendre de vos erreurs. Quelles erreurs avez-vous commises ? Que pouvez-vous améliorer ? Comment en tirer profit aujourd'hui ? Vivez pleinement chaque instant qui vous est donné aujourd'hui. Consacrez une partie du jour d'aujourd'hui pour préparer le jour de demain tout en rêvant à la semaine prochaine ».

Vous avez tout gâché hier ? Qu'importe. Le passé est passé. Tout l'argent du monde ne pourrait le ramener. Pourquoi alors vous tourmenter ? Vivez dans le présent. Effacez tout et commencez à écrire un nouveau chapitre de votre vie.

Alvin Dark, l'ancien entraîneur-chef des Athletics de Kansas City et de plusieurs autres équipes du baseball majeur, disait souvent : « Pendant un match, on ne retire pas un lanceur, on en amène tout simplement un nouveau. » Cette attitude est la clé d'une gestion efficace non seulement dans le sport, mais aussi dans la vie. Autrement dit, au lieu de s'appesantir sur ses mauvais lancers, ses buts sur balles, ses erreurs et ses mauvaises décisions, on doit se concentrer sur le prochain lancer et sur la stratégie à adopter pour retirer le frappeur. Tant que le dernier retrait de la dernière manche n'a pas été effectué, le prochain lancer est le plus important. Vous ne retirez pas un lanceur pour le punir, mais pour laisser la place au suivant, pour gagner et pour réussir.

On pourrait comparer le passé à un lanceur fatigué. Il a fait de son mieux pendant six ou sept manches, mais son bras n'a plus de force. Il doit être remplacé. Amenez alors un nouveau lanceur. Essayez une nouvelle stratégie. Fixez-vous de nouvelles priorités et de nouveaux buts. Apprenez de vos erreurs, mais ne les laissez pas vous abattre. Concentrez-vous sur le prochain lancer, le prochain défi, le prochain problème à résoudre.

Faire une croix sur le passé

En lisant ces lignes, vous vous dites peut-être: « Bien sûr, Pat. Facile pour vous de dire « Ne restez pas accroché au passé » ou « Vivez le moment présent ». Mais vous n'avez pas idée des épreuves que j'ai dû affronter. Vous ignorez à quel point ma vie a été un désastre. Comment puis-je oublier ce qu'Untel m'a fait? Comment puis-je oublier à quel point j'ai gâché ma vie? »

Vous touchez là un point important. En effet, la vie est difficile et souvent injuste. Comme on dit: « Tout peut arriver ». Tout peut nous arriver, à vous comme à moi. Parfois, on s'inflige soi-même des épreuves. Il faut savoir faire une croix sur le passé pour se rapprocher de ses rêves.

Elbert Hubbard a écrit: « Avoir une excellente mémoire est une bonne chose, mais être capable d'oublier est encore plus important. Les gens qui réussissent sont capables d'oublier. Ils savent que le passé est irrévocable. Ils sont engagés dans une course et ne peuvent se permettre de regarder en arrière. Leurs yeux sont fixés sur la ligne d'arrivée. Les gens magnanimes et généreux ont aussi la faculté d'oublier. Ils ont trop de succès pour se laisser distraire par des broutilles. Ils oublient facilement. Si une faute est commise à leur égard, ils en étudient la cause et restent calmes. Seuls les gens sans envergure nourrissent des sentiments de vengeance. Apprenez à oublier. Il en va de votre intérêt, c'est une condition essentielle de la réussite. »

La vie ne vous a pas épargné? Vous êtes au bout du rouleau? Vous vous sentez trahi, injustement traité, victime des circonstances? Permettez-moi de vous présenter quelqu'un qui sait exactement ce que vous ressentez. Quelqu'un qui a été capable de triompher, d'atteindre l'inespéré, de réaliser littéralement ses rêves. Son nom est Joseph et vous pouvez le rencontrer dans l'Ancien Testament, plus précisément dans le Livre de la Genèse, du chapitre 37 au chapitre 50.

Jeune homme, Joseph est un rêveur invétéré, un véritable visionnaire. Le soir, il se couche, s'endort et rêve de l'avenir; le matin venu, il vaque à ses activités sans souffler mot de ses rêves. Et pour cause: dans deux de ses rêves, il se voit à la tête de sa famille, situation qui ne serait pas sans déplaire à ses frères. Joseph vient de ce que nous appelons aujourd'hui une «famille dysfonctionnelle». Son père, Jacob, provoque des tensions familiales en favorisant Joseph au détriment de ses autres fils. Le jour où Joseph raconte à sa famille ses rêves où il se voit diriger les destinées de ses onze frères, ces derniers décident qu'ils en ont assez. Ils s'emparent de lui, le jettent dans un puits et le vendent finalement comme esclave.

Maintenant esclave, Joseph travaille chez un commerçant égyptien marié à une femme énergique et séduisante. Jour après jour, elle vient voir Joseph et se jette littéralement dans ses bras. Mais jour après jour, Joseph refuse de trahir son employeur ou de désobéir à son Dieu. Finalement, lassée de ce jeu, l'épouse du commerçant décide de se venger et accuse Joseph de tentative de viol! Son mari la croit, de même que le juge chargé de l'affaire, et Joseph est condamné à la prison. Le plus ironique dans toute cette histoire, c'est que Joseph est traité injustement non seulement *malgré* son innocence, mais *à cause* de son innocence et de son refus de céder aux avances de cette femme.

Une fois en prison, Joseph aurait tout son temps pour ronchonner et se plaindre de l'injustice de la vie: ses frères l'ont vendu comme esclave, et maintenant il se retrouve en prison parce qu'il a voulu bien faire. Comble de malheur, un des détenus dont il a fait la connaissance bénéficie d'une libération et revient aussitôt sur sa promesse d'aider Joseph à obtenir un pardon. Joseph aurait donc toutes les raisons du monde de nourrir de l'amertume à l'égard du passé.

Pourtant, Joseph refuse de se laisser ronger par l'amertume. Il refuse de s'apitoyer sur les injustices passées. Il choisit plutôt de confier son avenir à Dieu. Des années plus tard, Joseph est libéré. Il accède par la suite à un poste influent comme conseiller auprès du roi d'Égypte. Sa sagesse et le don divin qu'il possède pour planifier et diriger sont si impressionnants que Joseph devient la personne la plus puissante après le roi lui-même.

C'est à ce moment, plusieurs années après avoir été vendu comme esclave, que Joseph, maintenant au sommet de la réussite, se retrouve face à face avec ses frères. Chassés de leur village natal par la famine, ils sont venus en Égypte en quête de nourriture. Lorsqu'ils se retrouvent en présence de Joseph, celui-ci se rend compte que ses propres frères ne le reconnaissent pas ! Quelle occasion unique de se venger de toutes les misères et de toutes les injustices qu'ils lui ont fait subir ! Le pouvoir qu'il détient à titre de deuxième décideur de toute l'Égypte est pratiquement sans limite : « Me venger ! Aucun problème ! Sur mon ordre, on pourrait les découper en menus morceaux, les jeter dans l'huile bouillante, puis en faire une bouillie. Et ce ne serait qu'un début ! »

Joseph ne voit toutefois pas la vie de cette façon. Il décide d'abord de mettre ses frères à l'épreuve pour vérifier s'ils ont changé au fil des ans et s'ils se repentent des fautes commises à son endroit. Puis, Joseph leur révèle sa véritable identité, leur pardonne, les embrasse et les accueille comme ses frères. C'est dans la Genèse que se trouve la clé de l'attitude positive et optimiste de Joseph : « Le mal que vous aviez dessein de me faire, le dessein de Dieu l'a tourné en bien, afin d'accomplir ce qui se réalise aujourd'hui : sauver la vie à un peuple nombreux. » (Genèse 50, 20) Les épreuves du passé sont toujours porteuses de bonnes choses, d'enseignements, de bienfaits, de sagesse.

Quelqu'un a déjà défini le pardon comme étant « le parfum émanant de la fleur foulée au pied ». Lorsqu'on nous fait du tort – ce qui, tôt ou tard, arrive à tout le monde – nous pouvons réagir de façon positive et demeurer tournés vers l'avenir. Nous pouvons adopter une attitude qui laisse sous-entendre le message suivant : « Je vaux plus que toutes les petites mesquineries commises à mon endroit. Je refuse de céder à l'amertume. Je refuse de laisser les autres dicter mes états d'esprit par leurs comportements stupides ou destructeurs. Je choisis d'aller de l'avant et d'avancer vers un avenir éclatant. »

Une fois rendu au sommet, Joseph épouse une Égyptienne et a deux fils avec elle. On donne à l'aîné le nom de Manassé, qui signifie littéralement « ne plus se rappeler » : Dieu m'a fait oublier toute ma peine et toute la famille de mon père », et au cadet le nom d'Éphraïm, qui veut dire « fécondité » ou « succès » : « Dieu m'a rendu fécond au pays de mon malheur ». À travers ses fils, Joseph rend ainsi hommage à Dieu d'avoir effacé de sa mémoire toutes les meurtrissures et de lui avoir permis de réussir à l'endroit même où il avait été esclave et prisonnier. Joseph n'a pas oublié le passé, mais il ne le rumine pas, ne s'y attarde pas. Il en tire des enseignements, les applique dans le présent et se tourne vers les bonnes choses de demain.

Si vous nourrissez de la rancune et de l'amertume à l'endroit du passé, vous risquez d'en rester prisonnier. Vous permettez aux gens qui vous ont fait du mal hier de continuer à vous en faire aujourd'hui. Si vous laissez le passé vous aigrir, vous autorisez les fantômes du passé à occuper une place de choix dans vos pensées d'aujourd'hui. Et tout cela finit par peser et par empêcher de se consacrer à la réalisation de ses rêves.

Vous devez pardonner au passé, et vous le pouvez sans forcément dire à la personne qui vous a offensé : « Je te pardonne. Soyons amis. » Si des gens vous ont blessé par le passé – un parent abusif, un ami qui vous a trahi, un patron arrogant et trop exigeant – il vaut mieux les reléguer au dossier « passé » de votre mémoire.

On peut pardonner aux autres sans pour autant se réconcilier avec eux. On peut les soustraire de sa colère et de ses pensées même si on ne leur adresse plus jamais la parole. L'essentiel, c'est de libérer son esprit des mauvais sentiments comme l'amertume et le ressentiment.

C'est à Phœnix, en 1995, que s'est tenu le match des étoiles de la NBA. Pour une 14e année consécutive, un service religieux a eu lieu avant le début de la partie. Dans le cadre de l'excellent programme préparé par le directeur général des Mavericks de Dallas, Norm Sonju, la foule a pu entendre la musique de Glen Campbell ainsi que le témoignage inspirant de l'ancien lanceur de la Ligue nationale, Dave Dravecky.

C'est toutefois la prière récitée en début de programme par l'arrière des Suns de Phoenix, Elliott Perry, qui m'a le plus touché. Au beau milieu de sa prière, Elliott a dit : « Je te rends grâce Seigneur pour mes ennemis et te demande de les bénir ». Quel puissant concept !

Le pardon repose sur une *décision*. Il constitue un acte de volonté qui émane de l'esprit. Le problème, c'est que l'amertume relève des *émotions*, et non de l'esprit ou de la volonté. C'est pourquoi on dit souvent: «Je devrais me libérer du passé et aller de l'avant, mais mes émotions m'en empêchent.» Et effectivement, accorder les émotions avec ce que dictent l'esprit et la volonté peut s'avérer très difficile.

Bruce Williams, animateur vedette de l'émission «Talknet» sur la chaîne NBC*, a raconté comment il avait surmonté un passé malheureux:

> «Au milieu de la vingtaine, j'étais étudiant de deuxième année à l'université, marié et père de deux enfants; je gagnais 80 $ par semaine en travaillant au casse-croûte de l'université. Mon patron, le professeur Untel, avait déjà été gérant d'un casse-croûte dans un ciné-parc. Un jour, je lui demande: «Monsieur, c'est pas facile de faire des études tout en subvenant aux besoins de sa famille avec seulement 80 $ par semaine. J'ai besoin d'une augmentation.
>
> «Williams», a-t-il répondu, «vous avez des idées de grandeur. Vous ne vaudrez jamais 100 $ par semaine.»
>
> «Des années plus tard, devenu homme d'affaires, animateur de radio et maire réélu à deux reprises par la communauté, j'ai reçu l'invitation de siéger au conseil d'administration de l'université. De passage sur le campus pour rencontrer les membres du conseil et décliner leur offre, je suis passé devant le bureau du professeur Untel. Juste au moment où je m'apprêtais à frapper à sa porte, j'ai changé d'idée et poursuivi mon chemin.
>
> «Je m'étais pourtant préparé à entrer dans son bureau et à lui dire: «Eh bien, professeur, me voici avec mes idées de grandeur. J'ai l'impression que je gagne plus d'argent en deux semaines que vous en toute une année.» Mais je me suis dit: *«Qu'est-ce que ça donnerait? Me voilà prêt à m'en prendre à un homme âgé qui a eu comme seul succès de se sortir de son ciné-parc et d'obtenir son doctorat.*
>
> «J'ai pris conscience que je lui devais plutôt quelque chose. En effet, quand les choses se corsaient dans ma vie, ses paroles résonnaient encore dans ma tête: «Williams, vous avez des idées de grandeur». Aussi contradictoire que cela puisse sembler, le professeur Untel m'a poussé à réussir. Un jour, je lui rendrai visite; mais ce sera pour le *remercier* d'avoir dit que j'avais des idées de grandeur.»

---

* National Broadcasting Corporation.

À sa façon, Bruce Williams dit la même chose que Joseph dans la Genèse 50, 20 : « Professeur Untel, l'intention derrière vos paroles était malfaisante, mais tout a tourné pour le mieux dans ma vie. Votre insulte a été comme un coup d'éperon qui m'a propulsé vers la réussite. »

J'espère que ce chapitre vous a aidé à trouver en vous la force de vous libérer du passé et d'aller de l'avant. S'il vous est impossible d'oublier le passé et de reprendre le cours normal de votre vie, allez chercher conseil auprès d'un prêtre, d'un pasteur, d'un psychologue ou d'un thérapeute. Confiez-vous à quelqu'un qui vous aidera à mieux vous comprendre. D'une façon ou d'une autre, vous devez trouver un moyen de tourner le dos au passé et de vivre le moment présent. Sinon, vous risquez de vous enliser.

La fondatrice de la Croix-Rouge américaine, Clara Barton, était une femme adorable qui avait la réputation de n'avoir jamais de regrets. Un jour, un ami lui a rappelé un geste blessant qu'on avait posé à son endroit quelques années auparavant. Comme madame Barton ne semblait pas s'en souvenir, l'ami a insisté : « Tu ne te rappelles pas à quel point cette personne t'avait blessée ?

– Pas du tout », a répondu Clara Barton sur un ton enjoué. « Mais je me rappelle très bien l'avoir oublié. »

Telle est l'attitude à adopter face au passé. C'est uniquement en pardonnant au passé de toutes ses forces qu'on peut se tourner vers l'avenir et se rapprocher de ses rêves. Rappelons-nous les mots de Martin Luther King fils : « Pardonner n'est pas un geste occasionnel ; c'est une attitude permanente. »

Si vous voulez jouer dans les ligues majeures...

Pendant toutes ces années passées dans le monde du sport, il est une chose que j'ai apprise : les enseignements qui font naître la splendeur sont les mêmes dans le sport que dans la vie. Il n'y a pas plus grand match que la vie elle-même. Nous jouons tous ce match, nous faisons tous partie de la même grande équipe. Alors que s'achève ce chapitre portant sur le passé, j'aimerais donner la parole à quelques-uns des « coéquipiers » qui jouent avec vous ce match de la vie. Je les laisse vous parler des enseignements qu'ils ont tirés du sport, des enseignements qui en disent long sur les rapports qu'ils entretiennent avec le passé.

- «J'essaie de ne jamais regarder en arrière afin de ne pas faire remonter le passé à la surface», dit Steve Carlton, membre du Temple de la renommée du baseball. «Le passé n'existe plus. Si vous lui redonnez vie, il renaît et vous vous retrouvez avec deux fois plus de problèmes: ceux du présent et ceux du passé.»
- «J'ai eu l'occasion de côtoyer des joueurs très forts sur le plan mental qui étaient capables de tirer avantage de n'importe quelle situation», raconte Billy Beane, ancien voltigeur des ligues majeures. «Les meilleurs sont ceux qui oublient le passé et se concentrent sur l'avenir, mais sans trop l'anticiper. J'ai accédé aux ligues majeures en même temps que Lenny Dykstra. Son attitude était remarquable. Il pouvait tirer un trait sur le passé et regarder droit devant lui.»
- En 1980, Red Auerbach, président des Celtics de Boston, a déclaré: «Je pense être demeuré la même personne; j'ai pris de l'âge, j'ai mûri, mais je ne vis pas dans le passé.»

Si vous désirez accéder aux ligues majeures – qui ne le souhaite pas? – c'est ainsi que vous devez voir le passé. Avec toutes ses gloires et toutes ses misères, le passé n'est que le brouillon d'un livre, le cimetière d'hier. Tirez-en des enseignements. Remémorez-vous les bons moments de temps à autre, mais ne vous y attardez pas. Les gagnants apprennent ce qu'ils ont à apprendre du passé, puis ils passent à autre chose. Les perdants, eux, regrettent le passé et y restent emprisonnés. Les gagnants savent que les victoires d'hier ne suffisent pas à les porter toute la vie durant. Comme nous allons le découvrir dans le chapitre 3, le seul moment qui compte est le *présent*.

Chapitre 3

Aujourd'hui
ou
Que faire en attendant demain ?

- *« Il faut accepter chaque minute de sa vie comme un miracle qui ne se reproduira plus (...) Travaillez avec ardeur. Amusez-vous avec abandon. Essuyez vos larmes. Jouissez de vos rires. Aujourd'hui est le plus beau jour de votre vie. »*

  Margaret Storm Jameson,
  physicienne et administratrice

- *« La vie est plus facile si on l'appréhende un jour à la fois. »*

  Charles M. Schulz,
  créateur de *Peanuts*

- *« Les enfants n'ont ni passé ni futur ; contrairement à la plupart d'entre nous, ils vivent au présent. »*

  Jean de La Bruyère

Le jeune joueur étoile du Magic d'Orlando, Shaquille O'Neal, est une personne absolument fascinante. Lors de ses trois premières saisons professionnelles, on l'a beaucoup critiqué parce qu'il avait de nombreuses – très nombreuses – activités à l'extérieur du terrain de basket-ball. Ce jeune a pourtant connu un début de carrière tout simplement remarquable: recrue de l'année, trois fois centre partant de la conférence de l'Est lors de la partie d'étoiles, champion compteur de la ligue. Et il n'a que 22 ans! Il a aussi à son crédit deux albums de rap, un film intitulé *Blue Chips*, ainsi que des commandites extrêmement lucratives. En fait, Shaquille a accompli tout ce qu'une personne de son talent et de son ambition pouvait accomplir. C'est précisément pour cela qu'on le critique beaucoup. En toute honnêteté, je crois que ces gens sont tout simplement *jaloux* de son succès. J'entends parfois dire: «Hé! Pat, tu ne penses pas que le Magic devrait mater ce gars?» En d'autres mots, ils voudraient que nous enfermions Shaq dans un gymnase douze heures par jour pour lui faire pratiquer ses lancers au panier.

À cela je réponds: «Shaq connaît la vie. Il sait qu'il faut faire de *chaque jour* une véritable fête. Inutile d'essayer de le retenir. Prenez-le plutôt en exemple! Ce jeune homme vit le moment *présent* de toutes ses forces. Il ne laisse rien d'inachevé, essaie tout ce qui peut être essayé. Voilà pourquoi il attire autant les foules. Les amateurs assistent aux matchs pour le seul plaisir de voir ses «Shaq attaques»! Ils viennent voir un joueur qui s'adonne à son sport avec une joie suprême et un enthousiasme féroce!»

Dès le début de sa carrière, le style d'attaque de Shaquille lui a valu une grande renommée, mais aussi des critiques. Tout a commencé durant sa prodigieuse carrière au collégial, lors d'un match où Shaq a attrapé le ballon, sauté au panier, accroché d'une main l'anneau et fait passer de l'autre le ballon. L'anneau a ployé sous le poids et il a fallu interrompre le match et installer un nouveau panier ! Adolescent, Shaq possédait déjà cette puissance et cette agressivité.

Lors de sa première année avec le Magic, Shaquille a surpassé les performances « fracassantes » de tous ses coéquipiers avec ses fameuses « Shaq attaques ». À deux reprises, une à Phœnix et l'autre au New Jersey, il a arraché de son armature le panneau entier, lequel s'est écrasé sur le plancher. Heureusement, dans les deux cas, nos hôtes avaient ce qu'il fallait pour installer un nouveau panneau et chaque fois le match a pu reprendre après un délai d'environ 45 minutes. Ces mémorables « attaques » ont rapidement donné à Shaq la réputation d'être un joueur qui non seulement marque des paniers, mais les *pulvérise.*

Il ne s'agit pas ici de faire l'éloge de la démolition de paniers. En fait, Shaquille n'a pas un tempérament destructeur, pas plus qu'il n'essaie volontairement de détruire des paniers. Tout ce qu'il veut, c'est marquer des points et gagner des matchs. Et il le fait avec toute l'énergie, la vitesse, l'enthousiasme et la prouesse dont il est capable. Il donne tout ce qu'il a. C'est le secret de sa réussite, au basket comme ailleurs. Shaquille O'Neal attaque la vie de la même manière qu'il attaque un panier. Pour cela, il mérite mon respect et mon admiration. Il nous donne à tous une leçon sur la façon de vivre pleinement le moment présent.

Jouir du présent

Dans ce chapitre, nous jetterons un regard sur cette deuxième période de temps qu'il faut traverser pour réaliser ses rêves : le *présent.* Le passé est dans le rétroviseur, l'avenir est droit devant, et le présent sert à passer de l'un à l'autre. Seul véritable moment dont on dispose pour réaliser ses rêves, il faut tirer du présent le maximum. Tout cela peut sembler si simple et si évident. Pourtant, je suis toujours étonné de voir à quel point les gens mettent un frein à leur réussite et à leurs perspectives d'avenir en se braquant sur le passé ou l'avenir et en oubliant de saisir la portée révolutionnaire de ces mots d'Horace : *Carpe diem !* – « Mets à profit le jour présent ! »

S'il y a une chose que la vie m'a apprise, c'est que pour avoir une vie heureuse, positive et joyeuse, il faut se hâter de jouir du présent, s'en empiffrer le plus possible, le dévorer jusqu'à l'os.

Cette philosophie du « dévorer jusqu'à l'os », j'y pense chaque fois que nous servons du poulet aux enfants. En effet, deux de nos fils, originaires des Philippines et de la Corée du Sud (comme vous l'apprendrez un peu plus loin, nous avons adopté quelques enfants), possèdent cette habileté unique de manger jusqu'à l'os un pilon de poulet. Ce n'est toutefois qu'un début, car ils cassent ensuite l'os en deux pour en manger la moelle. Cette scène est tout simplement saisissante à voir. Par conséquent, si vous voulez tirer le maximum de chaque jour de votre vie, rappelez-vous comment les enfants de Pat Williams mangent leurs pilons de poulet.

Le présent vous appartient. Vivez-le intensément. Utilisez-le. Aimez-le. Dévorez-le jusqu'à la moelle, jusqu'à l'atteinte de vos objectifs d'avenir. Cependant, je sais par expérience que ce n'est pas toujours facile.

En juillet 1993, on m'a invité à participer au tournoi de golf des célébrités de Charles Barkley. Ce tournoi avait lieu sur le parcours de l'hôtel Disney, à Orlando. Je dois vous avouer que je suis le golfeur le plus pitoyable au monde. J'ai énormément de plaisir à participer à une partie, mais sans bâton de golf entre les mains.

Michael Jordan participait également à ce tournoi. Ceux qui ont côtoyé un tant soit peu cette légende du basket qu'est « Air Jordan » connaissent sa passion pour le golf. Fier compétiteur, il aime bien aussi piquer au vif ses adversaires et leur lancer des opinions bien tranchées, un peu comme on lance des grenades. Eh bien, croyez-le ou non, tout juste derrière notre groupe de quatre se trouvait celui de Michael, suivi de toute une meute de journalistes. À mesure que nous avancions, je jetais un coup d'œil derrière et voyais Michael ainsi que les journalistes et les cameramen qui gagnaient sans cesse du terrain sur nous. Au treizième trou, un « par 3 », avec un tertre de départ surplombant un plan d'eau, le rythme du jeu a ralenti. Pendant que nous attendions que les joueurs devant nous finissent leur tour, le groupe de quatre de Michael – toujours accompagné de son escorte journalistique – nous a finalement rejoints.

Moi qui n'avais pas frappé une seule bonne balle de la journée, je devenais subitement le centre d'attraction et je devais jouer mon coup avec tous ces regards et toutes ces caméras de télévision braqués sur moi ! Une sensation carrément épouvantable. Et ce n'est pas tout : pendant que je me réchauffais, il y avait Michael Jordan, l'œil narquois et la langue bien pendue, qui ne me lâchait pas et qui essayait de me déconcentrer. Inutile de vous dire que mes mains étaient moites et que je faisais mes prières ! *Mon Dieu*, ai-je imploré, *faites que je réussisse ce coup et je serai comblé !* »

Je me suis installé, plantant mes pieds solidement dans le sol et imaginant un long coup de départ qui flotterait en ligne droite dans les airs. Puis, je me suis élancé. Incroyable ! Le coup est parti en flèche vers le ciel, franc, droit, puissant. Bouche bée, tout le monde regardait la trajectoire magnifique de ma balle. Même Michael était à court de mots ! Tel un missile Tomahawk guidé au laser, la balle a atterri sur le vert, à proximité du trou. Lorsque mon groupe et moi sommes partis en direction du vert, Michael a lancé : « Hé, Pat ! On comprend pourquoi tu passes si peu de temps au bureau ! » Ce dernier petit commentaire de Michael est le plus beau compliment jamais rendu à mes modestes talents de golfeur.

Une fois rendu au vert, loin des caméras et du sourire intimidant de Michael, j'ai complètement raté mon coup roulé. Mais ça n'avait plus aucune importance ! J'avais réussi le coup que je voulais absolument réussir. Pendant un bref instant, j'avais vécu intensément, je m'étais concentré et j'avais réussi un coup d'approche magnifique.

C'est cela le golf : tout se joue pendant un bref instant. Un élan de golf est un geste simple, mais crucial : tout repose sur cet élan. On doit se concentrer sur ce seul et unique instant. On ne peut pas se permettre de penser au coup d'avant, ni au coup suivant. Les grands golfeurs ont appris à maîtriser ce que j'ai réussi une seule fois pendant ce tournoi, c'est-à-dire à se concentrer sur rien d'autre que la balle, le bâton de golf et l'allée qui s'étend devant soi. Vous devez faire de même pour réaliser vos objectifs : vivre intensément le moment présent.

En ce sens, le golf est une version miniature et condensée de ce match qu'est la vie. Dans les deux cas, il faut livrer bataille à chaque instant, sans s'encombrer du passé ou de l'avenir. Les remords d'hier et la crainte du lendemain ne sont qu'un boulet à traîner. «Hier» n'est pas un jour de la semaine; «un de ces jours» non plus. C'est seulement en gardant ses pieds fermement plantés dans le sol du présent qu'on peut véritablement prendre son élan!

Shirley Temple Black, ancienne enfant vedette de cinéma devenue diplomate des États-Unis, a elle aussi appris à vivre dans le présent. Un jour qu'on lui demandait le secret d'un mariage réussi, elle a raconté une histoire au sujet de son mari, Charles, et de sa belle-mère. Enfant, Charles avait demandé à sa mère: «Maman, quel a été le plus beau moment de ta vie?» À son grand étonnement, elle avait répondu: «Aujourd'hui, en ce moment même». Clignant des yeux, Charles avait insisté: «Pas celui-là. Les autres beaux moments... comme quand tu t'es mariée.» Sa mère avait dit en riant: «À l'époque, ce moment a été mon plus beau moment. Aujourd'hui, mon plus beau moment est celui que je vis présentement. Tu sais, on ne vit vraiment que le moment présent; pour moi, c'est donc ce moment qui est le plus beau.»

Après avoir raconté cette histoire tirée de l'enfance de son mari, madame Black a ajouté: «C'est ainsi que Charles et moi essayons de vivre, en jouissant ensemble du moment présent. Nous avons beaucoup de beaux souvenirs à nous rappeler et de très bons moments à anticiper, mais le moment présent est le plus important.»

L'ancien entraîneur de football de l'université Harvard, Joe Restic, comprenait bien ce principe et l'utilisait pour bâtir des équipes gagnantes. «Je n'ai pas d'ordre du jour, disait-il. Je ne crois pas aux plans qui s'échelonnent sur cinq ou dix ans. C'est d'ailleurs ce qui a causé la perte du communisme. Je crois qu'il faut vivre le jour d'aujourd'hui et c'est ce que je répète toujours à mes joueurs. Jouissez du moment présent. Jouissez de l'entraînement d'aujourd'hui. Jouissez de la compagnie de vos amis. Il y a tant de jeunes qui passent leurs années au collège à se soucier de leur avenir et à s'inquiéter de tout et de rien; ils passent ainsi à côté du moment présent.» Joe Restic a raison: il ne faut jamais attendre à demain pour vivre pleinement. «Voici le jour que fit Yahvé, pour nous allégresse et joie.» (Psaume 118, 24)

Pendant mon enfance dans les années quarante et cinquante, j'étais un fan de baseball et j'idolâtrais un des joueurs des Cardinals de Saint-Louis, Stan « The Man » Musial. Quelle ne fut donc pas ma joie de le rencontrer en février 1995, au musée du Temple de la renommée Ted Williams.

Même si Stan a pris sa retraite de joueur actif depuis plus de 30 ans, il ne vit pas dans le passé. Je l'ai vu signer des dizaines d'autographes (dont un pour moi), qu'il prenait soin de personnaliser pour chacun. Sur le mien, on pouvait lire: « À Pat, un partisan fantastique. Stan Musial. »

Je me trouvais tout juste derrière Stan lorsqu'il s'est frayé un chemin dans la foule pour se rendre à la cérémonie où on allait l'introniser au Temple de la renommée des frappeurs. Tout à coup, il s'est arrêté, s'est retourné vers la foule et, au grand ravissement de tous, a sorti un harmonica de sa poche pour jouer « Take Me Out to the Ballgame ».

Lorsqu'on l'a présenté aux gens présents à la cérémonie, Stan a pris sa célèbre position au marbre, dite du « coucou », et s'est élancé pour frapper une balle imaginaire. Il était évident que Stan jouissait à fond du moment présent.

En l'écoutant nous expliquer comment il faut vivre avec intensité le moment présent, je me suis rappelé l'histoire qu'un journaliste sportif de Saint-Louis, Bob Brœg, racontait au sujet de Stan alors qu'il était un joueur actif.

Bob Brœg disait: « Un joueur se pointe dans le vestiaire, resplendissant de bonheur, et dit à Stan: « Je me sens vraiment bien. C'est le bonheur à la maison. Tout baigne tellement dans l'huile que je sens que je vais frapper deux coup sûrs aujourd'hui. Stan, t'es-tu déjà senti comme ça ? » Stan Musial le regarde et lui répond: « Tous les jours ! »

Avec son livre *The Principles and Practice of Medicine* publié en 1892, le docteur William Osler a révolutionné l'enseignement de la médecine. Un jour qu'il prononçait une conférence devant un groupe d'étudiants sur le thème « Comment réussir l'exigeante mission du médecin », il leur a dit: « Bannissez le mot « avenir » de votre vocabulaire. Concentrez-vous sur la tâche à accomplir dans l'heure présente. Ne pensez pas à tout ce qui reste à faire, ni aux difficultés éventuelles, ni aux résultats à obtenir. Efforcez-vous plutôt d'accomplir consciencieusement chaque petite tâche qui se présente et contentez-vous-en. Comme le disait Thomas Carlyle, nul doute que notre simple devoir «consiste à faire les choses qu'on a devant soi sans se laisser distraire par celles qu'on imagine au loin».

Jésus parlait de la même chose lorsqu'il disait: «Ne vous inquiétez donc pas du lendemain: demain s'inquiétera de lui-même. À chaque jour suffit sa peine.» (Matthieu 6, 34) Il ne voulait pas dire (contrairement à ce qu'on entend de nos jours): «Il faut mener la grande vie aujourd'hui même, vivre seulement le moment présent, se ficher du reste et ne pas se soucier de l'avenir». Au contraire, l'avenir est important. Cependant, il faut se concentrer sur aujourd'hui au lieu de s'en faire avec les obstacles éventuels de demain. On doit se donner pour objectif de jouir pleinement du présent, de concentrer ses énergies sur les tâches d'aujourd'hui, *afin que demain soit un jour meilleur*. Pour se rapprocher de ses rêves, il faut se mettre au travail *dès maintenant*, faire des plans *dès maintenant*, scier et clouer *dès maintenant*, poncer et polir *dès maintenant*. Pas «un de ces jours», pas «lorsque les choses se seront tassées», pas «quand on aura le temps». *Dès maintenant!*

Le seul temps dont vous disposez vraiment, c'est du temps présent. Jouissez-en!

Le temps, c'est la vie

«On n'achète pas vraiment les choses avec de l'argent, mais plutôt avec du temps», dit Charles Spezzano dans son livre *What to Do Between Birth and Death*. «Vous vous dites: "Dans cinq ans, j'aurai assez d'économies pour acheter la résidence secondaire de mes rêves; je pourrai alors ralentir le rythme". Cette maison vous aura donc coûté cinq ans, soit le douzième de votre vie d'adulte. Calculez en temps la valeur de votre maison, de votre voiture ou de n'importe quoi d'autre, puis évaluez si cela en vaut la peine. On ne peut à la fois avoir et faire ce que l'on désire, car l'un et l'autre entraîne une dépense différente en termes de temps. L'expression «dépenser son temps» n'est pas une métaphore: la vie est ainsi faite.»

Chacun de nous dispose d'un nombre limité de battements de cœur, d'un nombre limité de secondes, d'un nombre limité de minutes, d'un nombre limité d'années. Une fois ce temps écoulé, il ne reste plus rien. Une fois votre temps écoulé, votre vie arrive à son terme. Pourquoi alors « tuer le temps » avec une telle nonchalance ? Gaspiller son temps, c'est gaspiller sa vie. Tuer le temps, c'est tuer *son* temps. Si la vie est précieuse, alors le temps l'est aussi ; il ne faut à aucun prix le gaspiller.

Quelqu'un a déjà fait l'analogie suivante : supposons que votre banque vous fait une offre spéciale. Elle déposera 86 400 $ dans votre compte chaque matin, somme dont vous disposerez comme bon vous semble. À une seule condition, cependant : tout ce que vous ne réussissez pas à dépenser sera récupéré par la banque. Le lendemain, même chose : dépôt de 86 400 $, à dépenser à votre guise, mais la banque garde l'éventuel surplus. Que feriez-vous avec ce compte bancaire ? Vous le *savez* fort bien : chaque matin, dès l'ouverture de la banque, vous retireriez jusqu'au dernier sou l'argent déposé.

En fait, cette offre sensationnelle vous est déjà faite. Vous disposez déjà d'un compte à votre nom, mais on y dépose des secondes plutôt que des dollars. Très exactement 86 400 secondes. Chaque matin, vous avez 86 400 secondes à utiliser comme bon vous semble ; à minuit, il n'en reste plus rien, quoi que vous fassiez. Le matin suivant, le même temps vous est offert : 86 400 secondes. Tout ce temps vous appartient. Vous pouvez le dépenser pour une foule de choses. Poursuivre vos objectifs. Faire de l'exercice. Lancer des avions en papier. Dormir. Écrire un roman. Rendre visite à vos clients. Suivre un cours du soir. Vous tourner les pouces. Vous trouver un deuxième emploi pour payer vos factures. Regarder la télévision. Vous rendre à un rendez-vous galant. Vous entraîner au gymnase. Consacrer du temps à vos enfants. Lire un livre. Participer à des discussions sur la Bible. Vous amuser avec des amis. Jouer au basket avec vos enfants. Servir de la soupe dans un refuge pour itinérants. Contempler le ciel. Penser.

Je ne porte aucun jugement de valeur sur l'une ou l'autre de ces activités. Peut-être avez-vous besoin de recharger vos batteries en flânant un peu ou en dormant quelques heures de plus. Vous seul pouvez juger si votre emploi du temps est productif ou non. Après tout, il s'agit de votre vie et de vos choix. De la même façon, si vous n'utilisez pas judicieusement les précieuses et irremplaçables secondes qui vous sont allouées, vous seul en serez responsable.

Les hommes et les femmes qui connaissent et apprécient la valeur du temps constituent une ressource précieuse. Ce sont les fonceurs et les bâtisseurs de notre société. Ce sont les employés fiables, dignes de confiance et méritoires. Ce sont les gens d'affaires, les artisans, les politiciens, les médecins, les chercheurs, les scientifiques, les artistes, les écrivains et les commerçants qui ont fait la preuve qu'on peut toujours compter sur eux. Ce sont les gens qui font de ce monde un monde meilleur. Les dirigeants, les gestionnaires et les employeurs qui respectent la valeur inestimable du temps recherchent leurs semblables. Ils savent que l'utilisation judicieuse du temps est un des secrets de la réussite. Aussi choisissent-ils toujours des gens qui partagent leur vision quand vient le temps d'offrir promotions et félicitations.

Par expérience, je peux affirmer que tous ceux qui laissent leur marque dans le monde du sport ont compris ce principe. Par exemple, en basket-ball, tout repose sur le temps. Nous disposons de quatre quarts de 12 minutes pour accomplir notre mission, c'est-à-dire 48 minutes en tout pour marquer plus de points que l'équipe adverse. Tout tourne autour du temps, et chaque joueur doit en tenir compte: dès que le ballon pénètre en zone offensive, le compte à rebours commence. Vingt-quatre secondes, vingt-trois secondes, vingt-deux secondes... C'est le temps alloué pour lancer au panier. Impossible de rester planté à regarder passer le ballon ou de le faire aller sans but d'un joueur à l'autre: si aucun lancer n'est effectué pendant ces 24 secondes, le ballon est remis à l'autre équipe. Le temps est une denrée précieuse au basket-ball, au football, au hockey, au soccer, bref, dans presque tous les sports à l'exception du baseball.

La vie fonctionne selon les mêmes règles: le chronomètre se met en marche et le temps s'écoule pendant qu'on lutte pour se rapprocher de ses objectifs. Au basket-ball comme dans la vie, il est rare de se retrouver complètement dégagé et d'avoir tout son temps pour bien lancer au panier. Au contraire, il se trouve toujours quelqu'un devant nous qui ne nous laisse d'autre choix que de prendre tous les moyens possibles pour lancer, sous le tic-tac incessant du chronomètre. La grande différence entre le basket-ball et la vie réside dans les règlements qui, au basket, donnent droit à un temps d'arrêt. Dans la vie, il n'existe aucune règle de la sorte: on doit faire de son mieux malgré la pression et le stress du moment. Parfois, votre lancer rebondira sur l'anneau. Parfois, il passera complètement à côté de la cible. Cependant, en certaines occasions, vous réussirez le lancer décisif et le ballon passera droit dans le filet comme l'eau dans une passoire. (Sans compter qu'on peut toujours espérer marquer à partir de la ligne des trois points)!

Mes amis, dans le sport comme dans la vie, rien ne procure une aussi grande sensation que d'effectuer un lancer parfait sous la pression du moment.

Les deux ennemis du présent

Pour récolter les fruits de demain, il faut vivre, agir et accomplir des choses dans le présent. Mais attention! Il existe de grands «ennemis du présent» qui peuvent tout faire rater si on ne s'en méfie pas. Deux de ces «ennemis du présent» sont la «procrastination» et «l'attente du moment propice».

La procrastination

Trop souvent, on remet ses rêves à plus tard, on reporte ses projets, on rate des occasions. On se dit: «Je le ferai demain», «Je commencerai demain» ou «Je finirai demain». Mais qu'est-ce que ce demain? *C'est un jour qui ne vient jamais!* Le problème avec tous ces demains, c'est qu'on en accumule tout un tas – demain ceci, demain cela – et on se retrouve avec une vie remplie d'hiers tout à fait vides.

«Le plus tragique avec la vie», disait Richard L. Evans, «ce n'est pas tant qu'elle se termine trop vite; c'est que nous mettions si longtemps avant de commencer à la vivre.» Vivez donc dès aujourd'hui. Dès maintenant. Soutirez le maximum du moment présent.

Vous vous dites peut-être: «Mais je ne peux pas aujourd'hui. J'ai d'autres priorités actuellement, d'autres choses urgentes à faire, d'autres crises à surmonter, d'autres contretemps. Je n'ai pas assez de 24 heures dans ma journée.» Erreur! Nous disposons tous de 24 heures. Et tout le monde a des priorités, des urgences, des crises, des contretemps. La vérité, c'est que certains réussissent à la fois à surmonter ces obstacles et à réaliser leurs objectifs et leurs rêves. Comment font-ils ? Ce n'est pas le temps dont on dispose qui importe, mais la détermination dont on fait preuve. Si vous voulez vraiment quelque chose, vous l'obtiendrez. Si votre rêve vous tient réellement à cœur, vous lui donnerez priorité, vous le ferez passer en premier, vous surmonterez chaque crise et chaque obstacle afin de le réaliser.

Si la lecture du dernier paragraphe vous a hérissé, s'il vous a donné le goût de crier : « Non ! Pour moi, c'est différent ! » ou encore l'envie de lancer ce livre par la fenêtre, laissez-moi vous dire que vous traversez probablement une période de déni. Lorsqu'on se met en colère en entendant une vérité à son sujet, c'est qu'on se refuse à l'admettre. Baissez la garde mon ami. Reconnaissez que vous êtes responsable de tous les obstacles que vous laissez se dresser entre vos rêves et vous. Décidez dès aujourd'hui de donner priorité absolue à vos rêves. Cessez de tout remettre à plus tard ou d'attendre le moment propice.

L'attente du « moment propice »

Philip Brewer, directeur de l'Emmaus Christian Leadership Assistance Program, organisme situé en Californie, m'a récemment raconté un voyage qu'il a fait en Europe en 1977. « Je me suis rendu en Angleterre pour parler à John Stott », disait-il, « puis en Suisse pour rencontrer Francis Schaeffer ainsi que le célèbre psychiatre Paul Tournier. Ces gens sont parmi les grandes figures chrétiennes de notre époque et je voulais en apprendre le plus possible sur leur façon de penser. Je suis revenu de ces rencontres tout à fait transformé. Il y a surtout une phrase du docteur Tournier qui a profondément marqué ma vie depuis.

« Avec son merveilleux accent, monsieur Tournier m'a dit : "Les gens sont toujours à la recherche du moment idéal et de l'endroit rêvé pour écrire, pour peindre, pour accomplir quelque chose. Ils disent qu'ils doivent vivre à la montagne pour faire telle chose, qu'ils doivent vivre au bord de la mer pour accomplir telle autre chose, que tout doit être de telle et telle façon. Mais à bien y penser, toutes les grandes réalisations de l'histoire se sont produites dans le froid, la grisaille, le bruit, bref, dans des conditions très loin de l'idéal. En regardant l'origine des grands de ce monde, on se rend compte qu'ils proviennent de milieux qui n'ont souvent rien à voir avec l'opulence, le confort et le romantisme. Le Christ, par exemple, est né dans une étable malodorante."

«Cette vérité révélée par le docteur Tournier m'a frappé comme une gifle en plein visage. J'ai mis des années à la comprendre dans sa globalité et j'y travaille toujours d'ailleurs. Je crois que Paul Tournier a vu en moi le perfectionniste qui veut sans cesse démarrer un projet mais qui attend toujours le «moment propice». J'ai le goût d'une tasse de café, sauf que je veux la boire sur une plage dans une île du Pacifique. Le fait est que si vous avez l'intention d'écrire l'ultime roman, écrivez-le. N'attendez pas que tout soit parfait. Si vous n'avez pas d'ordinateur pour l'écrire, allez vous acheter des cahiers d'écolier et un stylo. Vous n'en avez pas les moyens? Utilisez le verso de l'avis d'interruption de service de votre compagnie de gaz et écrivez avec un crayon à mine. L'important est de vous mettre au travail. *Dès maintenant!*»

Ces «ennemis du présent», vous pouvez les déjouer avec le «principe du 15 minutes».

Le principe du 15 minutes

On n'a pas idée du temps inestimable qui nous file entre les doigts comme du sable. Dans son livre *Stress That Motivates*, Dru Scott, spécialiste de la gestion du temps, révèle un secret qui vaut littéralement des *millions* de dollars! Il s'agit d'un remède absolu contre la procrastination: le «principe du 15 minutes».

L'idée est fort simple: premièrement, choisissez une tâche importante, un de vos rêves ou une de ces choses que vous remettez à plus tard depuis longtemps en disant «un jour, quand j'aurai le temps...». Cette tâche peut être le livre que vous rêvez d'écrire, le garage que vous voulez ranger, le jardin que vous souhaitez cultiver, le programme d'exercices que vous voulez entreprendre, la pièce que vous désirez redécorer, l'entreprise que vous rêvez de démarrer, le nouveau logiciel que vous aimeriez maîtriser, la langue seconde que vous voulez apprendre.

Deuxièmement, prenez l'engagement suivant: «Chaque jour, beau temps mauvais temps, sans exception, je consacrerai 15 minutes à cette tâche.»

Pourquoi cette technique est-elle si efficace? Pour plusieurs raisons. Premièrement, tous ces petits blocs de 15 minutes finissent par s'additionner, et ce, rapidement. Comme le fait remarquer Dru Scott, même en prenant congé les dimanches, 15 minutes par jour pendant 6 jours donnent 90 minutes par semaine, soit *un impressionnant total de 78 heures par année!* Grâce à ce principe, vous utilisez du temps qui disparaîtrait autrement sans laisser de trace. Ainsi récupéré, vous vous trouvez à ajouter l'équivalent de presque *deux bonnes semaines de travail de 40 heures*! Imaginez tout ce que vous pourriez faire si vous disposiez de deux semaines de plus dans votre année!

Deuxièmement, cette technique stimule votre créativité, car elle vous permet de penser quotidiennement à votre projet, d'y travailler jour après jour. Au lieu de recommencer à zéro tous les six mois et de vous demander «Où en étais-je avec ce projet?», vous maintenez votre vitesse de croisière. En ayant constamment votre projet à l'esprit, les idées vous viendront sous la douche, dans le métro, au petit-déjeuner. Vous n'en serez que plus créatif et plus productif lors de chaque bloc de 15 minutes que vous prendrez.

Une autre raison expliquant l'efficacité de cette technique réside dans la difficulté de vous arrêter après 15 minutes! «Certains jours», dit Dru Scott, «une fois vos 15 minutes terminées, vous vous sentirez pleinement motivé. Vous aurez envie de continuer. Et vous continuerez. Cet effort supplémentaire vous rapprochera d'autant de votre objectif.»

Et si aujourd'hui semble sans espoir?

En fait, la réussite dont vous rêvez actuellement peut sembler hors d'atteinte. Vous souhaitez peut-être jouir d'une sécurité financière, être capable de payer les études de vos enfants, acheter une grande maison avec garage triple. Cependant, vous avez atteint la limite de vos six cartes de crédit sans savoir comment vous pourrez un jour rembourser vos dettes. Ou alors, vous voulez retourner aux études pour décrocher ce diplôme que vous n'avez pas obtenu, mais vous ne voyez pas comment vous trouverez le temps d'aller à l'école tout en occupant deux emplois sans avenir et mal payés. Ou encore, vous voulez redécorer votre maison, mais votre agenda est si chargé qu'il n'y a pas la moindre disponibilité avant la fin du prochain millénaire. Embourbé jusqu'au cou, vous ne voyez pas de lumière au bout du tunnel, n'est-ce pas?

Erreur!

Vous avez seulement besoin de regarder d'un œil neuf vos problèmes et vos objectifs. Vous devez diviser vos objectifs en une série d'objectifs plus modestes mais faisables, puis vous mettre à la tâche et réaliser un à un ces mini-objectifs, jusqu'à ce que vous atteignez votre rêve. Impossible à faire? Pourtant, beaucoup l'ont *déjà* fait. Contre toute attente, certaines personnes réalisent des objectifs à long terme en apparence «impossibles» à atteindre. À force de détermination, ils finissent par réussir, un petit objectif à la fois.

L'ancien entraîneur-chef des Celtics de Boston, Red Auerbach, nous fournit un autre de ces enseignements tirés du monde du sport qui peut nous servir à tous. Red Auerbach se souvient comment son équipe a remporté deux incroyables et presque inimaginables finales de championnat, l'une en 1968 et l'autre en 1981, alors qu'il était déjà à la retraite. Ces deux finales avaient atteint la limite de sept matchs et mettaient aux prises les Celtics et les 76ers. (Je me rappelle tout particulièrement la finale de 1981 car j'étais le directeur général des 76ers!) Lors de ces deux finales, Boston s'était retrouvé le dos au mur après la quatrième partie avec une seule victoire contre trois revers. Une autre défaite et, à moins d'un miracle, Boston pouvait dire adieu au championnat.

«Un miracle?», raconte Red Auerbach. Dans les deux cas, Boston a effectué une remontée et gagné les trois derniers matchs. Incroyable? Tout à fait. Impossible? Bien sûr que non, même si la situation semblait désespérée à l'issue de la quatrième partie. Comment les Celtics ont-ils pu réussir un tel tour de force?

«Très simple», explique Red Auerbach. «Vous n'essayez pas de gagner trois parties consécutives. Vous n'y pensez même pas. À cette étape, la septième partie n'a aucune espèce d'importance. Même chose pour le sixième match. Et vous ne pensez même pas à remporter la cinquième partie. Vous vous dites plutôt: «L'adversaire n'a encore rien gagné. Il doit nous battre une dernière fois et cela ne sera pas facile.» C'est la première étape: ne pas projeter trop loin dans le futur. Ne pas y penser. Ne pas se préoccuper des parties qui n'ont pas encore été jouées. Se concentrer seulement sur la tâche du moment.

« Vous divisez le travail ainsi », poursuit Red Auerbach. « Vous vous répétez: gagnons le premier quart de la cinquième partie. Ce premier quart est tout ce qui importe pour le moment. Puis, faisons match nul au second quart. Ainsi, au second quart, nous serons en avance. Cela donnera matière à réflexion à l'adversaire. En seconde mi-temps, même chose: gagner le troisième quart, augmenter notre avance, puis les suivre au coude à coude dans le dernier quart. Si nous réussissons tout cela, nous remporterons le match. »

Voilà l'astuce ! Divisez l'objectif en une série de tâches réalisables. Ne pensez pas : « Oh là là ! nous devons remporter trois matchs en ligne ! » C'est trop gros, trop écrasant, trop intimidant. Répétez-vous uniquement ceci: « Tout ce que j'ai à faire, c'est de gagner le premier quart, le premier petit segment de 12 minutes du match. Ça, je peux le faire. »

Red Auerbach compare cette approche à la philosophie des Alcooliques anonymes: « Un jour à la fois ». « Ne dites pas à un alcoolique qu'il ne pourra plus jamais prendre un verre de sa vie », explique-t-il. « C'est trop long, trop lourd à supporter comme idée. Personne ne peut s'imposer une telle discipline pour toujours. Mais pour aujourd'hui seulement ? Alors oui, c'est possible. Eh bien, parfait, ne nous soucions plus inutilement de demain. Pensons seulement à aujourd'hui. À chaque jour suffit sa peine. »

(Gardez cette histoire en mémoire. J'ai laissé Red Auerbach vous en raconter sa version ; son propos sur l'importance de se concentrer sur le présent est tout à fait pertinent. Pour ma part, je reviendrai sur cette même histoire dans le chapitre 10 afin de vous en donner *ma version*. J'ai *moi aussi* certains éléments à souligner concernant cette finale de 1981 entre les Celtics et les 76ers...)

Maintenant, comment traduire l'histoire de basket-ball de monsieur Auerbach en une stratégie applicable dans le quotidien ? D'abord, examinez avec soin vos grands objectifs, puis divisez-les en petits objectifs. Vous devez rembourser le solde de vos six cartes de crédit ? N'essayez pas de le faire d'un seul coup. Commencez plutôt avec une seule carte de crédit, celle qui a le taux d'intérêt le plus élevé. Trouvez-vous un emploi à temps partiel et utilisez tout l'argent que vous y gagnerez pour rembourser cette carte.

Parallèlement, efforcez-vous de vivre selon vos moyens. Réduisez votre dette de façon graduelle, semaine après semaine, mois après mois. Une fois cette première carte de crédit remboursée, passez à la deuxième. Avec le temps, vous aurez liquidé toutes vos dettes et vous pourrez alors commencer véritablement à économiser. Vous vous êtes engouffré petit à petit, et ce n'est que petit à petit que vous vous en sortirez (à moins de gagner à la loterie).

Cette stratégie s'applique quels que soient vos objectifs: obtenir un diplôme d'études, écrire le roman de vos rêves, redécorer votre maison, lire la Bible en douze mois, perdre du poids. Pour y arriver, il s'agit de couper un grand objectif en menus morceaux et de les mâcher lentement, un à la fois. Adoptez le principe du 15 minutes. Restez discipliné et déterminé. Demeurez fidèle à votre engagement. Travaillez fort. Persévérez. Vous finirez par en sortir gagnant, tout comme les Celtics qui se sont relevés alors que tout semblait perdu. «Lorsque vous tirez de l'arrière trois parties à une contre Philadelphie», conclut Red Auerbach, vous vous retroussez les manches, vous allez de l'avant, un pas à la fois, un quart à la fois, une partie à la fois. Et ça marche: nos bannières sont là pour le prouver.»

N'ayez pas peur de manquer de temps

«La vie est trop courte!» «Il n'y a pas assez d'heures dans une journée!» «Si seulement j'avais plus de temps à moi!» Vous avez sûrement déjà entendu ces doléances. Et vous les avez probablement déjà faites vous-même. «Les premiers à se plaindre de manquer de temps sont ceux qui l'utilisent mal», résumait en une phrase cinglante Jean de La Bruyère.

Combien de gens restent là à ne rien faire, à piétiner, à «tuer le temps» en attendant qu'on leur tape sur l'épaule pour leur indiquer une direction, un but, un sens à leur vie? Ils attendent en vain. Nous sommes sur cette terre pour une raison bien précise; il faut se dépêcher de la trouver, car personne n'est éternel. Le plus tragique, selon moi, c'est d'arriver à la fin de sa vie et de se dire: «Je me demande ce que j'étais censé faire de ma vie. Je n'ai jamais eu la chance de la vivre, ni d'en trouver le sens, ni d'accomplir quelque chose.»

Et vous? Avez-vous un but dans la vie?

Le temps précieux et irremplaçable dont vous disposez, cette matière brute de la vie, l'utilisez-vous pour vous rapprocher de vos objectifs?

La plupart des gens se contentent de rêvasser quant il s'agit de leur but dans la vie. Les gens qui réussissent sont plutôt ceux qui ont appris à ancrer leurs rêvasseries dans la dure réalité. Si on rêve de faire carrière dans la chanson, il faut, comme Mariah Carey, foncer, travailler d'arrache-pied, faire des sacrifices quotidiens. Et on réussit. Si on rêve de faire carrière dans la NBA, il faut, comme Shaquille O'Neal ou Anfernee Hardaway, travailler jour après jour, perfectionner ses habiletés, augmenter sa force et son endurance, rester compétitif. Et on réussit. Si on rêve d'un endroit merveilleux où tout est possible, il faut, comme Walt Disney, lutter, suer à grosses gouttes, investir, prendre des risques, jour après jour. Et on réussit.

Dans son livre *How to Put More Time in Your Life*, Dru Scott raconte l'histoire suivante à propos d'une grande amie à elle, Margaret, qui, à l'âge de 42 ans, a appris qu'il ne lui restait plus qu'une semaine à vivre. Margaret souffrait de graves migraines depuis un certain temps lorsque les médecins ont finalement diagnostiqué une tumeur au cerveau. Il était alors trop tard pour la sauver.

«Je ne pouvais le croire», se rappelle Dru. «Je l'avais vue à peine un mois auparavant. Comme d'habitude, elle resplendissait de joie de vivre et de vitalité. Son mari et elle avaient tout ce qu'on peut souhaiter: un mariage exceptionnellement réussi, deux fils merveilleux, des carrières enviables. Je ne pouvais croire qu'elle allait mourir si vite et d'une manière si cruellement inattendue.»

Deux jours avant le décès de Margaret, Dru a parlé au téléphone avec celle-ci. À cause des médicaments contre la douleur, Margaret parlait avec difficulté tout en gardant toute sa vivacité d'esprit. «Au cours des six derniers mois, pour une raison que j'ignore, j'ai beaucoup réfléchi à la façon dont j'utilisais mon temps. Je m'étais toujours perçue comme quelqu'un qui donnait priorité à sa carrière, mais je me suis rendu compte que c'est ma famille qui comptait le plus pour moi. Je me suis donc efforcée de passer plus de temps avec elle. C'est aujourd'hui beaucoup plus facile d'affronter ce qui s'en vient, car j'ai pris le temps de me consacrer à ceux qui comptent le plus pour moi. »

Dru se remémorait alors une visite qu'elle avait faite à Margaret au cours de ces six derniers mois. En désignant son bureau en désordre, Margaret avait dit en riant: « Je devrais me sentir coupable d'un tel fouillis, mais il y a des choses tellement plus importantes pour moi que le ménage. Ma priorité va à ce qui compte vraiment. » Au cours des derniers mois de sa vie, alors qu'elle ignorait sa fin prochaine, Margaret avait donc passé beaucoup de temps avec son mari et ses jeunes fils, à faire des choses agréables avec eux, à approfondir leurs liens, à bâtir des souvenirs de famille.

Dru conclut dans son livre: « Quand je me suis assise à côté du téléphone, ressassant mes souvenirs de Margaret et me rappelant ce qu'elle avait dit sur les choses qui comptaient vraiment, je me suis rendu compte que je ne pourrais pas en dire autant si la même chose m'arrivait. Je ne me consacrais pas aux choses réellement importantes pour moi; le temps filait entre mes doigts et je me sentais coupable de ne pas mettre mes énergies au bon endroit. N'eut été des paroles de Margaret, je n'aurais peut-être jamais cherché à dégager l'essentiel dans ma vie et à y consacrer mon temps chaque jour...

« Le moment présent vous est offert comme un cadeau. Acceptez-le. Vous le méritez. Emparez-vous du présent. Utilisez-le, jouissez-en de la façon la plus excitante et la plus créatrice qui soit. C'est le moment de faire les choses qui vous tiennent le plus à cœur. C'est le moment de voir à quel point il fait bon d'être en vie. »

Ce conseil, nous tentons de le mettre en pratique tous les jours au domicile des Williams.

Investir dès maintenant dans l'avenir

Ma femme et moi, tenez-vous bien, avons dix-huit enfants. Non, ce n'est pas une erreur de typographie: j'ai bien dit *dix-huit*. Pour éviter tout malentendu, ce chiffre représente la racine carrée de 324, il s'écrit 18 en chiffres arabes et XVIII en chiffres romains. Précisons toutefois que ma femme Jill a *donné naissance* à quatre d'entre eux. Quant aux 14 autres, ils ont été adoptés et sont originaires de quatre pays différents. Au moment d'écrire ces lignes, l'aîné a 21 ans et le cadet, 9 ans. Comme vous pouvez l'imaginer, la vie dans la maison des Williams peut être extrêmement intéressante... et *très* mouvementée.

Dieu sait pourquoi, Jill a toujours rêvé d'avoir une maison pleine d'enfants. Si vous voulez mon avis, je pense plutôt que Jill, quand elle était enfant, a pris au pied de la lettre l'histoire de la vieille dame qui vivait dans une chaussure. Croyez-moi, lorsque Jill jouait avec ses poupées, elle jouait *réellement* avec ses poupées ! Elle en possédait des douzaines. Toutefois, même toutes ces heureuses années à jouer avec ses Barbie n'ont pu la préparer au travail prodigieux qu'une super maman doit accomplir ! Personne ne lui avait dit que pour élever 18 enfants, il fallait se transformer en chauffeuse d'autobus, en sergent instructeur, en esclave de la lessive, en gérante de cafétéria, en infirmière de santé communautaire, et j'en passe.

Il y a des jours où je rentre du travail et trouve Jill assise par terre au milieu du salon, le doigt entre les lèvres et bredouillant *budubudubudubudu* ! Elle relève alors la mèche de cheveux qui lui pend au visage et se met à gémir : « Dis-moi, Pat, qu'est-ce que je fais ici ? J'ai un diplôme ! Je suis intelligente ! J'ai seulement 40 ans et des poussières ! Et pourtant je suis là, frottant, cuisinant et lessivant comme Blanche-Neige avec 18 lutins à sa charge ! Pat, tu dois me sortir d'ici ! Dans chaque recoin de la maison, il y a des enfants ! Regarde là-bas, il y en a sept de 13 ans ! Et regarde ici, il y en a trois de 8 ans ! Et au fond là-bas, trois autres de 10 ans ! Aaaaarrrgggggh ! Comment tout cela a-t-il bien pu m'arriver ? ! ».

Qu'est-ce que Jill fait ? Elle lutte contre le stress et la tension du présent. Elle se dit : « Lorsque je regarde tout ce que j'ai à faire et tout ce qui m'arrive actuellement, je me demande si tout cela a un sens ? » Je prends alors Jill dans mes bras et lui dit : « Jill, tu dois comprendre que la chose la plus importante dans ta vie en ce moment, c'est d'investir ton temps, ton énergie, ton argent, tes ressources et ton talent dans la vie de ces enfants. Tu investis aujourd'hui, et tous tes efforts rapporteront des dividendes dans la vie future de chacun d'entre eux. »

Investir aujourd'hui même... dans l'avenir. Faire en sorte que les semences du présent produisent ses fruits. Travailler sur ses rêves d'avenir dès aujourd'hui. Voilà le premier secret de la réussite de Walt Disney, un secret qui lui a permis de se distinguer: il savait comment semer aujourd'hui pour récolter demain. Tout ce qu'il faisait constituait un investissement positif et concret dans l'avenir. Très peu de gens saisissent ce principe, et ceux qui le comprennent sont ceux que nous considérons comme des « modèle de réussite ». Pour saisir et appliquer ce principe, il faut comprendre clairement la valeur du temps et apprendre à s'en servir.

Le jour d'aujourd'hui vous appartient. Profitez-en pour répandre judicieusement vos semences. Quoi que vous fassiez avec, ces semences sont le germe de l'avenir.

Dans le prochain chapitre, nous allons examiner cette période de temps où vous récolterez le fruit des efforts, des dépenses et des investissements que vous avez faits aujourd'hui: l'*avenir*.

Chapitre 4

Demain ou Comment préparer l'avenir

- *« La meilleure façon de prédire l'avenir est de le provoquer. »*

Alan Kay,
chef de service chez Apple Computers

- *« La vie est si trépidante que la seule façon de garder le contact avec le présent consiste à ne pas perdre l'avenir de vue. »*

Dean Rusk,
ancien Secrétaire d'État des États-Unis d'Amérique

Un parc d'attractions?

Lorsque Walt Disney parlait de construire un parc d'attractions, ses employés pensaient savoir ce qu'il avait en tête : une foire traditionnelle avec ses autos tamponneuses, sa grande roue, ses montagnes russes, ses stands à hot-dogs. Bien sûr, le grand patron ajouterait sûrement ici et là la touche Disney, par exemple des portraits de Mickey et Minnie accrochés aux devantures en contreplaqué du pavillon du rire. Mais bon, un parc d'attractions est un parc d'attractions, non? Difficile à réinventer, n'est-ce pas?

Erreur!

« Comme d'habitude, Walt était en avance non seulement sur ses employés, mais aussi sur son époque », se rappelle Charles Show, scénariste chez Disney. « Sa vision de ce qu'allait être Disneyland était unique et incroyable. » Loin de s'inspirer des parcs d'attractions qui existaient déjà, Walt rêvait d'une forme de divertissement familial tout à fait *nouvelle*, d'un concept inédit: le parc thématique de l'avenir.

C'est lors d'une randonnée dans la décapotable de Walt, par un matin frisquet du mois d'avril 1955, que Bob Thomas, un scénariste nouvellement employé chez Disney, a eu un aperçu de la vision futuriste de son patron. Sur Harbour Boulevard, l'air était chargé du riche parfum de miel des orangeraies en floraison qui s'étalaient tout autour de la ville d'Anaheim. C'était l'époque où cette ville n'était pas encore cet ahurissant tissu urbain d'hôtels, de motels, de parcs de caravanes et de comptoirs à restauration rapide, l'époque où la culture d'Orange County, en Californie, se limitait... à celle des oranges.

Walt a garé sa décapotable dans un immense parc de stationnement, véritable mer d'asphalte divisée en espaces de parking par des lignes de peinture encore fraîches. Ce stationnement démesuré témoignait de la vision grandiose de Walt Disney : il *savait*, lui, que l'été venu, ces espaces de parking se rempliraient, tout comme le parc d'attractions de ses rêves d'ailleurs. De la voiture, Bob Thomas a alors aperçu pour la première fois la station de train aujourd'hui si familière.

Une fois descendus de la voiture, Walt et Bob sont entrés par la porte principale. Déambulant aux côtés de Bob, Walt montrait du doigt toutes les particularités inimaginables de cette nouvelle et étincelante cité du divertissement qu'il avait conçue, bâtie et baptisée de son propre nom : *Disneyland.*

« Regarde le détail des sculptures de bois ornant la station de train », disait-il. « Nous nous sommes inspirés de centaines de photographies et de dessins de gares du siècle dernier et nous en avons fidèlement reproduit tous les détails. »

Un peu plus loin, ils débouchèrent sur Main Street, et comme les travaux de peinture n'étaient pas terminés, on pouvait encore voir une bonne partie de ses structures d'acier. Walt Disney ne prêtait aucune attention aux détails encore inachevés de son hommage à l'Amérique. Il entrevoyait déjà que cette rue principale serait une réplique idéalisée d'une petite ville du Missouri, celle de son enfance. « Là-bas ce sera le comptoir à crème glacée, avec tables en marbre et chaises confortables », disait-il. « Et là, ce sera la confiserie où les gens pourront voir comment on fabriquait autrefois le fudge et le caramel. Et ici, il y aura le disquaire, ainsi que la salle de cinéma muet. »

Longeant Fantasyland, Bob Thomas s'est émerveillé devant le château aux tourelles bleues de la Belle au bois dormant, une parcelle de conte de fées en plein cœur du sud de la Californie. Puis, Walt a emmené Bob au Frontierland en le faisant traverser la palissade de David Crockett. Et ils sont allés voir aussi le bateau à grande roue de Mark Twain, le Painted Desert et les jungles d'émeraude d'Adventureland.

Finalement, ils sont arrivés dans un endroit qui semblait fasciner particulièrement Walt Disney, une sorte d'hymne au progrès appelée Tomorrowland. Le fait que le futur soit l'un des principaux thèmes développés dans Disneyland n'est pas un hasard: totalement dédié aux rêves d'avenir, Tomorrowland est un royaume à l'image de son créateur. Bob Thomas se souvient de Tomorrowland: «Il y avait une imposante fusée qui pointait vers le firmament. À l'intérieur, m'avait dit Walt Disney, les visiteurs auraient la chance de vivre la sensation d'un voyage vers la lune. De leur côté, les enfants qui rêvent de conduire une voiture pourraient conduire de petites automobiles à essence sur une autoroute miniature*.»

Même un visionnaire comme Walt Disney ne pouvait imaginer toutes les attractions qui se grefferaient à Tomorrowland après 1955, notamment Space Mountain, Captain Eo et Star Tours, un simulateur de vol spatial créé par George Lucas. Depuis 40 ans, Disneyland évolue, grandit et poursuit son expansion vers l'avenir, donnant même naissance à des versions plus ambitieuses dans des endroits comme Orlando, Tokyo et Paris. En fait, au moment d'écrire ces lignes, on inaugure à Disneyworld, Orlando, un Tomorrowland repensé, réinventé, qui propose une toute nouvelle attraction appelée «ExtraTERRORestrial Alien Encounter» («rencontre d'extraTERREURestres»), où les technologies de pointe se mettent au service des sensations fortes.

Avec le recul, lorsqu'on regarde aujourd'hui Disneyland, on peut dire: «Évidemment, ça ne pouvait pas être un échec puisque c'était exactement ce que les gens voulaient!» Pourtant, comme je le mentionnais précédemment, la majorité des experts du monde des affaires et du divertissement qui avaient vu les plans de Disney avant le 17 juillet 1955 *prédisaient* un échec. Après tout, à cette époque, Walt Disney éprouvait depuis 30 ans des difficultés financières en dépit de l'immense succès remporté par ses courts et longs métrages d'animation. Il arrivait parfois même que, pour terminer leurs productions, les dessinateurs de Disney avaient trimé dur pendant des semaines sans recevoir le moindre sou.

Heureusement, la vision d'avenir de Walt Disney était simple, puissante et efficace: «Penser, croire, rêver et oser». Après ces 30

---

* Bob Thomas, *Walt Disney: An American Original* (New York: Simon and Schuster, 1976), 11-14.

ans de luttes incessantes pour survivre et éviter la faillite, Walt Disney a finalement connu la véritable réussite financière. Et c'est grâce à Disneyland que l'entreprise de Walt est devenue prospère. L'exemple de monsieur Disney le confirme: il faut penser «avenir». Walt Disney s'est toujours efforcé de semer dans le présent ce qu'il voulait récolter plus tard. Et laissez-moi vous dire que les récoltes ont été *très* abondantes!

La vision d'avenir des Williams

Chez nous, Jill et moi encourageons sans cesse nos 18 enfants à vivre pleinement le moment présent tout en pensant «avenir». Nous essayons de leur inculquer la philosophie «penser, croire, rêver et oser» afin qu'ils puissent, une fois adultes, aller au bout d'eux-mêmes. En voici trois exemples:

- Notre fille Karyn, une des enfants auxquels Jill a donné naissance, s'est récemment inscrite au concours Miss Teenage Florida. À 15 ans, elle était une des plus jeunes participantes. Élève douée, capitaine de l'équipe des meneuese de bans de son école, Karyn est une enfant précoce, mûre pour son âge et équilibrée. Elle a aussi eu beaucoup de chance dans la vie, notamment à la fin des années 1980 lorsqu'elle a eu l'occasion de travailler avec Carol Lawrence dans le spectacle de Noël d'Epcot Center. Carol est une actrice, une chanteuse et une danseuse accomplie de réputation internationale. Avec son tempérament énergique, son esprit positif, sa personnalité chaleureuse et ses solides valeurs personnelles, elle a fait figure de modèle pour Karyn. Carol a donné à Karyn beaucoup d'élan et lui a fait prendre concience des possibilités illimitées qui s'offraient à elle.

Aussi Karyn s'est-elle emballée pour le concours de Miss Teenage Florida avec l'idée que tout était possible. Elle a été choisie dans le groupe des 15 finalistes, mais pas dans celui des cinq dernières finalistes. Elle en a pleuré de désapointement. Après lui avoir laissé quelques jours pour surmonter son chagrin, j'ai discuté avec elle de son avenir.

«Papa, je veux me réinscrire à ce concours l'an prochain», m'a-t-elle dit. «Tu sais, j'y suis admissible pour trois années encore et je suis convaincue que je pourrais gagner. Et tu sais ce que je veux faire par la suite ? Après le collège, je m'inscrirai à l'université de la Floride et je ferai partie de son équipe de meneuses de bans. Lorsque les Gators sauteront sur le terrain en septembre 1997, c'est-à-dire au début de ma première année là-bas, je veux être parmi celles qui défileront devant eux pour ouvrir la saison. *Ensuite*, je veux être Miss Floride. Et *ensuite*, avant de terminer mes études, je veux devenir Miss Amérique. Et puis *ensuite*, je veux devenir une actrice comme Carol Lawrence. »

En entendant cela, je me suis dit *Oh là là ! Voilà une enfant qui pense « avenir »*.

- Bobby, un autre de nos enfants que Jill a mis au monde, termine actuellement sa dernière année au collège. Depuis sa naissance, Bobby est de petite taille et il a mené toute sa vie un combat ardu contre ce trait physique. Malgré cela, il est un athlète talenteux pour qui le baseball compte par-dessus tout. Dès notre arrivée en Floride, il y a 9 ans, Bobby a commencé à jouer au baseball dans les petites ligues. Même quand il n'avait que 10 ou 11 ans, il était évident pour moi que Bobby avait du potentiel. Mais il était évident aussi qu'il avait hérité des jambes de son père, c'est-à-dire qu'il ne courait pas très vite. Ses chances étaient donc meilleures comme receveur, une position où la vitesse n'est pas un facteur déterminant. Il a manifesté une bonne aptitude à cette position et a eu d'excellents entraîneurs à l'école secondaire et au collège.

Pourtant, tout au long de ses études, Bobby a beaucoup douté de ses aptitudes pour la compétition ; ce manque de confiance provenait des complexes causés par sa petite taille. À tous les niveaux de compétition, depuis l'école secondaire jusqu'à l'université, année après année, camp à sélection après camp à sélection, dont un organisé par les Astros de Houston, Bobby a démontré qu'il était de taille pour la compétition. Il continuait cependant à s'inquiéter du niveau de compétition suivant.

En définitive, en novembre 1994, Bob Rikeman, entraîneur-chef de l'équipe de baseball du Rollins College, à Winter Park en Floride, est entré en communication avec Bobby : « Tu es le meilleur receveur de niveau collégial que j'ai vu cette année dans tout l'État de la Floride. Je veux t'avoir à Rollins; voici notre proposition de bourse d'études.» Et c'était une offre vraiment intéressante! Quelques jours plus tard, Bobby a accepté l'offre. Peu de temps après, Bobby et moi avons discuté et il m'a expliqué comment il entrevoyait l'avenir.

«Papa, voici mes objectifs. Quand j'obtiendrai mon dîplome, au printemps, je veux être repêché par une équipe des ligues majeures, mais seulement pour que cela soit inscrit à mon dossier. Je vais cependant poursuivre mes études. Après le collège, je signerai un contrat avec une équipe et je jouerai avec les professionnels. Lorsque ma carrière de joueur actif sera terminée, j'irai probablement travailler aux bureaux de l'administration, tout comme toi.»

Quelle sensation d'entendre de telles paroles! Bobby n'a peut-être qu'un mètre soixante-dix et 70 kilos, mais dans son esprit, il repousse toutes les limites qui avaient jusqu'à maintenant compliqué sa vie: les limites de la peur, les limites du manque de confiance en soi, les limites des barrières qu'on pose soi-même. Il pense «avenir» et il travaille chaque jour comme un déchaîné à renforcer ses habiletés et à améliorer son endurance afin que ses rêves d'avenir se réalisent!

Et puis il y a Katarina.

- Je me rappelle quand Jill est revenue d'un voyage en Roumanie, en 1990, avec la photo d'une belle petite fille d'âge préscolaire. Un an plus tard, notre petite Katarina, maintenant âgée de 8 ans, s'est jointe à notre grande et heureuse famille. Disons tout de suite que Kati n'est pas la plus talenteuse de nos enfants, ni l'élève la plus douée. Elle n'a pas non plus manifesté de talent sportif particulier (un point à améliorer!). Cependant, c'est une enfant formidable qui, du haut de ses 8 ans, travaille déjà à mieux se connaître et à découvrir son potentiel.

Tout récemment – au moment où j'écrivais ce livre, en fait – j'ai eu une conversation avec Kati. Je savais qu'elle regardait autour d'elle et qu'elle se comparait à ses frères et sœurs: des joueurs de baseball, des nageurs, des premiers de classe et ainsi de suite. Je savais qu'elle commençait à croire qu'elle devrait bûcher toute sa vie pour arriver à quelque chose. Pour éviter que Kati ait cette opinion d'elle-même, je lui ai lancé: «Kati, je vais te dire quelque chose. Je te prédis que si tu le désires, tu peux aller à New York et devenir un mannequin célèbre. Si c'est le genre d'avenir que tu souhaites, ta photo sera sur les couvertures de magazine dans environ une quinzaine d'années.»

À quel point elle avait compris mon message, je l'ignore, mais j'ai aperçu une lueur briller dans ses yeux. J'avais ouvert des horizons nouveaux dans son esprit. Et Kati s'est emparée de cette vision, puis s'est sauvée en courant. Je vous le dis: elle s'est précipitée vers ses frères et sœurs pour leur annoncer qu'un jour, elle irait à New York et deviendrait mannequin! Le matin suivant, alors que j'entrais dans sa chambre pour la réveiller, elle s'est levée tout d'un coup et a dit: «Dis, j'irai vraiment à New York pour devenir mannequin?»

Je lui ai répondu: «Si c'est ce que tu veux, alors bien sûr!»

Dans l'après-midi, Kati est revenue de l'école avec un mot de son enseignante: «Heureuse d'apprendre que Kati s'en va à New York pour devenir mannequin». Je lui ai envoyé une note à mon tour: «Pas tout de suite, mais dans une quinzaine d'années peut-être!» Un peu plus tard, nous nous sommes rendu compte que même le chauffeur de l'autobus scolaire était au courant des projets de Kati. À 8 ans, Kati croit en elle-même et pense «avenir».

Karyn sera-t-elle la prochaine Miss Amérique? Bobby deviendra-t-il receveur dans les ligues majeures? Kati percera-t-elle comme mannequin à New York? Nul ne le sait. La vie n'offre aucune garantie du genre. Ces enfants ont encore quelques années devant eux pour explorer d'autres possibilités, d'autres avenues. Ils peuvent même emprunter des détours imprévus en cours de route. Chose certaine, ils ne dérivent plus dans un épais brouillard vers un demain incertain; ils s'engagent dans une direction claire vers l'avenir qu'on a fait briller un peu devant leurs yeux. Quand on pense «avenir», on ne vit plus de la même façon. C'est un état d'esprit qui motive, qui inspire, qui soulève, qui incite à donner et à obtenir le meilleur de soi.

De toute façon, on peut réussir dans la vie sans faire la couverture de *Sports Illustrated*, *Forbes*, *Elle* ou *Vogue*. Je serai toujours fier de mes enfants, peu importe ce qu'ils deviendront ou accompliront. L'essentiel, en ce moment, c'est qu'ils soient capables de rêver, de se fixer des objectifs, d'avoir confiance et de croire en eux-mêmes. Dès qu'un enfant est encouragé à penser « avenir », tout peut arriver !

Quatre stratégies pour façonner son avenir

Dans le chapitre précédent, nous avons vu toute l'importance de focaliser sur le présent, d'affronter les défis du présent, de résoudre les problèmes du présent et d'accomplir le travail à faire au présent. Pourquoi? *Pour se bâtir un meilleur avenir.* L'avenir est notre objectif; le présent est la route qui y mène.

Cependant, avant de réaliser nos objectifs, il faut les définir. Il faut dessiner les contours de notre avenir, avec comme matériel tout ce que contiennent nos rêves, nos espoirs, nos désirs, nos ambitions. Alors seulement pourrons-nous faire les efforts qui aboutiront à la réalisation de nos rêves.

Walt Disney a résumé ce principe en une seule phrase « Penser "avenir". Dans son livre *Les Sept Habitudes de ceux qui réalisent tout ce qu'ils entreprennent*, pp.72-73, Stephen R. Covey fait référence au même principe lorsqu'il dit qu'il faut « commencer avec la conclusion en tête ». Il écrit:

> « Commencer avec la conclusion en tête signifie savoir où l'on va pour mieux comprendre où l'on en est et s'assurer que tous nos pas nous mènent dans la bonne direction.
>
> « Il est très facile de se laisser prendre au piège d'une activité, de l'entreprise de la vie, de travailler de plus en plus pour gravir les échelons de la réussite, et finalement découvrir que l'échelle ne s'appuie pas sur le bon mur. Il est possible d'entreprendre beaucoup sans pour autant produire quoi que ce soit(...).
>
> « Comme nos vies seraient différentes si nous savions ce qui nous tient à cœur et si, cette image en tête, nous nous attachions à être et à faire ce qu'il nous importe vraiment d'être ou de faire. Si l'échelle s'appuie sur le mauvais mur, chaque échelon me conduit plus vite à faire fausse route. Nous pouvons être très efficaces, mais nous ne serons constructifs que dans la mesure où nous commençons avec la conclusion en tête. »

Dans ce chapitre, nous examinerons quatre façons de « penser "avenir", de « commencer avec la conclusion en tête ». Vous apprendrez alors comment travailler efficacement à la réalisation de vos rêves. Voici ces quatre stratégies:

1. Trouver sa mission dans la vie
2. Définir ses principes fondamentaux
3. Établir ses priorités
4. Concevoir un plan d'action

Examinons maintenant chacune de ces stratégies.

Stratégie nº 1 : Trouver sa mission dans la vie

Récemment, on m'a invité comme conférencier à un rassemblement de l'Association des athlètes chrétiens qui se tenait au Lee Middle School d'Orlando, école que fréquentent sept de mes enfants. Il n'est pas facile pour des enfants de savoir que leur père va prononcer une conférence devant tous leurs amis. Ils voulaient tous me suggérer quoi dire. « Papa, raconte des histoires amusantes », avança l'un d'eux. « Entretiens-les de Shaq ! », a renchéri un autre. « Parle-leur de moi », a proposé un troisième.

« Vous saurez en même temps que les autres de quoi je parlerai », leur ai-je répondu avec le plus impénétrable de mes airs.

Au moment de prononcer ma conférence, je me présentai devant l'auditoire, composé d'une centaine d'adolescents de 13 et 14 ans (dont mes 7 enfants) et je leur racontai : « Laissez-moi vous dire une chose. Vous tous, jeunes hommes et jeunes femmes, êtes maintenant arrivés à un point décisif de votre vie. Vos meilleures années sont droit devant vous. Vous pouvez faire ce que vous voulez de votre avenir. Cependant, vous devez prendre certaines décisions importantes *dès maintenant*. Dieu vous a donné des talents, des aptitudes, des rêves ; c'est aujourd'hui le temps de les explorer et de vous donner un but dans la vie. Mes enfants, votre présence sur cette terre n'est pas un hasard. Dieu a pour vous des plans d'avenir merveilleux. Il veut faire quelque chose de grand avec vous. Je vous encourage donc à trouver le sens de votre vie. Appelez cela mission, appelez cela volonté divine, appelez cela projet divin.

« Vous savez, les enfants, que beaucoup de gens arrivent au terme de leur vie sans jamais avoir découvert leur but, leur raison d'être. C'est vraiment triste, n'est-ce pas ? Ces gens se disent : « Si seulement j'avais fait de meilleurs choix quand j'étais jeune... », « Je n'ai jamais fait ce que j'aurais dû faire... », « J'ai seulement fait ce que les autres attendaient de moi... », « J'ai fait selon le bon plaisir de mes parents... » Ou, plus triste encore : « Je me suis laissé aller à la dérive et j'ai gaspillé ma vie. Je ne me suis jamais branché sur ma mission dans la vie ».

« Vous avez sûrement entendu parler de Terry Cummins, un vétéran de la NBA qui joue actuellement pour San Antonio. Il a déjà dit : « J'ai appris que lorsqu'on découvre la mission que Dieu a prévue pour soi dans la vie, c'est comme recevoir la carte routière d'une région où on n'est jamais allé. » Je vous incite donc à trouver cette carte, à découvrir les desseins de Dieu, à trouver votre mission dans la vie. Cette mission vous mènera à coup sûr vers l'avenir, dans des endroits que vous n'avez jamais vus. »

Après la conférence, j'ai bavardé avec plusieurs élèves et j'ai constaté avec plaisir que la plupart avaient pris à cœur mes paroles. Évidemment, certains voulaient en savoir plus sur Shaq, ou parler de la saison de Penny Hardaway avec le Magic, mais la majorité d'entre eux souhaitaient en connaître davantage sur la façon de découvrir leur mission dans la vie. Et cela me donne beaucoup d'espoir pour l'avenir de ces enfants.

Je crois sincèrement que tous ceux qui ont réussi dans la vie ont une mission. *Tous*, sans exception.

Pourquoi cette conviction qu'il n'existe aucune exception ? Parce que l'unique façon de réussir *véritablement* dans la vie est d'accomplir sa mission. N'importe quel paresseux peut acheter pour un dollar un billet de loterie, gagner le gros lot de 50 millions $ et devenir affreusement *riche*. Mais cela ne signifie pas qu'il aura réussi dans la vie ; l'argent ne fera de lui qu'un *riche* paresseux. Il n'a toujours pas de mission ou de but dans sa vie. Avant de gagner à la loterie, il occupait un espace sur cette planète ; après avoir gagné, il occupe le même espace mais dans un quartier huppé.

Pour connaître la véritable réussite, il faut savoir comment définir et articuler sa mission. Il faut pouvoir la mettre par écrit et la garder bien en vue. Une mission clairement définie est une sorte de jauge servant à se mesurer objectivement. Une mission est comme une feuille de pointage permettant, au terme d'une journée, d'une année ou d'une vie, de déterminer si on a accompli sa tâche, si on a réussi sa vie.

Pourquoi le mot *réussite* n'a-t-il pas la même signification pour tout le monde ? Parce que chacun de nous a sa propre perception de ce qu'est sa mission dans la vie. Quelle est la mission de Ted Turner ? de Rich DeVos ? de Bill Clinton ? de Hillary Rodham Clinton ? de Shaquille O'Neal ? de David Letterman ? de Kevin Costner ? de Saddam Hussein ? de Mère Térésa ? de Rush Limbaugh ? de Bill Gates ? de Connie Chung ? de Pat Robertson ? de Stephen Hawking ? de Whitney Houston ? de Larry King ? de Michael Eisner ?

Je ne peux parler au nom de toutes ces personnes, mais je peux vous donner un aperçu de la mission de Pat Williams dans la vie. Premièrement, je veux connaître Dieu, car je crois que c'est là notre raison d'être. Deuxièmement, je souhaite être le meilleur mari et le meilleur père possible, car rien de ce que j'accomplis n'aurait de sens si ma vie familiale était un échec. Troisièmement, je désire être le meilleur administrateur sportif possible, car je crois sincèrement que tout métier est honorable et que je m'honore moi-même tout en honorant Dieu en faisant mon travail au mieux de mes compétences. Quatrièmement, je veux utiliser mes talents et la tribune que Dieu m'a donnée par le biais de mes conférences, de mes écrits et de ma présence dans le monde du sport pour transmettre le message de Dieu, influencer les gens, améliorer le sort d'un maximum d'entre eux et les encourager à tendre les bras aux enfants abandonnés de cette terre, notamment en les adoptant. Voilà mes objectifs et je fonce vers eux avec toute mon énergie. Certains jours, je manque de souffle, mais je me relève et je continue, car je sais dans quelle direction aller. Je connais mes objectifs.

Qu'en est-il pour vous ? Quelle est votre mission dans la vie ? Chaque personne est différente, chacune a ses propres objectifs et ses propres rêves à réaliser. Il existe tant de façons de compléter la phrase : « Ma mission dans la vie est de... ». Une fois votre mission définie, vous avez défini ce que signifie pour vous le mot *réussite*. La seule façon de réussir et de se sentir satisfait de sa vie, c'est d'avoir un but à poursuivre.

Je ne veux toutefois pas vous entraîner sur une fausse piste lorsque je parle « d'objectifs à atteindre ». C'est en quelque sorte une métaphore. En réalité, une mission n'est pas tant une suite d'*objectifs* qu'une série de *repères*. La véritable réussite est davantage une évolution qu'une fin en soi. Réussir, ce n'est pas franchir le premier le fil d'arrivée, gagner une médaille, puis s'adonner à la pêche à la ligne pour le restant de ses jours. Réussir consiste plutôt à acquérir la capacité de remplir sa mission de manière continue et efficace. Ainsi, celui dont la mission consiste à écrire des romans à succès ne se contentera pas d'un seul best-seller. Pour lui, la réussite se traduit par le fait d'être parvenu là où il peut consacrer le reste de sa vie à faire ce qu'il aime et ce pourquoi il croit exister. La même chose s'applique à ceux et celles dont la mission dans la vie est:

- de servir exclusivement Dieu;
- d'apaiser les souffrances;
- de connaître du succès sur la scène ou à l'écran;
- de connaître du succès sur un terrain de basket-ball;
- de diriger une entreprise prospère;
- de diriger un gouvernement;
- de bâtir une famille équilibrée au point de vue affectif et au niveau spirituel.

La plupart des gens font rimer «réussite» avec «vie des gens riches et célèbres». Personnellement, je ne crois pas que la réussite se mesure en fonction du manoir que l'on possède dans un quartier riche ou de la photo qu'on a fait sur la couverture de Paris Match. Autrement, les John Belushi, Kurt Cobain et River Phœnix seraient encore de ce monde. Si vous être riche et célèbre mais profondément malheureux, c'est que vous êtes passé à côté de la tâche essentielle à accomplir dans la vie: se trouver une raison d'être, acquérir le sentiment d'avoir accompli quelque chose.

Je ne dis pas que l'argent n'a aucune importance, mais je n'inciterais personne à croire que sa mission dans la vie est de «faire beaucoup d'argent». N'importe quel imprévu peut faire disparaître vos richesses matérielles: des voleurs, des escrocs, le fisc, la déveine, les mauvais investissements, une catastrophe naturelle, une maladie très grave. Mais personne ne peut vous enlever la *vraie* richesse (la foi en Dieu, une famille chaleureuse et aimante, de solides amitiés, l'intégrité personnelle, l'honneur, une bonne réputation). Pour ma part, c'est à l'acquisition de cette richesse que j'ai consacré ma vie. Je suis d'accord avec le grand psychologue et philosophe américain William James, qui a dit: «La meilleure chose à faire avec la vie, c'est de la dépenser pour quelque chose qui lui survivra.»

Comment s'y prendre pour définir sa mission dans la vie?

Étape no 1: Réservez-vous des moments de tranquillité pour méditer et réfléchir. Libérez votre esprit de toutes les limites qu'on vous impose, de toutes les peurs, de toutes les obligations qui vous maintiennent là où vous ne voulez pas vraiment être: «Mes parents ont toujours voulu que je sois un ________________.» «Mon épouse dit que je devrais ________________.» «J'ai toujours fait ce que je fais actuellement. Il est trop tard pour changer.» «Je ne mérite pas d'être heureux.» «J'ai peur de prendre des risques, de changer, de travailler fort.»

Étape no 2: Posez-vous les vraies questions et répondez-y franchement:

- En quoi suis-je doué?
- Quelles sont mes aptitudes et mes qualités?
- Quelles sont les aptitudes et les qualités que les autres (ceux dont je respecte l'opinion) me prêtent?
- Qu'est-ce qui me passionne?
- Si je pouvais faire ce que je veux de ma vie, qu'est-ce que ce serait?
- Quelle est la chose que je pourrais faire chaque jour de ma vie avec enthousiasme et satisfaction?

Cette deuxième étape est une étape de remue-méninges, de brassage d'idées. Laissez aller votre imagination. Laissez-la éclater comme une chandelle romaine, un feu d'artifice, ramassez vos idées, mettez-les par écrit, quelles qu'elles soient, y compris les plus farfelues. D'une idée farfelue peut jaillir une idée brillante. Ne vous censurez pas. N'étouffez pas le feu de votre imagination. Tout est possible.

Quand vous commencerez à répondre à ces questions, vous sentirez peut-être un relent tenace de pessimisme: «Je ne pourrais pas faire cette chose, vraiment! Je ne pourrais pas consacrer ma vie à faire une chose que j'aime: je me sentirais bien trop coupable!» Débarrassez-vous de ce relent. Ne rejetez aucune possibilité, du moins pas au début.

Étape no 3: Lorsque vous aurez trouvé votre idéal, ce que vous désirez faire dans la vie, posez-vous la question suivante:

« Que dois-je faire pour réaliser mon rêve ? retourner aux études ? déménager dans une autre ville ? changer d'emploi ? démarrer ma propre entreprise ? vendre ma maison ? » C'est seulement à cette étape-ci de la démarche que vous pouvez utiliser votre raisonnement et votre sens pratique. Certaines des idées que vous avez trouvées sont nettement irréalistes. Toutefois, vous commencerez à savoir comment faire progresser celles qui *pourraient* se réaliser.

Étape no 4: Concevez un plan d'action qui vous permettra d'accomplir votre mission. Pensez aux moyens pour y arrriver: combien d'argent devrez-vous économiser ou emprunter, à quel endroit irez-vous chercher la formation qui vous manque, dans quelle ville (ou pays) devrez-vous déménager ? Puis, exécutez votre plan.

Pour demeurer concentré sur ses projets d'avenir, il faut garder sa mission bien en vue. De quelle façon ? Un de mes amis m'a confié comment il faisait pour rester centré sur ses visions d'avenir. Tous les jours, il s'oblige à prier, à méditer et à tenir son journal, qu'il garde en mémoire dans son ordinateur. Chaque matin, quand il ouvre son ordinateur, son journal apparaît sur l'écran ; au tout début de celui-ci se trouve ce qu'il appelle « sa déclaration de mission personnelle ». Il me l'a donnée afin que je vous en fasse part :

Ma déclaration de mission personnelle

Aujourd'hui, je m'engage :

- à rechercher l'amitié et l'aide de Dieu ;
- à remplir au mieux de mes capacités mon rôle d'époux et de père ;
- à demeurer un homme discipliné et maître de soi ;
- à maintenir une vie ordonnée ; à agir et non à réagir ;
- à être positif ;
- à ne jamais compromettre mon intégrité ni mon honnêteté ;
- à planifier aujourd'hui même mon travail de demain ;
- à vivre le moment présent.

Stratégie nº 2: Définir ses principes fondamentaux

S'il y a un homme qui a profondément marqué le début de ma carrière dans l'administration sportive, c'est bien R.E. Littlejohn, propriétaire des Phillies de Spartanburg, à l'époque un club-école des Phillies de Philadelphie. Homme d'affaires astucieux, doublé d'un passionné de baseball mineur, monsieur Littlejohn était également un homme de principe.

Croyez-moi, mes parents m'ont élevé en m'apprenant à distinguer le bien du mal et en m'inculquant les bons traits de caractère. Bien avant de rencontrer monsieur Littlejohn, j'avais déjà donné priorité dans ma vie à des principes comme l'honnêteté et l'intégrité. Mais vous savez ce que c'est: on a 24 ans, on commence une carrière dans le sport professionnel où les loups se mangent entre eux, on essaie d'arriver rapidement au sommet, on veut devenir un administrateur de premier plan dans son domaine, on regarde autour de soi et on voit tous ces gens qui appliquent la théorie voulant que la fin justifie les moyens. Je suis donc reconnaissant à monsieur Littlejohn d'être apparu dans ma vie alors que j'étais jeune. Il a été non seulement un modèle d'honnêteté et d'intégrité, mais il m'en a également donné un exemple des plus authentique.

« Pat », m'a-t-il dit, « il y a un million d'anciens vendeurs dans ce monde. Ils diraient ou feraient n'importe quoi pour conclure une seule vente. Toutefois, celui qui réussit dans la vente – ou dans n'importe quel domaine – est celui qui est capable de se bâtir une clientèle fidèle grâce à son honnêteté, à son intégrité et à sa réputation d'être digne de confiance. Si on doute de votre parole une seule fois, vous ne pourrez plus jamais inspirer confiance. Et si les gens ne vous font plus confiance, vous êtes fini. » M. Littlejohn adorait citer Mark Twain: « Dans le doute, dites la vérité. » Ses paroles trouvent encore un écho en moi aujourd'hui.

C'est en observant et en écoutant monsieur Littlejohn que j'ai appris une chose: pour réussir, il faut d'abord définir ses principes fondamentaux et, ensuite, y rester fidèle. L'honnêteté et l'intégrité sont des principes qui engendrent la confiance, mais il existe d'autres principes qui contribuent tout autant à faire de soi une personne qui réussit et qui accomplit vraiment quelque chose:

- la justice (qui engendre l'équité et l'honnêteté);
- la dignité humaine (qui permet de se montrer cordial et respectueux envers autrui);
- l'entraide (qui incite à apporter sa contribution à la société).

L'histoire politique des dernières années démontre l'importance des principes. Lorsque Ronald Reagan a été élu président des États-Unis en 1980, personne n'ignorait quelles idées il défendait. Ses objectifs étaient précis: réduire les impôts, renforcer l'armée et tenir tête à l'Union soviétique. Même pour les gens qui ne l'aimaient pas ou qui n'étaient pas d'accord avec lui, Ronald Reagan a clairement défini sa position au cours des 100 premiers jours de son mandat, et celle-ci est restée la même durant ses huit années de présidence.

Par ailleurs, les principes qui l'animaient étaient évidents pour tous: il a respecté ses promesses électorales, il a redonné tradition et décorum à la présidence, et il a réussi à imposer sa réduction d'impôts au Congrès à majorité démocrate. En dépit de ses nombreux détracteurs et malgré le scandale Iran-Contra qui a entaché les derniers mois de son administration, Ronald Reagan a été perçu par la majorité comme un homme de principe. Et c'est ce qui lui a permis de réussir dans ses fonctions et de gagner deux élections présidentielles.

Quand George Bush a été élu en 1988, il a fait campagne sur une promesse à la Reagan: «pas de nouveaux impôts». Deux ans après son élection à la présidence, il est revenu sur sa promesse et a entériné une des plus importantes hausses d'impôts de l'histoire des États-Unis. En 1992, la population, rendue hostile par ce qu'elle interprétait comme un manquement au principe de l'honnêteté, ne l'a pas réélu et a choisi à sa place un gouverneur très peu connu, originaire d'un petit État: Bill Clinton. La fidélité à ses principes était donc l'enjeu majeur de cette élection, et c'est le manquement à sa promesse envers l'électorat qui a causé la perte de George Bush.

Cette question est revenue hanter le successeur de monsieur Bush. Bill Clinton a perdu peu à peu l'appui de la population qui le percevait de plus en plus comme un homme qui parlait pour ne rien dire, qui changeait souvent d'idée, qui reformulait constamment ses prises de position et qui revenait sur ses déclarations antérieures pour les «clarifier». Bref, Bill Clinton a, petit à petit, acquis une réputation de «magouilleur». Et plus il s'enfonçait dans ses problèmes politiques, plus on le trouvait magouilleur.

Or, traiter quelqu'un de magouilleur, c'est lui reprocher de ne pas rester fidèle à ses principes. Les élections législatives de novembre 1994, qui ont permis au Parti républicain de contrôler les deux chambres du Congrès pour la première fois en 40 ans, ont été interprétées comme un rejet écrasant de Bill Clinton par des électeurs las de sa personnalité «combinarde» et désireux d'avoir un gouvernement davantage centré sur ses principes. À l'émission *Nightline* du 14 décembre 1994, Ted Koppel a bien résumé le problème de Bill Clinton: «Le président projette l'image d'un homme sans ligne directrice et qui ne tient pas sa parole.»

Mes commentaires sur ces trois présidents américains n'ont pas pour but de faire connaître mes opinions politiques. J'ai mes propres opinions, mais elles n'ont aucune pertinence ici. Je veux seulement souligner comment ces trois présidents ont été *perçus* par l'électorat et comment ces perceptions ont influé sur la réussite (ou l'échec) de leur présidence. Qu'on soit conservateur, libéral ou modéré, on *doit* demeurer fidèle à ses principes. Sinon, on est voué à l'échec.

Ce qui s'applique à la politique s'applique à tous les autres domaines de la vie: le sport, les affaires, l'armée, l'église, la famille. Les principes qu'on se donne comme lignes directrices, par exemple l'honnêteté et l'intégrité, doivent être solides comme du roc. Si solides qu'à la fin de sa journée au bureau, par exemple, on ne doit repartir avec rien qui ne nous appartient, pas même un insignifiant trombone. De même, l'engagement que l'on prend de respecter le principe de la justice et de l'équité devrait surpasser celui de la Cour suprême, et celui qu'on prend pour la dignité humaine doit être digne de Mère Térésa. Chaque jour que l'on consacre à renforcer son engagement contribue à l'édification des bases de notre réussite.

Stratégie nº3:
Établir ses priorités

Une des plus importantes leçons que j'ai tirées de l'administration sportive date de l'été 1969, à la fin de ma première année avec la NBA, alors que j'étais directeur général des 76ers de Philadelphie. Le téléphone a sonné sur mon bureau. J'ai répondu et reconnu la voix du propriétaire des 76ers, le regretté Irv Kosloff, un homme d'affaires de Philadelphie qui dirigeait une importante entreprise de pâtes et papier. Depuis le temps, je ne me souviens plus de l'objet de son appel (une quelconque affaire concernant la gestion de l'équipe). Mais je n'ai *jamais* oublié cette déclaration qu'il a faite sans avoir la moindre intention de m'apprendre quoi que ce soit. En fait, ses propros étaient plutôt désinvoltes; ils représentaient une sorte de post-scriptum à notre conversation d'affaires. Mais ils sont restés gravés pour toujours dans ma mémoire. Il a dit:

« Tu sais, Pat, pour réussir dans l'administration du sport professionnel, tu dois te poser deux questions, non pas chaque jour, mais chaque instant. La première: Qu'est-ce que je fais actuellement pour aider les 76ers à gagner d'autres matchs? La deuxième: Qu'est-ce que je fais actuellement pour aider les 76ers à vendre plus de billets? Si ce que tu fais ne répond pas à une de ces deux questions, tu dévies de ton chemin, tu es sur une route secondaire et tu dois vite rectifier ton parcours. »

Sensationnel! Quelle perspicacité! Depuis ce temps, j'aborde chaque jour mon travail avec ces deux questions en tête, car elles touchent l'essentiel de mon travail: gagner des matchs et vendre des billets. Sans le vouloir, sans même essayer de le faire, Irv Kosloff m'a enseigné une des tâches les plus importantes de toute ma carrière: établir des priorités.

J'ai fait bon usage de son conseil en 1986 et 1987, lors de mes deux premières années à Orlando. À cette époque, je travaillais désespérément à bâtir une équipe de la NBA dans le centre de la Floride, avec un groupe de gens d'affaires convaincus d'Orlando. C'était un défi énorme, probablement le plus gros de ma carrière. Pour mettre toutes les chances de notre côté et abattre le boulot, il fallait se fixer des priorités de travail. Un projet d'envergure comme le nôtre devait être fractionné en priorités, point par point, sans quoi son ampleur aurait suffi à nous écraser. Voici les priorités que nous avions établies afin que notre projet d'équipe devienne aussi réel que le martèlement des pieds sur un terrain de basket, que le crissement des chaussures de basket, que le bruit du ballon frappant le panneau qui soutient le panier:

*Priorité n°*1: Recueillir toutes les données financières existantes pour déterminer si une équipe professionnelle de basket fonctionnerait à Orlando. Jimmy Hewitt et ses comptables ont étudié sans relâche les coûts estimés et les sources de revenus possibles avant de décider d'aller de l'avant.

*Priorité n°*2: Rassembler un groupe d'acheteurs solide pour se donner les *moyens* financiers de réaliser notre rêve.

*Priorité n°*3: Rallier les membres de la communauté à notre projet, enthousiasmer les citoyens d'Orlando, les convaincre que leur ville pouvait vraiment accueillir sa propre équipe de basket professionnelle.

*Priorité n°*4: Travailler de concert avec la ville et les autorités locales dans le but de planifier la construction d'un centre sportif, un élément essentiel à notre projet.

*Priorité n°*5: Tenir des séances de remue-méninges pour trouver un nom d'équipe, un logo et des couleurs qui soient amusants, excitants et concrets afin que les gens puissent s'y identifier.

*Priorité n°*6: Vendre Orlando à la NBA et aux autres propriétaires d'équipes. Il fallait travailler sans relâche pour obtenir leur approbation, autre élément tout autant essentiel à notre projet.

D'autres priorités suivaient, mais ces six étaient les plus importantes. Sans ces priorités clairement établies, nous aurions facilement pu nous enliser dans les détails, nous appesantir sur l'accessoire et consacrer un temps précieux à des choses secondaires. À cette époque, certains étaient surtout préoccupés de savoir qui serait l'entraîneur ou quel genre de joueurs nous aurions. Ces préoccupations allaient avoir leur importance, mais pas au début où il fallait commencer par le commencement. Nous devions établir des priorités précises. Jacob Stuart, alors président de la Chambre de commerce d'Orlando, m'avait dit: « Concentrez-vous sur la structure, et non sur la finition. » C'est ce que nous avons fait, et le Magic est là aujourd'hui pour témoigner de l'importance d'établir des priorités.

Établir ses priorités permet d'organiser son avenir, de distinguer les choses importantes de celles qui ne le sont pas et, par le fait même, de poursuivre sans détour ses objectifs. La capacité d'établir des priorités est une des clés de la réussite.

« Les gens sans envergure sont incapables d'établir des priorités », affirme Benjamin J. Stein, scénariste, acteur et ancien rédacteur de discours à la Maison-Blanche. « Dans la capitale nationale où j'ai grandi, il y a cet homme avec qui je suis allé à l'école. Il est intelligent, a belle apparence et est un fils de bonne famille. Mais il mène une vie misérable, coincé dans ses fonctions d'administrateur d'un immeuble à logements. Quand je lui suggère de se préparer à l'examen d'admission dans la fonction publique, il me répond toujours qu'il n'a pas le temps, qu'il est trop pris par ses loisirs. Sa réponse n'a pas changé depuis 1966 ! »*

Chaque jour, des tonnes de distractions et de contretemps menacent de nous faire dévier de notre parcours, de nous éloigner de nos rêves et de nos objectifs. On oublie souvent que les choses *urgentes* ne sont pas toujours *importantes*. Prenons un exemple. Le téléphone ne dérougit pas. Il attend bruyamment qu'on réponde, alors on décroche le récepteur. Ça peut être un appel qui nous fera conclure un marché très payant, mais ça peut être aussi un message préenregistré d'un représentant de commerce, bref une pure perte de temps. Les gens qui réussissent ont appris à dire « non », à rester fidèle à leur emploi du temps, à limiter les contretemps et les distractions. Ils savent faire fructifier le précieux temps dont ils disposent tout en ignorant ceux qui leur font perdre du temps ou qui drainent leurs énergies.

Pour se préparer de meilleurs lendemains et réaliser ses rêves, il *faut* rester fidèle à ses priorités d'aujourd'hui.

Stratégie nº 4 : Concevoir un plan d'action

Quand on se présente à la réception des bureaux du Magic d'Orlando, la première chose qu'on remarque est une grosse plaque de métal accrochée au mur. Sur cette plaque est inscrite la mission du Magic, rédigée par notre personnel il y a quelques années dans le but de nous donner une direction en tant qu'équipe de la NBA :

---

* Benjamin J. Stein, « Mistakes Winners Don't Make », *Reader's Digest*, novembre 1994, p. 205.

> «Le Magic d'Orlando se donne pour mission d'adopter et d'appliquer les principes et les pratiques d'une organisation de premier ordre, à la fois sur les plans sportif et administratif, afin d'être reconnu comme le modèle de l'avenir dans le sport professionnel. Notre objectif est de devenir une franchise de calibre international. Pour ce faire, nous nous engageons formellement à offrir à nos clients des services de qualité, à la hauteur de leurs attentes. Nous voulons également établir des liens solides avec notre communauté, nos partisans, nos entraîneurs, nos joueurs, nos employés et nos propriétaires.»

Chaque année, le Magic d'Orlando établit ses priorités et ses objectifs en tant qu'organisation. Voici les derniers objectifs que nous avons établis:

1. Maintenir l'excellence.
2. Maintenir un niveau maximal de rentabilité.
3. Donner entière satisfaction à tous nos clients.
4. Donner entière satisfaction à tous nos collaborateurs.
5. Être reconnue en tant qu'organisation caritative et en tant que leader auprès de la communauté.
6. Remporter un championnat de la NBA.

Tels étaient nos objectifs, nos priorités, pour 1994. Une fois cette liste établie, il était beaucoup plus facile de planifier la saison. Prenez l'objectif n° 6, par exemple. C'est un objectif majeur. Après un examen approfondi de notre équipe, nous nous sommes rendu compte qu'il nous manquait une chose pour devenir de sérieux aspirants au championnat: un joueur d'avant de premier plan. Au moment même où nous commencions à chercher quelqu'un pour combler cette position, un joueur venait de terminer son contrat avec les Bulls de Chicago et devenait agent libre: Horace Grant.

Il y avait toutefois un hic: Horace Grant était un joueur établi et convoité par plusieurs équipes, y compris les Bulls qui voulaient le garder. Nous avions besoin de Horace à Orlando, nous le voulions, mais celui-ci avait l'embarras du choix.

Nous avons passé l'été de 1994 à exécuter notre plan. Nous avons d'abord fait venir Horace à Orlando pour lui présenter notre organisation et nos gens. Nous lui avons fait visiter la ville, l'avons installé dans un hôtel de Disney et lui avons donné un avant-goût du centre de la Floride. En juillet, nous l'avons emmené à Holland, au Michigan, afin qu'il passe un peu de temps avec le propriétaire du Magic, Rich DeVos. Horace nous avait fait savoir qu'il ne voulait pas être un simple rouage dans la grosse machine du basket-ball ; il recherchait une atmosphère de famille. Or, l'attitude et l'ambiance d'une organisation dépendent avant tout de celui ou celle qui la dirige, et il n'y avait pas meilleur homme de famille que Rich DeVos. Rich et Horace se sont entendus dès le début comme larrons en foire.

C'est Bob Vander Weide, notre président, et John Gabriel, notre directeur des opérations, qui se sont alors chargés de convaincre Horace Grant que le Magic était la nouvelle famille qu'il recherchait. Leur plan a réussi à merveille. La preuve : Horace a pu voir tout ce que l'équipe et la communauté lui offraient et nous a finalement choisis en dépit des offres beaucoup plus alléchantes des autres équipes ! Évidemment, il savait bien que ce choix lui donnerait la chance de jouer aux côtés de Shaquille O'Neal et d'Anfernee Hardaway, deux des joueurs les plus populaires de la NBA. Cependant, je crois sincèrement qu'il a choisi Orlando pour les gens qui y vivent et pour l'ambiance familiale et chaleureuse qui règne chez le Magic.

Horace s'est intégré tout de suite au reste de l'équipe. Nous avons immédiatement remarqué une différence dans la dynamique de l'équipe, non seulement en raison du jeu défensif d'Horace et de ses aptitudes à saisir les rebonds, mais aussi à cause de ses qualités de leader. Horace a déjà à son actif trois bagues de championnat de la NBA (souvenirs de son passage à Chicago) et il ne fait aucun doute qu'il souhaite en gagner d'autres avec Orlando. Ses trois bagues font foi de sa réussite. Bien qu'il soit un homme très réservé, il n'a pas peur de dire ce qu'il pense quand quelque chose ne tourne pas rond. Comme le Magic est encore une jeune équipe, la présence d'un leader expérimenté dans le vestiaire et sur le terrain est un atout considérable.

Les équipes sportives qui réussissent ne sont pas le fruit du hasard. Une équipe de championnat n'est pas seulement une bande de gars qui peuvent courir, lancer et s'accrocher au filet par une main. Tout est planifié. Une équipe de championnat est comme un cube Rubik dont les blocs mobiles ont une action réciproque complexe et sans cesse changeante. Pour bâtir une équipe, il faut un bon mélange de stratégie et de réflexion pour que la partie d'échec qu'est le basket-ball ressemble à une partie de morpion.

Quand on y pense, la planification est nécessaire pour tout ce qu'on essaie de construire: une carrière, une vie familiale, une pratique religieuse, une entreprise, un roman. Pour réaliser n'importe lequel de ces rêves, il faut planifier soigneusement. Le manque de planification transparaît dans les résultats qu'on obtient.

Certains se laissent mener par l'habitude et le quotidien. D'autres semblent tituber d'une situation de crise à une autre. Ceux qui réussissent planifient leur succès. Ceux qui échouent, eh bien, je laisse Bernard Baruch commenter là-dessus: «Tous les échecs que j'ai essuyés, toutes les erreurs que j'ai commises, toutes les folies dont j'ai été témoin dans le privé comme dans le public, ont été les conséquences d'actions dénuées de réflexion.» Charles R. Swindoll, pasteur et directeur de séminaire, ajoute à cela: «La chose la plus facile à faire en ce bas monde est de laisser dériver sa vie de façon distraite et irréfléchie. Dieu nous indique un meilleur chemin. Il nous dit de prendre le temps à la gorge, de le secouer un peu et de lui dire: «C'est terminé! C'est moi qui te mène maintenant, plus jamais tu ne me mèneras!»

La Bethlehem Steel Corporation a été fondée en 1904 par Charles M. Schwab, alors âgé de 41 ans, dont les mentors ont été deux grands magnats de la finance de la fin du XIXe siècle, Andrew Carnegie et J. Pierpont Morgan. (Si le nom Schwab vous semble familier, c'est probablement en raison de son arrière-petit-fils qui est fondateur et porte-parole d'une société de valeurs mobilières qui porte son nom).

Sous la direction de Charles Schwab, Bethlehem était une entreprise moyennement prospère, mais ce «moyennement» ne le satisfaisait pas. Il voulait qu'elle devienne «extrêmement prospère». Il est donc allé voir un conseiller en gestion du nom d'Ivy Lee pour savoir comment améliorer et rentabiliser davantage son entreprise. «Montrez-moi comment tirer le maximum de mon temps», a demandé Charles Schwab, et vous pourrez fixer votre prix. Si vos conseils sont efficaces, je vous paierai ce que vous demanderez dans les limites du raisonnable.»

Ivy Lee a accepté le pari et a rédigé un plan si court qu'il tenait sur une seule page à double interligne:

> Notez par écrit les tâches les plus importantes à faire demain. Numérotez-les par ordre d'importance. Dès votre arrivée au bureau demain matin, commencez par la tâche n° 1 et travaillez-y jusqu'à ce qu'elle soit terminée. Vérifiez à nouveau vos priorités et continuez avec le n° 2, puis le n° 3, et ainsi de suite. Disciplinez-vous à fonctionner de cette façon tous les jours. Faites en sorte que tous ceux et celles qui travaillent pour vous fassent de même. Essayez ce plan aussi longtemps que vous le souhaitez, puis faites-moi parvenir un chèque au montant qui vous semblera juste.

Ce simple conseil a totalement révolutionné le style de gestion de Bethlehem Steel. En cinq ans, l'entreprise de Charles Schwab est devenue plus grosse et plus rentable que des géants de l'industrie comme Carnegie Steel et United States Steel. Au cours de la première année suivant sa consultation, Charles Schwab a envoyé avec reconnaissance un chèque de 25 000 $ à Ivy Lee. Le secret de monsieur Lee était simple: planifier dès aujourd'hui ses priorités de demain, demeurer fidèle à son plan et abattre le boulot dans l'ordre prévu. La personne ou l'entreprise qui suit ce petit conseil est assurée de se rapprocher de ses objectifs, de ses rêves et, par le fait même, de la réussite.

La vie quotidienne est une source incessante de stress et de tension qui incitent souvent à prendre, à la hâte ou dans la panique, de mauvaises décisions. On se dit: «Je n'ai pas le temps de planifier. Je dois agir tout de suite!» Or, la planification est indispensable, même dans les situations où la pression est à son maximum. Un éminent chirurgien a dit: «Si j'avais seulement cinq minutes pour pratiquer une intervention délicate, je prendrais les deux premières minutes pour la planifier.» Et il y a également beaucoup de sagesse dans ce vieil adage de charpentier: «Mesurez deux fois, coupez une seule fois.» Autrement dit, prenez le temps d'étudier la situation. Examinez tous les angles. Avant d'agir (et de regretter votre geste), prenez le temps de prier, d'établir vos priorités et de planifier.

Lorsqu'on planifie, il faut cependant faire preuve de souplesse et s'adapter aux changements qui surviennent en cours de route. Theodore Levitt, du Business School de Harvard, a déjà expliqué comment planifier et gérer efficacement dans une société en constante évolution: «La plupart des gestionnaires gèrent en fonction du passé, car c'est dans le passé qu'ils ont acquis leur expérience et connu la réussite. Or, la gestion porte sur l'avenir, et non sur le passé. Et l'avenir s'intéresse à ce qui *devrait être fait*, pas à ce qui *a été fait*.»

Investir dans un monde meilleur

Voilà enfin comment on peut gérer efficacement ces trois périodes du temps – le passé, le présent, l'avenir – afin de se rapprocher de ses objectifs et de réaliser ses rêves. Le passé est passé; n'en demeurez pas prisonnier. Le présent est un cadeau qu'on vous donne; jouissez-en, tirez-en le maximum pour vous rapprocher de vos rêves, pressez-le jusqu'à la dernière goutte. Quant à l'avenir, il représente votre objectif, votre cible. Si vous voulez réaliser votre objectif et atteindre votre cible, vous devez dès aujourd'hui définir clairement votre idéal de demain et élaborer un plan d'action réaliste qui vous y conduira. Voici encore les quatre stratégies pour y parvenir:

1. Définissez votre mission dans la vie.
2. Définissez vos principes fondamentaux.
3. Établissez vos priorités.
4. Concevez votre plan d'action.

Si vous appliquez ces stratégies de façon délibérée, déterminée et répétée, vous deviendrez rapidement une personne qui «pense "avenir" et qui réalise dès maintenant ses rêves.

Quelle est votre mission dans la vie? Pour ma part, une des dimensions essentielles de ma mission consiste à être le meilleur père et le meilleur mari possible. C'est encore plus important pour moi que d'être le meilleur directeur général de la NBA. Et c'est quelque chose, croyez-moi! La plupart des hommes doivent remplir leur rôle de père une, deux, trois, parfois quatre fois dans toute leur vie. Moi, je dois le faire *dix-huit* fois! Mais détrompez-vous, je ne me plains pas; pour moi, le rôle de père est le défi le plus amusant et le plus gratifiant qu'un homme puisse relever.

Se consacrer à un enfant est à mon avis le meilleur moyen de penser «avenir» ainsi que le meilleur investissement qu'on puisse faire. Lorsqu'on investit dans la vie d'un enfant – en lui donnant temps et amour, en l'outillant pour qu'il ait confiance en lui, en lui apprenant à vivre – on répand des semences qui, demain, donneront leurs fruits, à la fois pour cet enfant et pour soi. De surcroît, on contribue à faire du monde de demain un monde meilleur. Quand on élève un enfant en lui faisant sentir qu'il est aimé, en l'amenant à croire en sa capacité d'apporter sa propre contribution à la société, on offre au monde un cadeau, on verse un baume sur ses plaies.

Avant de conclure ce chapitre, laissez-moi vous raconter deux petites histoires au sujet d'un des dix-huit investissements que Jill et moi faisons dans la vie. Cet « investissement » se prénomme Caroline, une jeune fille originaire du Brésil. Devenue membre de notre famille en décembre 1993, alors qu'elle avait dix ans, Caroline est une vraie soie, une enfant tendre et sensible.

Un après-midi d'été, environ six mois après l'arrivée de Caroline dans notre famille, j'étais assis avec elle et quelques autres de mes enfants pour regarder un film que nous avions loué, *Annie*, qui raconte l'histoire d'une petite orpheline. Le film terminé, tous les enfants sont partis se baigner, tous sauf Caroline. Elle a couru vers moi, s'est jetée dans mes bras et s'est mise à pleurer à chaudes larmes.

« Hé ! que se passe-t-il ? », lui ai-je demandé. « Pourquoi pleures-tu, ma chérie ? »

Elle a longuement pleuré, incapable de parler. Finalement, elle s'est calmée un peu et a murmuré : « Je suis tellement contente qu'on m'ait donné un papa ! »

Je vous le dis, il y a eu à ce moment une sorte de réaction nucléaire dans ma poitrine. Je me suis rendu compte à quel point la vie de ma petite fille avait été bouleversée. En regardant le film, qui montrait la vie des orphelins et des enfants de la rue durant la crise de 1929, Caroline se remémorait alors une foule de souvenirs, des souvenirs *récents* d'enfants vivant dans les rues et les établissements de l'assistance sociale du Brésil.

Après tout, elle ne vivait avec nous que depuis six mois ! Sa vie avait entièrement changé pendant cette courte période. Elle était passée du statut d'enfant abandonnée et sans foyer dans un pays du tiers-monde à celui d'enfant de la banlieue américaine qui fréquentait une bonne école, qui recevait amour et attention, et qui mangeait trois repas par jour. Son existence, qui se résumait auparavant à vivre et survivre un jour à la fois, s'était transformée en une existence ouverte sur l'*avenir*, pleine d'espoir et de promesses. Et je dois dire, du plus profond de mon cœur, qu'on éprouve un intense sentiment d'humilité lorsque Dieu se sert ainsi de nous pour changer la vie d'un enfant.

Quelques mois plus tard, Caroline et moi étions dans un parc tout près de chez nous, dans la banlieue de Winter Park à Orlando. Caroline se balançait. Deux balançoires plus loin, il y avait un petit garçon. Derrière lui se tenaient ses parents. J'ai pu voir qu'ils venaient d'un autre pays (j'ai su plus tard qu'ils étaient de Puerto Rico) et je me suis avancé vers eux pour engager la conversation. Après m'être présenté, ils m'ont dit me reconnaître et être de fervents partisans du Magic d'Orlando.

« Notre autre fils est à la maison », m'a dit la mère. « Avez-vous d'autres enfants ? »

J'ai ri et lui ai répondu : « Si j'ai d'autres enfants ! » Les yeux lui sont presque sortis de la tête quand je lui ai dit combien d'enfants Jill et moi avions exactement. Nous avons ensuite parlé de famille et d'adoption.

« Comme nous avons déjà deux garçons », a dit la mère, nous aurions beaucoup aimé avoir une fille. Malheureusement, je ne peux plus avoir d'enfants. Nous avons pensé à l'adoption, mais il faut s'inscrire sur une liste d'attente et patienter pendant des années.

« Vous avez essayé d'adopter aux États-Unis, n'est-ce pas ?

– Oui... », a-t-elle répondu.

– Vous savez », ai-je répliqué, « le problème c'est que vous ne cherchez pas dans le bon pays !

– Nous ne cherchons pas dans le bon pays ?

– Exactement ! Si vous souhaitez avoir une fille, c'est au Brésil qu'il faut chercher. C'est là que nous avons trouvé Caroline. Il y a des milliers de petites filles à adopter au Brésil. Vous pourriez ainsi réaliser votre rêve ! »

Caroline se balançait à quelques mètres de nous et je ne croyais pas qu'elle avait entendu notre conversation, mais elle nous a alors dit de sa petite voix: « Et ces petites filles aussi ont besoin d'un papa et d'une maman! »

Caroline a devant elle un brillant avenir. Beaucoup d'autres enfants dans ce monde n'ont pas cette chance. Tout ce que je peux faire, c'est de continuer à prier et à espérer que de plus en plus de gens veuillent partager mon rêve. Un rêve où *tous* les enfants du monde – y compris ceux d'Amérique latine, d'Europe de l'Est, d'Afrique, d'Asie et des quartiers défavorisés des États-Unis – ont un papa et une maman, et tout l'amour dont ils ont besoin.

Quel est votre rêve? Quel est pour vous le summum de la réussite? Quelle est votre mission dans la vie? Nous venons d'examiner le premier des cinq secrets de la réussite de Walt Disney: penser « avenir ». Dans le prochain chapitre, nous explorerons le deuxième secret qui permet à l'un de créer un monde merveilleux, à l'autre de monter une équipe de basket-ball magique, et à tous les autres de mener un mode de vie magique et miraculeux: *donner libre cours à son imagination*.

Le deuxième secret magique:

Donnez libre cours à votre imagination

Chapitre 5

La pensée infinie

- *«Rien n'est plus limitatif qu'un esprit borné; rien ne décuple davantage les possibilités qu'une imagination à laquelle on donne libre cours.»*

William Arthur Ward, poète

- *«L'esprit est comme un parachute: il doit s'ouvrir pour fonctionner».*

Thomas Dewar, chimiste et physicien

- *«N'écoutez pas ceux qui disent: "C'est impossible de le faire de cette façon". Peut-être ont-ils raison, mais peut-être le ferez-vous ainsi quand même. N'écoutez pas ceux qui disent: "Vous prenez un trop grand risque." Si Michel-Ange en avait tenu compte, c'est le plancher de la chapelle Sixtine qu'il aurait peint et il serait sûrement très abîmé aujourd'hui.»*

Neil Simon, dramaturge

Pendant que j'étais en train d'écrire ce livre, une chose incroyable nous est arrivée à Jill et moi. Nous étions le samedi 21 janvier 1995; ce soir-là, au Hilton de Washington D.C., Jill et moi étions les invités d'honneur au 60e banquet annuel du Touchdown Club. C'était un événement extraordinaire sous bien des aspects. Le clou de la soirée était la remise du prix humanitaire Hubert H. Humphrey et nous en étions les humbles récipiendaires. Depuis 1978, ce prix a été décerné à d'éminents personnages comme Bob Hope, Jerry Lewis, Danny Kaye, Danny Thomas, Jack Klugman, Johnny Carson, Burt Reynolds, Gene Autry et Harmon Killebrew, pour n'en nommer que quelques-uns. Quelle sensation de voir son nom ajouté à une liste aussi prestigieuse!

Malgré ma grande joie de recevoir un tel honneur, le meilleur moment de ma soirée a été d'être assis à la table d'honneur aux côtés d'une de mes idoles, Florence Griffith Joyner. Ce soir-là, elle recevait un prix soulignant ses exploits olympiques, le Oustanding Olympic Achievement Award. Florence, mieux connue sous le surnom de Flo-Jo, est la première Américaine à avoir gagné quatre médailles aux mêmes Jeux olympiques (trois médailles d'or et une médaille d'argent aux Jeux de Barcelone en 1988). Détentrice du record mondial du 100 mètres et du 200 mètres, elle est non seulement rapide, mais elle a du style. Célèbre pour ses maillots de course et ses très longs ongles peints de motifs complexes, Florence Griffith est coprésidente du President's Council on Physical Fitness and Sports. Jeune femme magnifique, gentille, modeste et affable, elle fait beaucoup de bénévolat, notamment pour la Fondation du collège des Noirs unis, la société américaine du Cancer, et la Fondation de la sclérose en plaques.

Pendant le souper, j'ai parlé à Flo-Jo de Daniela, notre fille de 14 ans qui est devenue très douée en athlétisme sur piste (je vous parlerai plus longuement de Daniela un peu plus loin), et je lui ai demandé si elle voudrait bien poster à Daniela une photo dédicacée.

« Avec plaisir », a-t-elle répondu avec enthousiasme. J'ai remis ma carte de visite à Flo-Jo qui l'a rangée dans son sac à main.

« J'apprécie beaucoup », ai-je dit. « Qui sait ce que ça donnera ? On ne peut jamais prévoir l'influence que peut avoir dans la vie d'une personne un mot d'encouragement donné au bon moment.

« À qui le dites-vous ! », a-t-elle répondu. « Laissez-moi vous raconter ce qui m'est arrivé. J'ai grandi avec 11 frères et sœurs dans le quartier centre-sud de Los Angeles. Je ne faisais pas grand-chose de ma vie. En fait, on pourrait dire que je n'avais pas grand avenir. Mais à huit ans, j'ai eu la chance de rencontrer l'ancien champion de boxe, Sugar Ray Robinson. »

J'ai écarquillé les yeux. Sugar Ray Robinson en personne ! Probablement le meilleur boxeur, toutes catégories confondues, de tous les temps ! « Qu'est-ce qu'il vous a dit ? », ai-je demandé à Flo-Jo.

– Il m'a dit en me regardant droit dans les yeux: "Ton lieu d'origine, la couleur de ta peau ou tes chances de réussite, tout ça n'a pas d'importance. Ce qui importe, c'est d'avoir un rêve, de se croire capable de le réaliser et de s'engager à le faire. Ce rêve *peut* se réaliser et il se *réalisera.*" Je n'avais que huit ans, mais ces paroles m'ont immédiatement convaincue. L'avenir qui s'ouvrait ainsi devant moi m'enthousiasmait. Au cours des années suivantes, j'ai revu à quelques reprises Sugar Ray et il ne manquait pas de me rassurer et de m'encourager. C'est ce qui a lancé ma carrière. »

N'eut été de la pensée infinie de Sugar Ray, Flo-Jo aurait-elle atteint de tels sommets ? J'en doute. Au contraire, je crois (et Flo-Jo également) que Sugar Ray Robinson a fait voir à une petite fille la perspective d'un avenir sans limite. Aujourd'hui, elle transmet à d'autres ce que Sugar Ray lui a légué. De fait, une semaine après notre rencontre à Washington D.C., notre fille Dani a reçu un paquet par la poste. Il contenait non pas une mais *deux* photos dédicacées ainsi qu'une lettre manuscrite sur du papier à en-tête de Flo-Jo. Voici ce qui était écrit :

Chère Dani,
Je te souhaite la meilleure des chances en athlétisme et à l'école. Travaille d'arrache-pied pour atteindre les objectifs que tu t'es fixés et crois en toi-même. Si tu as le temps, j'aimerais avoir de tes nouvelles. Prends soin de toi, Dani, et n'abandonne jamais tes rêves.

Amitiés,
Florence Griffith Joyner
Flo-Jo

Sur une des photos, elle avait ajouté:

Pour Dani
Ton potentiel est illimité. Crois en toi et ne laisse rien ni personne se mettre en travers de ton chemin. Dis-toi que tu es la meilleure.

Amitiés,
Flo-Jo

«Crois-tu que je pourrai participer un jour aux Jeux olympiques?»

Maintenant, laissez-moi vous parler un peu de Dani. Arrivée du Brésil à la fin du mois de février 1993, nous l'avons immédiatement inscrite à une foule d'activités. Certaines ne lui convenaient tout simplement pas. Elle a essayé différentes activités sportives, artistiques, musicales, pour tenter de découvrir qui elle était et ce qu'elle était capable de faire. Rien ne semblait l'attirer. Finalement, un de ses entraîneurs à l'école lui a suggéré: «Dani, pourquoi n'essaies-tu pas l'athlétisme sur piste?» L'idée ne l'a pas emballée sur le coup, mais en haussant les épaules elle a répondu: «D'accord». (Pour ma part, je pense qu'elle a accepté d'abord et avant tout pour échapper à la pratique de natation).

Nous n'avons rien fait pour lui faciliter la tâche. Honnêtement, l'idée que Daniela abandonne la natation parce qu'elle trouvait ça trop exigeant ne m'enchantait guère. «Dani», lui ai-je dit, «nous pouvons te déposer en voiture à ta pratique d'athlétisme, mais pas te reprendre après. Si tu veux y aller, c'est d'accord, mais tu devras trouver quelqu'un pour te ramener à la maison.» Elle a accepté et elle s'est débrouillée.

Lors de sa première rencontre d'athlétisme de niveau junior, Dani a couru le 1500 mètres en dominant tous ses adversaires. J'étais abasourdi! Malgré mes encouragements à faire de l'athlétisme, je n'étais jamais parvenu à lui faire parcourir ne serait-ce qu'une toute petite distance. Et voilà qu'à sa toute première compétition, *elle gagne avec un bon tour d'avance!* C'est à n'y rien comprendre.

Et ce n'était qu'un début. Elle a remis ça, compétition après compétition, remportant toutes ses courses en des temps tout simplement incroyables! Ses performances ont attiré l'attention des entraîneurs locaux et lui ont valu une invitation à participer à un programme d'athlétisme durant l'été. Tout ce que je sais, c'est que peu de temps après, Dani courait suffisamment bien pour se qualifier aux Olympiques nationales de niveau junior, où elle a d'ailleurs donné une prestation remarquable.

Cette enfant a essayé l'athlétisme parce qu'elle voulait d'abord et avant tout échapper à la natation. Toutefois, elle a saisi l'occasion qui se présentait, elle a connu un certain succès, elle a donné libre cours à son potentiel et à ses possibilités, puis *bang!*, elle s'est élancée. Aujourd'hui, elle continue de foncer pour obtenir une bourse d'études collégiales en athlétisme. Récemment, elle m'a dit: « Papa, crois-tu que je pourrai courir un jour aux Jeux olympiques?

– Hé! une fois que ton esprit s'est ouvert à cette possibilité, qui sait? », ai-je répondu.

– Mais quand? », a-t-elle insisté. À quels Jeux pourrais-je participer? Ceux d'Atlanta en 1996? Ou peut-être est-ce trop tôt?

– Dani, je pense que courir aux Olympiques à l'âge de 15 ans est quelque peu prématuré. Vise plutôt les Jeux de Melbourne en Australie, en l'an 2000. Tu auras alors 19 ans et si tu es prête à ce moment, je te promets que nous te paierons ton billet d'avion. »

Le succès que Daniela a remporté jusqu'à maintenant a eu un effet libérateur sur son esprit. Et la lettre de Flo-Jo a renforcé cet élan. En effet, après avoir reçu ce mot d'encouragement, Daniela s'est immédiatement installée pour répondre à Flo-Jo sur du papier à en-tête de Mickey et Minnie.

Chère Flo-Jo,

Merci beaucoup pour la lettre et les photos. Je suis née au Brésil en 1981. J'ai vécu avec ma mère jusqu'à l'âge de huit ans. Elle m'a alors placée dans un orphelinat où je suis restée jusqu'à l'âge de 12 ans. C'est alors que j'ai reçu la visite de Jill et Pat Williams. Je leur ai plu et ils ont décidé de m'adopter. Lorsque je vivais avec ma mère, je n'avais ni frère ni sœur. Lorsque je suis arrivée ici, je n'en croyais pas mes yeux.

Je ne parlais pas un mot d'anglais en arrivant ici. Maintenant, je le parle. Je suis arrivée en Amérique le 22 février 1993. Mes parents sont vraiment « cool », et je les aime beaucoup.

Dès mon arrivée ici, mon père m'a inscrite au softball. Après un certain temps, je n'aimais plus ça et j'ai abandonné. Comme la saison de soccer s'amorçait à mon école, je me suis inscrite et j'ai réussi à faire l'équipe. J'ai joué pendant toute la saison. Puis, celle de basket-ball est arrivée et je me suis inscrite. Cette année-là, je n'ai pas fait l'équipe la première année. J'ai également essayé de faire partie de l'équipe de volley-ball. J'ai échoué. Donc, pas de volley-ball.

Puis, j'ai essayé l'athlétisme. Mon père pensait que je ne pourrais pas courir non plus, car en arrivant ici je ne pouvais même pas faire 100 mètres à la course. Il croyait donc que je ne serais pas capable. J'ai alors couru le 1500 mètres et j'ai gagné. Un enseignant l'a dit à mon père. Ensuite, j'ai gagné toutes les courses auxquelles j'ai participé. Comme les compétitions scolaires étaient trop faciles pour moi, mon père m'a inscrite dans un club d'athlétisme. J'y suis restée un certain temps. J'ai participé à des compétitions nationales. Ma performance a été moyenne, mais mon père a été là tout le temps. J'étais déçue, mais on ne peut pas gagner toutes les courses. La saison d'athlétisme était terminée, je me suis donc inscrite au cross-country. J'ai gagné presque toutes les courses. Mon père était fier de moi. J'étais contente.

Mon temps le plus rapide sur 1 500 mètres est de 5 min 28 s. Sur 5 000 mètres, il est de 19 min 58 s. J'aimerais être comme vous. Je vais poursuivre tous mes rêves et je vais vous encourager pour les Jeux olympiques de 1996. J'espère vous rencontrer. Un de ces jours, j'espère participer moi aussi aux Jeux olympiques. Comme vous êtes la femme la plus rapide au monde, je sens que c'est un privilège de vous avoir pour amie.

Amitiés,
Daniela Williams

Voici la preuve que lorsqu'on s'ouvre à la pensée infinie, toutes les barrières tombent.

La pensée infinie à Orlando

J'ai commencé à donner libre cours à mon imagination dès mon arrivée à Orlando en juin 1986. Il faut se rappeler qu'à cette époque, il n'y avait ni équipe, ni centre sportif, ni engouement populaire, ni appui de la NBA.

Je passais le plus clair de mon temps à prononcer des conférences pour des organismes de charité, des chambres de commerce, des congrès et des églises. Si seulement trois personnes se pointaient, je me joignais à elles pour faire une partie de bridge !

J'avais préparé d'avance un petit discours d'encouragement. Je disais : « Mes amis, lorsque nous aurons notre équipe et que celle-ci sautera sur le terrain de notre nouveau centre sportif, je vous conseille d'avoir déjà vos billets. Quand Bird, Jordan ou Magic arriveront en ville, vous ne voudrez sûrement pas vous retrouver dehors, le nez collé sur la porte vitrée, à me faire des signes et à crier : "Ouvrez la porte. Laissez-moi entrer". Tout ce que je pourrai alors vous dire est ceci : "Vous auriez dû réserver votre siège lorsque c'était le temps."

Mon argumentation a convaincu autant de gens qu'elle en a laissé indifférents.

Toutefois, mon esprit ne connaissait aucune limite. Je pouvais déjà imaginer les salles combles que nous avons aujourd'hui à chaque match ainsi que la liste d'attente de 3 000 noms pour un abonnement aux matchs.

Tout peut arriver lorsqu'on donne libre cours à son imagination et qu'on laisse son esprit accéder à la pensée infinie. De nombreux Américains ont connu la réussite grâce à cette façon de penser et se sont motivés en laissant leur imagination se déployer.

La volière de l'esprit

La prochaine fois que vous prendrez votre voiture, tournez la clé et écoutez le moteur se réveiller et vrombir. Vous aurez peut-être envie de dire : « Merci, Charles Kettering ».

Né dans l'État de l'Ohio, Charles Kettering est l'ingénieur qui a inventé puis mis au point le démarreur électrique, un dispositif qui a révolutionné le développement de l'automobile moderne. Le démarreur dont votre voiture est dotée n'est qu'une version améliorée du démarreur que Charles Kettering a inventé et installé pour la première fois en 1912 sur une Cadillac.

Toutefois, notre reconnaissance pour l'inventivité de Charles Kettering ne se limite pas au démarreur électrique. L'imagination de ce grand homme, décédé en 1958, nous a légué une longue liste d'innovations qui ont amélioré et facilité notre existence, notamment:

- le vernis-laque à séchage rapide pour voiture;
- les phares de haute densité pour automobile;
- le carburant antidétonant;
- le moteur diesel deux temps à régime rapide;
- le moteur à combustion lente à haute compression;
- la caisse enregistreuse électrique.

Charles Kettering a également mis au point le premier missile téléguidé, un engin propulsé par hélice et transportant une bombe de 95 kilos qui a été utilisé pendant la Première Guerre mondiale.

L'imagination de Charles Kettering et sa passion pour la science ne se limitaient pas aux bidules mécaniques. L'amélioration du dépistage et du traitement du cancer provient en grande partie d'un centre de recherche situé à New York et qui porte son nom: le Sloan-Kettering Institute for Cancer Research.

Qu'est-ce qui explique le succès de Charles Kettering? Pourquoi était-il si prolifique et si productif? Une des caractéristiques les plus importantes de sa vie personnelle et professionnelle était son *imagination sans limite*. Rien n'était impossible pour Charles Kettering; peu importe où il allait, il communiquait aux autres sa croyance dans les possibilités infinies de la vie. Voici quelques-unes des déclarations faites par cette homme au cours de sa longue et illustre carrière passée dans de grandes entreprises comme National Cash Register, Delco et General Motors.

- «Les seules limites que s'impose l'être humain sont celles de son imagination. Très peu de gens ont de l'imagination; c'est pourquoi on compte 10 000 violonistes pour un seul compositeur.»
- «C'est incroyable ce qu'une personne ordinaire peut accomplir quand elle entreprend quelque chose sans idée préconçue.»

- «Il y aura toujours un mur à franchir, là où se trouvent un esprit ouvert et des mains empressées à mettre la main à la pâte pour y parvenir.»
- «Les voies sans issue existent seulement dans l'esprit des gens.»

Charles Kettering qualifiait parfois la pensée créative de «volière de l'esprit». Il a illustré cette comparaison de manière saisissante à l'occasion d'un pari qu'il a fait un jour avec un ami appelé Joe.

«Joe, je te parie cent dollars que d'ici un an, je te ferai acheter un oiseau domestique.

– Mais Charlie, que veux-tu que je fasse avec un oiseau?

– Tu veux parier ou non?

– D'accord.»

Quelques jours plus tard, Charles Kettering est arrivé chez Joe avec un cadeau: une magnifique volière artisanale faite en Suisse. «C'est pour l'oiseau que tu vas acheter», a-t-il expliqué.

– Je te le répète: je n'achèterai pas d'oiseau!

– C'est ce que nous verrons», a répliqué Charles Kettering.

Joe a pris la volière et l'a installée près de la table de la salle à manger. Chaque fois qu'il donnait une réception, ses invités lui demandaient: «Il y a longtemps que ton oiseau est mort?»

Joe se voyait forcé de répondre: «Je n'ai jamais eu d'oiseau».

Intrigués, ses invités lui rétorquaient: «Mais alors, pourquoi as-tu une volière?»

Après trois ou quatre scénarios de ce genre, Joe est finalement parti s'acheter une perruche. Elle lui a coûté 102 $: deux dollars pour l'oiseau et cent dollars pour son ami Charles Kettering jubilait. En réglant son pari, Joe a expliqué: «C'était plus simple d'acheter un oiseau que d'expliquer sans cesse pourquoi cette stupide volière que tu m'as donnée était vide.»

En relatant cette anecdote, Charles Kettering dira plus tard: «Si vous installez une volière dans votre esprit, vous finirez par mettre quelque chose dedans.» Ce que nous mettons dans une

« volière de l'esprit », ce sont des *idées*. Et personne ne connaissait mieux la puissance des idées que Walt Disney.

Le pouvoir des idées

Walt Disney arrivait à la fin de la trentaine lorsqu'il eut l'idée de créer Disneyland. A l'époque, ses filles étaient encore jeunes et il prenait plaisir à les emmener le dimanche au parc d'attractions. Ses filles adoraient l'atmosphère de foire de ces parcs : les manèges excitants, les jeux de hasard et les spectacles bizarres. Même s'il se réjouissait du plaisir éprouvé par ses enfants, Walt ne trouvait pas ces endroits vraiment amusants. Au contraire, il s'assoyait sur un banc, gardait un œil sur ses filles et réfléchissait en mangeant des cacahouètes. *Les parcs d'attractions amusent les enfants*, se disait-il, *mais ils n'offrent rien aux adultes ni à la famille.* Pour lui, le parc d'attractions typique était laid, sale et jonché d'ordures. Ne pouvait-il en être autrement ? Il songeait surtout à un parc d'attractions qui non seulement serait plus gros, plus étincelant, plus propre et plus amusant que les parcs habituels, mais où toute la famille, y compris les parents, y trouverait leur compte.

Quinze années ont passé avant que Walt Disney mette son idée à exécution et il était alors devenu un grand-père de 53 ans. Même ses plus proches associés avaient du mal à s'imaginer l'ampleur de ses idées ; son propre frère, Roy, qualifiait l'entreprise de Walt d'« idée tordue ». Toutes sortes de problèmes et d'obstacles se sont abattus sur Walt et il s'est retrouvé plusieurs fois au bord du gouffre financier avant l'achèvement du projet. Toutefois, lors de l'inauguration du parc en 1955, la réalité dépassait la fiction : le produit final était aussi grandiose que le rêve de Disney. C'était exactement ce qu'il avait imaginé : un parc d'attractions pour la famille, d'un genre entièrement nouveau.

Disneyland a connu un succès considérable, à tel point que ce seul projet a permis à la Walt Disney Company d'atteindre la rentabilité. Pendant les trente années précédentes marquées de luttes incessantes, Walt Disney lui-même n'avait eu qu'un très modeste salaire. Enfin, le père de Mickey Mouse connaissait un succès phénoménal.

Cependant, au bout de quelques années seulement, Walt a commencé à trouver que son « idée grandiose » ne l'était pas encore suffisamment. Bien sûr, son parc thématique était immensément populaire et générait d'énormes revenus pour son entreprise et pour lui-même, mais beaucoup d'autres que lui en profitaient également. En effet, en dépit des 160 acres qu'il couvrait, Disneyland était devenu un îlot perdu dans une mer d'hôtels, de motels, de boutiques, de restaurants, de stations-services et d'agences de location de voitures. Tous ces commerces profitaient de l'achalandage que *lui* avait réussi à attirer à Anaheim ! Presque du jour au lendemain, la valeur des terrains entourant Disneyland avait augmenté de 1000 % ! Si Disneyland était en soi un véritable bijou en matière de lieu de villégiature, l'ensemble du secteur environnant formait une sorte d'excroissance minable comparativement à sa vision. Tout ça sentait l'arnaque. Il s'est donc juré que la prochaine fois qu'il construirait un parc d'attractions (« Et voilà que ça lui reprend ! » avait alors grommelé son frère Roy), il s'arrangerait pour contrôler *tout* ce qui allait l'entourer.

Lorsqu'il élabora le projet de Walt Disney World, son deuxième parc d'attractions érigé à Orlando en Floride, Walt Disney a commencé avec une idée beaucoup plus ambitieuse en tête et un terrain beaucoup plus grand entre les mains. Alors que le premier parc de ses rêves s'étendait sur 160 acres dans Orange County en Californie, Walt Disney allait acheter pour son deuxième parc une superficie de *28 000 acres* à Orange County et Osceola County en Floride. En quelques années seulement, la portée de sa vision avait augmenté de 17 500 % !

Disney n'a pas vécu assez longtemps pour se promener sur la « Rue principale » de son monde merveilleux ou pour déambuler de pavillon en pavillon dans Epcot Center. Il est en effet décédé en 1965, cinq ans avant l'ouverture de Walt Disney World. Le jour de l'inauguration, quelqu'un a dit à Mike Vance, en charge de la création aux Studios Disney : « N'est-ce pas dommage que Walt n'ait pas vécu assez longtemps pour voir ça ?

« Il l'a déjà vu », lui a simplement répondu monsieur Vance. « Sinon, rien de tout cela n'existerait. »

L'histoire suivante illustre à quel point Walt a poussé son équipe à réaliser l'impossible. À l'époque de cette histoire, Disneyland en était à sa première année d'opération. Il était ouvert au public, mais plusieurs attractions étaient inachevées et restaient interdites d'accès. Une de ces attractions non terminées était le « Rainbow Caverns Mine Train », située dans Frontierland (attraction qui serait tôt ou tard remplacée par des montagnes russes baptisées « Big Thunder Mountain Railroad »). Inspiré du documentaire de Walt Disney *The Living Desert*, récipiendaire d'un Oscar, les « Rainbow Caverns » proposaient une agréable promenade en train à travers un désert imitant fidèlement ceux que l'on trouve dans le sud des États-Unis.

Walt voulait que le train s'engouffre dans des cavernes où une cascade fluorescente coulerait dans les couleurs de l'arc-en-ciel sous une lumière noire. Le plan prévoyait que l'on incorpore les colorants fluorescents dans la cascade d'eau, en s'arrangeant pour que chaque jet soit d'une couleur distincte afin d'empêcher les couleurs de se mélanger et de former une eau grise fluorescente. Claude Coats, l'artiste engagé par Disney pour réaliser ce projet, avait consulté des chimistes et des ingénieurs. « Impossible », disaient-ils. Claude Coats avait fait son rapport à Walt : « On me dit que c'est irréalisable, qu'on ne peut empêcher l'eau d'éclabousser et de se mélanger ; les couleurs se mêleront alors et vireront au gris fluorescent en quelques jours.

« Très bien », a répondu Walt avec une joyeuse indifférence. C'est amusant de réaliser l'impossible, n'est-ce pas Claude ? Je suis certain que tu trouveras une solution. »

Claude Coats est donc retourné à sa planche à dessin. En collaboration avec un autre artiste de chez Disney, John Hench, ils ont mis au point au bout de quelques semaines d'expérimentation un système composé de fibres de verre entrelacées qui, une fois installées dans les voies d'eau, éliminaient presque complètement les éclaboussures. Les « Rainbow Caverns » étaient devenus dignes de leur nom.

Il n'y a pas très longtemps, j'ai eu une conversation fascinante avec Bob Matheison, un cadre de Disney à la retraite qui a travaillé en étroite collaboration avec Walt dans les années 1950 et 1960. « Walt était un visionnaire. Il était très curieux et débordait d'idées.

Il avait toujours en tête plusieurs projets autres que celui sur lequel il était en train de travailler.

«Walt serait-il surpris s'il revenait parmi nous et voyait ce qu'est devenu Walt Disney World?», ai-je demandé à Bob Matheison.

– Pas du tout!», a répondu Bob. «En fait, il dirait plutôt «Comment se fait-il que tel projet et telle attraction ne soient pas terminés? Les gars, vous êtes en retard de cinq ans sur les échéanciers.» Bien entendu, Walt prononcerait ces paroles l'œil pétillant et le sourire espiègle. Il dirait cela sur le ton de la blague tout en étant sérieux! Jamais il n'aurait utilisé le mot «impossible»! Il croyait que tout ce qu'on pouvait imaginer était possible et il nous a transmis cette conviction. Celle-ci nous inspirait tellement que sans cesse nous essayions et réussissions des choses qui nous apparaissaient impossibles à réaliser au départ.»

Walt Disney était un d'homme d'idées, imaginatif et visionnaire. «Un visionnaire», a écrit Jonathan Swift, «est une personne qui a le don de voir l'invisible.» Walt Disney voyait l'invisible et le rendait visible. Il imaginait l'impossible et le rendait possible. C'était un homme extraordinaire. Pourtant, comme l'a écrit Bob Thomas, ses origines étaient des plus modestes:

> «Ses parents étaient des gens ordinaires qui avaient voyagé d'un bout à l'autre du pays dans une quête futile du rêve américain. Enfant, Walt n'était pas un élève particulièrement doué; il rêvassait sur les bancs d'école. Les bandes dessinées constituaient son unique champ d'intérêt, mais ses dessins étaient plutôt quelconques. Dès qu'il a pu embaucher des dessinateurs plus talentueux que lui, il a complètement cessé de dessiner. Il semble aujourd'hui incroyable de penser que ce dessinateur à peine scolarisé de Kansas City, qui a fait faillite avec son premier film, ait pu réaliser une œuvre si unique sur le plan de l'imaginaire et qu'il ait même pu entreprendre la création d'une ville de l'avenir*.»

Comment un homme aussi ordinaire a-t-il pu réaliser des exploits aussi extraordinaires? Je crois qu'à donner libre cours à son imagination, *tout* devient possible.

---

* Bob Thomas, *Walt Disney: An American Original* (New York: Simon and Schuster, 1976), p. 16.

Dans une publicité conçue pour United Technologies Corporation, le publicitaire Dick Kerr a décrit comme suit l'influence qu'ont les idées sur notre existence: «Un jour, la personne assise dans une cabane au creux d'une vallée peut lever les yeux vers la grande maison perchée sur la colline et se demander comment ceux qui l'habitent ont bien pu réussir à s'offrir une telle résidence. Il y a fort à parier que ces gens ont eu une idée et le courage de la réaliser. En fait, quelques-unes des meilleures idées dont a bénéficié notre pays sont venues de gens possédant peu de moyens et peu d'éducation. Chaque jour, prenez le temps de penser à une chose qui répondrait à un besoin. Rappelez-vous que derrière le trombone, le verre de contact ou la pince à linge, se cache un inventeur. Votre invention à vous se trouve peut-être au bout de vos doigts.»

Voilà toute la puissance des idées. Voilà toute la puissance de la pensée infinie.

Pour illustrer l'importance de donner libre cours à son imagination afin de réussir, Lawrence Morehouse, psychologue à l'UCLA, fait une comparaison avec le golf. «Dans une trappe de sable, ce qui distingue le débutant du professionnel se résume dans leur façon de voir les choses. Le débutant se dit «j'espère que ma balle atteindra le vert». De son côté, le professionnel visualise la trajectoire de la balle, l'endroit où elle atterrira sur le vert et la façon dont elle entrera dans le trou.» Les gens qui réussissent sont capables d'imaginer et de voir leur succès. Les idées bouillonnent dans leur imagination, leur esprit est constamment en éveil et leur énergie est sans cesse employée à essayer de voir l'invisible et de réaliser l'impossible.

Le succès est une question d'idées. Donnez libre cours à votre imagination. Tout, absolument *tout*, devient alors possible. Avec des idées, vous pouvez à tout le moins changer votre vie. Quant au reste, qui sait?

«Refuser d'aller au bout de ses idées, c'est se condamner à vivre comme des fourmis plutôt que comme des êtres humains», dit le pédagogue et philosophe Mortimer Adler. Il faut toutefois se rappeler que la poursuite d'une idée doit se faire avec soin. Semer une idée, la nourrir, la faire grandir et en récolter les fruits requièrent des efforts conscients et délibérés. Les idées ont les caractéristiques suivantes:

- *Elles sont fragiles.* Comme l'a dit Charles Brower: «Une nouvelle idée est une chose délicate. Une moquerie, un quolibet, un bâillement d'ennui ou un froncement de sourcils peuvent la tuer.» Nous devons créer une ambiance propice aux idées, autant pour celles des autres que pour les nôtres.
- *Elles sont dérangeantes.* Même si on se l'avoue difficilement, la plupart d'entre nous préférons nos vieilles habitudes lorsqu'arrive le temps de réfléchir, de faire ou de voir des choses. Les nouvelles idées nous déstabilisent et nous forcent à changer notre façon de penser. L'esprit fonctionne souvent comme le système immunitaire, attaquant les idées comme les lymphocytes et les macrophages attaquent les corps étrangers. Nous devons *recycler* notre esprit afin qu'il accueille favorablement les nouvelles idées. J'ai beaucoup d'admiration pour l'ex-entraîneur de basket-ball de UCLA, John Wooden. Il a dit: «Ne laissez pas les choses que vous ne pouvez faire vous empêcher de faire celles que vous pouvez».
- *Elles se reproduisent toutes seules.* Une idée en amène une autre. De même, la créativité engendre la créativité. «Les idées sont comme les lapins», a dit John Steinbeck, romancier récipiendaire des prix Nobel et Pulitzer. «Si vous en avez deux et que vous apprenez à vous en occuper, vous en aurez bientôt une douzaine.»
- *Elles sont gratuites.* Les idées ne coûtent rien, mais peuvent rapporter des millions. Certaines idées sont déjà brevetées; d'autres sont protégées par copyright; d'autres encore sont devenues des marques déposées. Cependant, la plupart des idées sont dans l'air, elles appartiennent au domaine public et n'importe qui peut les utiliser. Les idées sont contagieuses et virulentes. Côtoyer des gens bourrés d'idées est une sensation excitante, euphorique. Les gens créatifs répandent la créativité et l'enthousiasme autour d'eux et lancent souvent plus d'idées qu'ils ne peuvent en utiliser. Oliver Wendell Holmes a dit: «Certaines idées se développent mieux lorsqu'elles sont transplantées dans un esprit autre que celui où elles ont germé.»

« Où prenez-vous vos idées ? »

La question la plus souvent posée aux auteurs est la suivante : « Où prenez-vous vos idées ? » En fait, les auteurs à succès ont rarement du mal à en trouver. La plupart débordent d'idées et n'auront pas assez d'une vie pour en transformer le dixième en livres. Les idées s'entrechoquent constamment dans leur esprit. Pourquoi ? Parce qu'ils connaissent le secret de la créativité. Ils se nourrissent continuellement d'idées. Ils sont constamment plongés dans la créativité. Ils s'y vautrent. Comme les atomes, les idées se heurtent entre elles et se fissurent à l'intérieur de leur cerveau, provoquant dans leur imagination une réaction en chaîne où explose une nouvelle idée après l'autre.

Vous vous dites peut-être : « Le problème, c'est que je n'ai jamais d'idées ! Je n'ai jamais été créatif et je ne le serai jamais ! » Foutaises ! Nous pouvons *tous* faire preuve de créativité. Nous avons été créés à l'image de Dieu, et le tout premier verset de la Bible dit : « Au commencement, Dieu *créa*... » Dieu est créatif et nous, qui avons été faits à Son image, le sommes également. Il vous suffit seulement d'apprendre à libérer ce don divin qu'est la créativité qui vous habite !

Nous sommes tous créatifs, certes, mais pas nécessairement de la même façon. Nous le sommes *chacun à notre façon*. Vous n'êtes peut-être pas capable d'écrire l'ultime roman ; cependant, vous êtes peut-être extraordinairement doué pour démarrer une entreprise, occuper un poste de pasteur, travailler avec les enfants ou aider les sans-abri. Toutes ces activités requièrent des idées et de l'imagination. Toute la créativité dont vous avez besoin vous habite ; elle ne demande qu'à être libérée.

« Mais comment la libérer ? », vous demandez-vous.

Heureux que vous posiez la question. Voici six étapes pratiques à suivre pour libérer votre créativité. Chaque étape est simple, réalisable et *amusante*.

Étape libératrice nº 1 : Faites travailler votre cerveau (Réfléchissez ! Une chose simple mais plutôt rare dans les faits).

« Le cerveau est une masse de tissus nerveux qui, dans l'ensemble, est en parfaite condition », explique Robert Half, expertconseil en administration des affaires. Le cerveau a besoin d'exercice régulier et la seule façon de le lui donner est de réfléchir !

« La pensée est vive, grandiose, libre », dit Helen Keller. C'est la lumière du monde. La principale gloire de l'être humain ». Même sourde et aveugle, emprisonnée dans un corps handicapé et dénué de sensations, Helen Keller est demeurée une grande visionnaire. À cette femme qui vivait dans un monde de silence et de ténèbres, la pensée lui permettait de voir et d'entendre.

Pourquoi, alors, évitons-nous de penser? Parce que cela demande un *effort* ! Or, tous ceux qui réussissent véritablement savent que la pensée est un ingrédient clé de la créativité et de la réussite. « Tous les problèmes du monde trouveraient leur solution si les gens se donnaient la peine d'y réfléchir », disait Thomas J. Watson, fondateur d'IBM. « Malheureusement, les gens ont trop souvent recours à toutes sortes d'artifices pour ne pas penser. Pourquoi ? Parce que l'acte de penser exige un effort. » Thomas Edison abondait dans le même sens : « L'être humain est prêt à emprunter tous les raccourcis possibles pour éviter le dur labeur qu'exige la réflexion ». De son côté, le magnat de l'automobile Henry Ford disait : « Rien n'est plus exigeant que penser. C'est pourquoi si peu de gens s'en donnent la peine ».

On se noie dans le bruit pour éviter de penser. On démarre sa voiture et on ouvre immédiatement la radio. On mange devant le téléviseur. Parfois, on traîne même une radio dans sa salle de bain. Tout ce vacarme et ce brouhaha enterrent la voix silencieuse de nos pensées et gênent notre créativité. Les idées surgissent souvent dans le calme et la tranquillité, lorsque l'esprit est concentré sur un problème à résoudre. Les gens créatifs savent que certaines de leurs meilleures idées leur sont venues en automobile, sous la douche ou juste avant de s'endormir, alors que rien ne venait interrompre le flot des idées !

Si vous voulez être créatif et avoir une tonne d'idées, vous devez vous astreindre à *penser*. Plus vous penserez, plus votre esprit donnera sa pleine mesure. Et, comme l'a fait remarquer Olivier Wendell Holmes : « Lorsqu'une idée ajoute une nouvelle dimension à l'esprit humain, celui-ci ne revient jamais à sa dimension initiale. »

Étape libératrice nº2: Lisez!

En 1964, un ingénieur danois du nom de Karl Kroyer faisait face à un problème cauchemardesque. Un cargo, le *Al Kuweit*, avait chaviré puis coulé dans le port de Kuweit. Sa cargaison, six mille brebis qui avaient toutes péri noyées, pourrissait dans ses cales. La coque submergée gisait près des prises d'eau de l'usine de dessalage de la ville qui transformait l'eau salée de la mer en eau potable. Cette usine constituait l'unique source d'eau potable de la ville et les toxines biologiques dégagées par les carcasses en décomposition risquaient de l'empoisonner. Pour éviter que son contenu s'échappe dans la mer, Karl Kroyer devait trouver un moyen de renflouer le navire sans le briser en deux.

Sa solution: remplir la soute du cargo de balles de ping-pong – en tout 27 millions de balles! – pour le renflouer lentement et en douceur.

Où Karl Kroyer a-t-il pris son idée? Peu de temps auparavant, il avait lu un livre de Donald Duck à ses enfants. Dans ce livre, le bateau de Donald avait coulé et il l'avait renfloué en utilisant des balles de ping-pong! Une solution complètement tordue, que personne n'aurait pris au sérieux. Mais les faits sont là: cette idée a permis de préserver l'approvisionnement en eau de toute une ville, *une ville sauvée grâce à une bande dessinée de Walt Disney!*

Avez-vous déjà songé à la véritable nature d'un livre? Un livre, c'est une parcelle de l'esprit humain conservée dans une reliure. Vous pouvez le prendre, l'ouvrir et entrer immédiatement en contact avec une autre personne, esprit à esprit, âme à âme. Dès que vous commencez à lire un livre, son auteur, même s'il est mort depuis des siècles, revient à la vie et vous parle. Il vous raconte une histoire, vous décrit de grands événements passés, vous révèle les secrets de la vie et de l'univers, ou vous explique tout simplement comment construire une cabane pour oiseaux. Toutes les choses que vous voulez savoir, tous les endroits que vous voulez visiter, toutes les vies que vous voulez vivre se trouvent dans un livre. «Il est faux de prétendre qu'on ne dispose que d'une vie à vivre», disait S.I. Hayakawa. «Grâce à la lecture, on peut vivre autant de vies qu'on veut, toutes différentes les unes des autres.»

Il est vrai que certains n'aiment tout simplement pas lire. Je crois que ces gens s'imposent eux-mêmes un handicap. Vous ne souhaitez sûrement pas être illettré, n'est-ce pas? Pourtant, c'est ce que vous pouvez devenir en ne lisant pas. « Celui qui *ne veut pas* lire de bons livres n'est pas plus avantagé que celui qui *ne sait pas* lire », disait Mark Twain.

Comme l'observait le renommé philosophe Sam Ewing: « Si les gens utilisaient leur carte de bibliothèque aussi souvent qu'ils utilisent leur carte de crédit, notre pays serait plein d'Albert Einstein ».

Tous les gens que je connais qui ont réussi sont des gens qui lisent. Par exemple, Ed Bradley, journaliste à l'émission *Sixty Minutes* au réseau CBS, a raconté: « Enfant, je ne vivais que pour lire des livres. La bibliothèque était pour moi une fenêtre sur le monde, une voie qui me transportait vers des contrées et des gens très éloignés de mon quartier de Philadelphie. Encore aujourd'hui, lorsque je voyage de par le monde pour faire des reportages pour *Sixty Minutes*, il m'arrive souvent de visiter des endroits où je rêvais d'aller parce que j'avais lu des livres à leur sujet. La bibliothèque de mon quartier a beaucoup compté dans ma vie. »

Je dois l'avouer: Pat Williams est un avide lecteur. Tel un trou noir, j'absorbe tous les livres qui me tombent sous la main, je les dévore jusqu'à la dernière page. Je considère mon cerveau comme un muscle, ce qui toutefois n'a pas toujours été le cas. J'ai toujours eu l'intense désir d'exercer tous mes muscles; cependant, je n'ai pas toujours su comment exercer mon esprit. Lire constitue l'unique moyen de le faire. Je lis donc de 15 à 20 magazines et revues professionnelles par semaine. Des magazines parlant de sport et de basketball, des magazines d'actualité, des publications sur la santé, des bulletins portant sur la motivation, de la littérature chrétienne. Je lis l'*Orlando Sentinel* et le *USA Today* de la première à la dernière page. Je me plonge également dans un minimum de six livres à la fois: des biographies, des livres portant sur la religion, sur la motivation, sur l'histoire de la Guerre civile et sur celle du baseball.

Où je trouve le temps de lire? D'abord, je garde toujours des livres dans ma voiture. En une seule année, je peux lire deux livres uniquement en attendant aux feux rouges (si vous essayez ceci, n'oubliez pas de laisser tomber le livre lorsque le feu change au vert). Aussi, chaque fois que j'attends (pour un rendez-vous chez le médecin ou tout autre rendez-vous), j'en profite pour lire. J'anticipe avec impatience les voyages en avion car je sais que je disposerai de plusieurs heures à ne faire rien d'autre que lire. Le meilleur moment pour lire, c'est lorsque j'assiste à une rencontre sportive à laquelle participe un de mes enfants; je lis quand c'est le tour des enfants des autres. Je peux lire plusieurs livres par année en assistant ainsi à des rencontres sportives. Enfin, dans ma voiture, je «lis» parfois un livre-cassette au lieu d'écouter les tribunes téléphoniques à la radio.

Si vous lisez un livre par mois, vous pourrez entrer dans le club sélect du 1 % de la population mondiale qui fait de même. Si vous lisez chaque semaine un livre portant sur votre domaine d'activité, vous serez une des personnes les plus compétentes de votre génération. Si vous lisez cinq livres sur le même sujet au cours de votre existence, vous deviendrez une autorité en la matière.

Walt Disney aimait lire. Il disait: «On trouve plus de richesses dans un livre que dans tout le butin du pirate de l'Île au trésor. Qui plus est, vous pouvez profiter de ces richesses chaque jour de votre vie.»

Voici quelques autres citations qui portent sur la lecture et qui ont été pour moi autant de sources de motivation:

Andrew Carnegie disait: «L'être humain doit planifier son programme de lecture avec autant de soin que son régime alimentaire. La lecture est la nourriture dont l'esprit ne saurait se passer pour croître.»

Pour sa part, Earl Nightingale observait: «Les livres sont pour moi ce que le Soleil est pour la Terre».

On a dit aussi: «Les arbres nous fournissent deux éléments essentiels à la survie: l'oxygène et les livres.» Quelle vérité! Si vous voulez réussir, si vous voulez être plein d'idées, vous devez absolument *lire*.

Étape libératrice nº3: Cultivez votre sens de l'observation!

La plupart des gens passent leur existence avec l'esprit éteint. Ils absorbent les informations qui leur proviennent sans les examiner ou les analyser, sans allumer. Les gens créatifs sont toujours à l'affût d'un moyen d'améliorer leur sort. Ils regardent la télévision et se demandent: «Comment pourrait-on améliorer cette émission?» Ils lisent un livre et se disent: «Comment pourrait-on mieux l'écrire?» Ils réparent leur voiture et s'interrogent: «Comment pourrait-on améliorer cette automobile?» Quoi qu'ils fassent et où qu'ils soient, ces gens exercent leur créativité. Ils s'interrogent continuellement: «Comment améliorer, adapter ou modifier ceci ou cela? Est-ce que je m'y serais pris de la même façon? En existe-t-il une meilleure?» Pour devenir créatif, il faut cultiver sa curiosité et son sens de l'observation.

L'entraîneur de basket-ball de l'université Duke, Mike Krzyzewski, est une de mes personnalités préférées dans le monde du sport. À mon avis, Mike a résumé à la perfection l'importance de la créativité lorsqu'il a dit: «Si vous plantez une plante dans un pot, elle grandira selon les dimensions du pot. Si vous la laissez pousser en terrain libre, elle risque de croître à un point tel que vingt pots ne suffiraient pas.»

Étape libératrice nº4: Côtoyer des gens créatifs

Un des meilleurs moyens de stimuler votre créativité est de rechercher la compagnie des gens créatifs. «Dans un foyer», explique Marc Maurer, président de la National Federation of the Blind, une seule bûche, peu importe sa taille, se consumera très difficilement. Il doit y en avoir deux. La flamme qui en consume une rejaillit sur l'autre. La lumière et la chaleur proviennent donc de l'espace entre les bûches, c'est-à-dire de l'endroit où se reflètent les flammes. Telles des flammes, les idées se comportent de la même façon.»

La compagnie de gens créatifs est non seulement une source d'inspiration, mais cela insuffle de l'énergie humaine aux bonnes idées afin qu'elles deviennent des réalités. «Une nouvelle idée doit rapidement allumer, capter l'imagination et se consumer», ajoute Marc Maurer. Et pour qu'une idée étincelle et éclaire, il faut plus d'une personne. Il faut se mettre à deux, à cinq, à dix, bref à plusieurs, pour conserver la chaleur et accélérer le processus. Si, une fois allumée, une idée ne réussit pas à se nourrir de l'interaction humaine, elle ne fera pas long feu et s'éteindra dans l'insignifiance et dans l'oubli, peu importe son mérite. Si cette idée est destinée à survivre et à progresser, si elle est destinée à avoir de l'importance dans la vie des gens, il faut que tous les éléments clés soient réunis: une idée, un meneur et au moins quelques autres personnes pour nourrir la flamme. »

Étape libératrice nº5: Recourez au brassage d'idées!

Une des choses que j'aimerais le plus est d'assister à une séance de remue-méninges chez Disney. Lors de ces séances, les gens les plus créatifs de l'organisation Disney se réunissent et ne font rien d'autre qu'imaginer des possibilités et concevoir le nec plus ultra: le nec plus ultra du parc d'attractions, du spécial télévisé, de la production cinématographique. Au cours de ces rencontres, aucune frontière et aucune limite ne sont imposées à l'esprit. Il règne chez Walt Disney une atmosphère propice aux idées, un climat et une culture qui rendent hommage à l'imagination et qui libèrent la créativité. Tous les résultats obtenus par Disney en témoignent.

Dans l'organisation du Magic, nous tenons des séances semblables. À partir d'un sujet ou d'un objectif à atteindre, nous suggérons verbalement ou par écrit toutes les idées qui nous traversent l'esprit, aussi folles soient-elles. Par exemple, nous avons chaque année une séance de remue-méninges où nous essayons de trouver tous les moyens possibles d'accroître les revenus. Qu'elles soient stupides ou non, nous couchons toutes nos idées sur papier sans les retoucher. C'est le remue-méninges absolu. (Stephen Douglas du Campus Crusade for Christ dit: « On perd la plupart de nos idées si on ne les écrit pas dans les dix secondes qui suivent. Mettez vos idées par écrit »).

Par exemple, un participant peut écrire: « Suggérer à Disney de produire un film mettant en vedette notre mascotte Stuff! » Un autre peut lancer: « Vendons des sièges dans l'avion qui transporte l'équipe pour ses matchs à l'étranger ». Pour ma part, j'ai déjà suggéré l'idée suivante: « Peignons le logo du Magic sur le fond de toutes les piscines extérieures d'Orlando. De cette façon, les passagers des avions qui atterrissent à Orlando en provenance de partout à travers le monde, pourraient voir notre logo à des milliers d'exemplaires! » Sur les centaines d'idées qu'une telle séance peut susciter, seulement deux ou trois peuvent s'avérer bonnes et faisables. Ces deux ou trois idées seront sensationnelles pour la simple raison que les participants à la séance auront eu la liberté d'aller au bout de leurs rêves sans aucune restriction.

J'aime bien taquiner les nouveaux employés qui arrivent au Magic. « Écoutez, si vous n'avez pas au moins une nouvelle idée par jour, votre emploi est en péril! » Les gens qui travaillent pour le Magic savent que les idées farfelues ou irréalistes sont bienvenues, voire recherchées. C'est ce qui donne la touche magique au Magic!

Au travail, à l'école, à l'église, dans les loisirs ou à la maison, on doit créer un climat propice à la pensée infinie, où tout est possible, y compris l'impossible. On doit aussi apprendre à tenir ses propres séances intérieures de remue-méninges, dans l'intimité de ses pensées, afin d'atteindre ses objectifs personnels. Cette pensée infinie, il faut s'en approprier une parcelle. Voici comment y parvenir, étape par étape:

1. Commencez avec un bloc-notes ou avec une pile de feuilles agrafées ensemble. Installez-vous à une table avec votre matériel en vous assurant d'avoir assez d'espace de travail. Prenez vos aises.
2. Faites le vide dans votre esprit. Méditez devant une image apaisante, lisez le psaume 23, priez, bref, prenez quelques instants pour vous mettre dans un état d'esprit calme, concentré, optimiste.
3. Réglez un chronomètre – une montre dotée d'une avertisseur sonore, la sonnerie du four, un réveille-matin, etc. – pour trois ou quatre minutes, maximum cinq minutes.
4. *Commencez votre séance de remue-méninges!* Profitez des quelques minutes que vous vous êtes allouées pour laisser votre esprit vagabonder. Pensez au but que vous désirez atteindre et faites des associations libres. Laissez vos pensées remonter à la surface, sans porter de jugement (aucune censure, aucune critique ou aucun doute). Aucune idée n'est trop folle ou trop choquante. Vous verrez alors que les désirs, les rêves, les vœux, les objectifs, les idées commenceront à émerger, l'une après l'autre. Écrivez-les en un ou deux mots, avec une limite

de cinq mots par idée. Soyez aussi rapide et bref que possible. Griffonnez un petit dessin si cela s'avère plus rapide qu'écrire. Dès qu'une idée est sur papier, détachez la feuille du bloc-notes ou de la pile, mettez-la de côté et passez à la prochaine idée. Les idées déferleront, charriées par un courant de créativité. Ce courant atteindra son maximum d'intensité, puis, après quelques minutes, il se mettra à ralentir.

5. Arrêtez. Lorsque la sonnerie se fera entendre, vous aurez tout un tas d'idées. Certaines seront minables, et c'est normal, mais d'autres seront des éclairs de génie. De toute façon, même les idées minables peuvent servir de bougie d'allumage à une idée sensationnelle.
6. Maintenant que la séance de remue-méninges, ou de pensée infinie, est terminée, vous pouvez utiliser votre sens critique et votre discernement. Passez vos idées au crible, gardez les meilleures et mettez les mauvaises de côté. Classez les idées retenues par catégories et par ordre de priorités. Utilisez-les comme matériau de base de votre plan d'action. Une fois votre plan terminé, affichez-le dans un endroit bien en vue: sur le tableau de bord de votre voiture, sur votre réfrigérateur, sur votre bureau, sur le babillard électronique ou le fichier de présentation de votre ordinateur, sur le miroir de la salle de bains, ou encore dans votre cher bloc-notes.
7. Prenez l'habitude de répéter les étapes ci-haut régulièrement, au moins une fois par mois, afin de rester dans la bonne voie et de garder votre esprit ouvert, concentré et créatif.

Étape libératrice nº6: Passez à l'action!

«Qui a déjà pris une douche a déjà eu une idée», dit Nolan Bushnell, fondateur d'Atari. «Mais c'est celui qui sort de la douche, se sèche et passe à l'action qui se démarque.»

Les idées n'ont aucune valeur en soi – *tant et aussi longtemps qu'on ne les met pas en application!* Une idée qui reste lettre morte est une fantaisie, une rêverie sans lendemain, une spéculation. C'est lorsqu'on la met en pratique qu'une idée devient une force de changement.

Voici quelques suggestions pour mettre vos idées en application:

1. *Précisez vos idées.* Focalisez-les comme des rayons laser. Donnez-leur cohésion et cohérence. Synthétisez-les et renforcez-les jusqu'à ce vous puissiez les énoncer en une seule phrase capable de générer l'enthousiasme et l'intérêt. « Si votre idée ne tient pas au verso de ma carte de visite, c'est qu'elle n'est pas claire », disait David Belasco.

2. *Communiquez vos idées.* La plupart des idées requièrent un effort collectif, pas seulement individuel, pour produire quelque chose. Si vous ne pouvez pas communiquer une idée à d'autres, vous ne pourrez jamais les inciter à se joindre à vous pour la transformer en réalité. « Une idée peut être brillante, mais si elle ne passe pas la rampe, elle ne mènera nulle part », disait l'ancien directeur général de Chrysler, Lee Iacocca.

Un jour, un petit garçon a demandé à Walt Disney: « Est-ce que c'est vous qui dessinez Mickey Mouse ? »

Walt lui avoue: « Je ne dessine plus.

– Alors c'est vous qui avez les idées et qui imaginez les blagues ?

– Non plus. »

Finalement, l'enfant a regardé Walt Disney et lui a demandé: « Vous faites quoi alors, monsieur Disney ?

– Eh bien », a répondu Walt Disney, je me considère un peu comme une petite abeille. Je butine d'un endroit à l'autre dans mon studio, je ramasse du pollen et je stimule ainsi tout le monde. J'imagine que mon travail, c'est ça. »

Pour communiquer efficacement vos idées, vous devez faire comme Walt Disney. Vous devez inspirer, allumer, amadouer et motiver vos interlocuteurs. Vous devez être passionné, persuasif, persistant. « Les bonnes idées ne sont pas acceptées automatiquement », disait l'amiral Hyman G. Rickover. « Elles doivent être mises en application avec une impatience courageuse. » Une idée est comme une boule de neige en haut d'une colline. Dès qu'elle se met à dévaler la pente, elle prend de l'élan et grossit. Mais pour ce faire, on doit d'abord lui donner une *poussée.*

3. *Prenez des risques.* Le classique de Walt Disney, *Blanche-Neige*, représentait un risque énorme. Disneyland et Disneyworld également. Si vous voulez réussir – Réussir avec un grand *R* ! – vous devez être prêt à prendre des risques, à mettre votre sécurité dans la balance. Installez un câble sur votre pelouse, montez dessus pour faire un numéro d'équilibriste, et tout le monde s'en fichera. Installer ce même câble entre les deux tours du World Trade Center, faites votre numéro d'équilibriste, et vous attirerez les foules et passerez à tous les journaux télévisés. Ne pas prendre de risque est ennuyant. En prendre est excitant. Soyez prêt à en prendre, non pas de façon téméraire mais avec une audace calculée, et les résultats obtenus seront remarqués et mémorables.

Pendant la Seconde Guerre mondiale, le maréchal anglais William Joseph Slim a repoussé l'invasion de l'Inde par l'armée japonaise, puis lui a infligée une défaite en Birmanie. Il savait qu'une trop grande prudence pouvait entraîner la défaite. « Si vous êtes incapable de choisir entre deux plans d'action équivalents, optez pour le plus audacieux. »

Une histoire s'est récemment déroulée sous mes yeux. Elle en dit long sur les possibilités innombrables qui s'offrent quand on donne libre cours à son imagination et qu'on s'ouvre à la pensée infinie. Nul ne connaît encore la fin de cette histoire, mais elle m'enthousiasme tellement que je veux la partager avec vous. (Dans quelques années, je vous en reparlerai pour vous en raconter la fin !)

C'est une histoire à propos d'un garçon que nous appellerons James. James est un adolescent qui a fréquenté la même école que quelques-uns de mes enfants et qui est maintenant en première année au secondaire. Il est un joueur de basket très talentueux pour ses 14 ans. De race noire, James vit dans un quartier défavorisé d'Orlando et vient d'une famille éclatée. Je le connais depuis quelques années et c'est un chic garçon. Sa mère a essayé de bien l'élever et de lui inculquer de bonnes valeurs.

Il n'y a pas très longtemps, un de ses enseignants m'a révélé que James ne pourrait pas faire partie de l'équipe de basket de première année parce que ses notes étaient médiocres. C'est un enfant brillant et attachant, mais il s'était mis à fréquenter des jeunes gens peu recommandables. Après que son enseignant m'ait relaté ces faits, je lui ai dit: «Dites à sa mère d'entrer en contact avec moi. Je veux voir James.»

Sa mère m'a appelé et j'ai pris des arrangements pour qu'elle et James assistent à un entraînement de l'équipe au centre sportif d'Orlando. Ce matin-là, James est arrivé avec un chandail du Magic sur lequel était imprimé un énorme « 1 » et «Hardaway», réplique du chandail porté sur le terrain par Anfernee «Penny» Hardaway. Lorsque je lui en ai fait la remarque, il a dit en souriant: «Penny Hardaway est mon joueur préféré. C'est le meilleur.»

L'équipe se préparait pour la rencontre qui aurait lieu en soirée et on sentait l'adrénaline couler à flots. Je pouvais voir James, assis dans les gradins, se laisser imprégner par toute l'énergie dégagée par les joueurs qui se livraient à leurs exercices d'entraînement.

Après la pratique, je suis descendu avec James dans le vestiaire pour le présenter aux joueurs. «James, je te présente Donald Royal... Brooks Thompson... l'entraîneur Brian Hill.» À chaque présentation, les yeux de James s'agrandissaient. «Dennis Scott... Nick Anderson... Brian Shaw... Horace Grant.» Le temps d'arriver jusqu'à Shaquille O'Neal, et on aurait juré que les yeux de James allaient sortir de leurs orbites, un peu à la manière des personnages de dessins animés. «James, voici Shaquille O'Neal.» Comme il ne servait à rien de tourner autour du pot, je suis allé directement au vif du sujet. «Shaq», ai-je dit, «James a deux problèmes: ses notes sont mauvaises et il se tient avec des gens peu recommandables. Peux-tu lui dire un mot?» Shaquille a pris quelques minutes pour lui parler, puis je lui ai dit: «James, il y a une autre personne que j'aimerais te présenter.»

James m'a suivi le long d'une rangée de casiers et là, assis sur un banc, une serviette autour du cou, se trouvait LE joueur par excellence, l'idole de James, celui qui porte un énorme « 1 » bleu au dos de son chandail. James a chuchoté le nom d'une voix empreinte de respect: «Anfernee Hardaway! Wow!

– Penny, j'aimerais te présenter mon ami James.»

Penny Hardaway vient d'un milieu très défavorisé de Memphis. Élevé par sa grand-mère, il a grandi dans un quartier de durs où il a vu de près la violence urbaine. En fait, adolescent, il s'est retrouvé une fois à l'hôpital avec une balle dans le pied. Penny a eu de mauvaises fréquentations, mais il s'en est sorti. Il a eu des problèmes à l'école, mais il les a surmontés. Il connaît bien le genre de milieu où vit James, et il sait très bien où il mène. J'ai poursuivi: « Penny, James a un brillant avenir. Il pourrait devenir un grand joueur de basket-ball, mais il y a un hic. Ses notes étant trop basses à l'école, il ne peut faire partie de l'équipe. En plus, il passe trop de temps avec des gens qui l'entraîneront vers un monde de souffrance. As-tu quelques minutes pour lui parler? »

Penny a souri, a invité James à s'asseoir en désignant le banc en face de lui avec ses grosses mains si talentueuses et a dit: « Allez, mon gars, on va jaser ».

Le contact s'est immédiatement établi entre les deux. Il était évident que Penny connaissait le genre d'univers dans lequel James évoluait. Ils se sont assis, face à face, pratiquement nez à nez, et ils ont parlé. Respectant leur intimité, je me suis éclipsé et j'ai vaqué à mes occupations. De temps à autre, cependant, j'allais jeter un coup d'œil en direction du banc. Je les voyais, chacun avec un énorme numéro 1 cousu sur le dos de leur chandail, engagés dans une conversation intense. Penny parlait à James, mais il l'écoutait aussi. J'ignore ce qu'il lui a dit, mais je présume qu'ils ont discuté de l'école, de la vie à la maison, de basket-ball, de la réussite. James gobait chaque syllabe qui sortait de la bouche d'Anfernee Hardaway.

J'ai quitté le vestiaire pendant quelques minutes, le temps de monter à l'étage pour aller chercher une photo glacée et de redescendre. De retour dans le vestiaire, ils parlaient encore. Lorsque leur conversation a pris fin, ils avaient passé un bon vingt minutes ensemble, en tête à tête. Ils se sont levés, Penny Hardaway a placé son bras autour de l'épaule de James et ils ont marché vers moi. J'ai alors demandé à Penny s'il voulait bien autographier la photo pour James. « Bien sûr », a-t-il répondu en souriant.

Penny est allé chercher un marqueur indélébile et pendant cinq minutes, il a gribouillé sur la photo, écrivant quelques mots, faisant une pause pour réfléchir, puis se remettant à écrire. Une fois terminé, il m'a remis la photo pour que j'aille la lui donner. En allant retrouver James, qui attendait en compagnie de sa mère, je n'ai pu m'empêcher d'assouvir ma curiosité et de lire ce que Penny avait écrit:

À James,
N'oublie jamais ce que je t'ai dit aujourd'hui. Souviens-toi que toi seul es maître de ta destinée, pas tes amis. Reste fort et prends soin de ta mère.

Anfernee Hardaway

En lisant cela, quelque chose s'est noué dans ma gorge. J'ai donné à James la photo dédicacée de même qu'une paire de billets pour le match en soirée. James a montré la photo à sa mère. En les regardant sortir du Orlando Arena, j'ai pensé: «*Quelle expérience ce garçon a vécue aujourd'hui. Reste à espérer qu'elle contribuera à l'exclure des tristes statistiques qu'on lit tous les jours.* Ce jour-là, l'esprit de James a été libéré grâce à une conversation en tête à tête avec son héros. James peut soit continuer son chemin et réaliser son plein potentiel, soit tout gâcher. C'est à lui de décider.

Je crois toutefois que James va faire le bon choix. Je crois qu'il a pris un virage important ce jour de décembre 1994. Six semaines plus tard, en janvier 1995, James et sa mère sont revenus me voir. Il avait en main son carnet de notes. Chacune d'elles avait augmenté d'un bon dix points. Dans une certaine matière, sa note avait même augmenté de vingt points! Il pouvait maintenant faire partie de l'équipe de basket-ball et avait déjà participé à trois matchs. La mère de James rayonnait: «Les enseignants ignorent ce qui est arrivé à James, mais ils s'en réjouissent.»

J'ai de nouveau emmené James au vestiaire et Penny l'a accueilli en le serrant dans ses bras. James lui a montré son carnet de notes et Penny a souri. «Super!», s'est-il exclamé en lui tapant dans les mains. «Mon gars, je suis fier de toi! Je savais que tu étais capable. Mais ne t'arrête pas là, James. Tu peux te surpasser.»

Se tournant vers moi, James m'a demandé: «Si j'obtiens des A dans toutes mes matières, est-ce que je pourrai être préposé à l'équipement pour le Magic?» Il parlait d'obtenir des A partout! L'esprit de cet enfant s'était réellement envolé vers la stratosphère!

«James, si tu obtiens des A partout, je verrai ce que je peux faire. Entre-temps, je veux que tu me donnes une copie de ton carnet de notes à chaque trimestre. Je veux m'assurer que Penny les voie tous.»

Quand James et sa mère ont quitté le centre sportif, on aurait dit qu'ils flottaient. Et franchement, j'éprouvais la même sensation !

On entend souvent parler des démons qui affligent le monde du sport : problèmes de drogues ou de jeu, grève, disputes salariales. Néanmoins, des athlètes comme Penny Hardaway peuvent avoir une influence énorme et positive sur la jeunesse américaine. Je viens de vous en donner un aperçu en vous parlant d'un adolescent dont la vie a peut-être été transformée et réorientée grâce à une conversation de vingt minutes avec une étoile du basketball.

En effet, cet exemple en dit long au sujet de l'influence que peuvent avoir les modèles positifs sur les jeunes : ils peuvent libérer leur imagination, les ouvrir à un avenir fantastique et plein de possibilités. Malheureusement, il y a tant de jeunes comme James qui ont encore l'esprit enfermé et dont l'avenir semble bouché. J'espère, et je prie pour cela, que nous pourrons en aider le plus possible avant qu'il soit trop tard.

Et maintenant, posons la question : *Qu'en est-il de vous ?*

Mon ami, il est plus que temps de libérer votre imagination, d'entrevoir les horizons infinis qui s'étendent devant vous. Ouvrez grand votre esprit et tendez vers l'infini. Qui sait ce qui arrivera ? Vous pouvez *être* ce que vous désirez. Vous pouvez *faire* tout ce dont vous rêvez.

Tournez cette page et je vous le prouverai.

Chapitre 6

Tout est possible !

- *« La différence entre ce que nous faisons et ce que nous pourrions faire suffirait à résoudre la plupart des problèmes de cette planète. »*

  Mohandas Gāndhi

- *« Ce que vous vous croyez incapable de faire, faites-le. »*

  Eleanor Roosevelt

- *« Si nous faisions tout ce que nous sommes capables de faire, nous serions littéralement stupéfaits. »*

  Thomas Edison

- *« L'homme est ainsi fait : dès que son âme s'enflamme, plus rien n'est impossible. »*

  Jean de la Fontaine,
  poète français du XVIIe siècle

Walt Disney possédait une ouverture d'esprit telle que, pour lui, tout était possible. Pourquoi ? Rien, en effet, n'indiquait que ce fils de fermier serait un jour ce génie imaginatif et créateur que l'on connaît.

Enfant, il dessinait les poulets, les cochons et les vaches de la ferme de son père. À dix ans, il livrait des journaux avec son frère Roy. Pendant la Première Guerre mondiale, en France, Walt Disney, alors âgé d'à peine 15 ans, conduisait une ambulance. À 19 ans, de retour de la guerre, il se fait embaucher comme apprenti-dessinateur commercial par une agence publicitaire de Kansas City (avec le salaire princier de 15 $ par mois). Rapidement, Walt Disney fonde sa propre agence et se met à expérimenter un tout nouveau moyen d'expression : le dessin animé Réalisés avec des moyens de fortune et intitulés « Laugh-O-Gram », ses films de 60 secondes deviennent extrêmement populaires dans les salles de cinéma, partout à travers les États-Unis.

Améliorant ses techniques d'animation, Walt Disney réussit ensuite à mettre au point une innovation ingénieuse : intégrer à ses dessins animés des personnages en chair et en os. Il présente cette nouvelle approche dans une série intitulée *Alice in Cartoonland*; cette technique a d'ailleurs été reprise et perfectionnée, depuis, dans des films comme *Mary Poppins* et *Who Framed Roger Rabbit?*. Produits au moyen d'un budget minuscule, les films de la série *Alice* sont ensuite achetés par les distributeurs pour la somme – importante à l'époque – de 1500 $ l'épisode. À 22 ans, Walt Disney déménage à Hollywood et devient un joueur de premier plan dans le monde du dessin animé.

Il crée alors un nouveau personnage, le lapin Oswald, qui connaît un succès immédiat. Malheureusement, Walt Disney néglige de protéger ses droits sur Oswald: on les lui vole. Apprenant de ses erreurs, Walt Disney développe un nouveau personnage avec l'intention d'en faire une star: une souris aux grandes oreilles qui a une petite amie prénommée Minnie. Au départ, il veut appeler sa souris «Mortimer», mais sa femme déteste ce nom. C'est ainsi que la souris Mickey voit le jour.

Le premier dessin animé mettant Mickey Mouse en vedette, *Steamboat Willie*, est un film muet, tout comme les autres films produits à l'époque. Toutefois, pendant que Walt met la touche finale à son dessin animé, les films «parlants» font leur apparition. *Quelle idée merveilleuse!* se dit-il. *Des dessins animés parlants!* Il ajoute donc une bande sonore et de la musique à *Willie*, ce qui lui vaut un Oscar!

Par la suite, d'autres innovations apparaissent: la couleur, les chansons originales, les effets visuels et sonores. Présentés en programme double, plusieurs dessins animés de la série «Mickey Mouse and the Silly Symphony» s'avèrent plus populaires que le film principal. Walt est sans cesse à la recherche de nouvelles idées, essayant constamment de repousser les frontières du fantastique.

Walt Disney ne craint pas les expériences aussi osées que risquées: son pari de 1 500 000 $, le long métrage d'animation *Blanche-Neige*; sa saisissante et inédite symphonie animée *Fantasia* (qui est d'ailleurs aujourd'hui toujours aussi audacieuse sur le plan commercial qu'elle l'était en 1940); son arrivée en 1954 dans un nouveau média alors inconnu qu'on appelle la télévision; son inoubliable long métrage *20 000 Leagues Under the Sea*, lancé en 1955; et, bien sûr, Disneyland. Tout ce que Walt Disney accomplit se veut un hymne à l'imagination et au merveilleux. Tous ses rêves sont des «rêves impossibles» qu'il réalise pourtant avec patience et détermination.

Walt Disney respirait l'air raréfié de l'imagination à l'état pur. De son esprit sans limite sortaient des automobiles, des trains ou des bateaux à roue possédant leur propre personnalité et vivant des problèmes humains; des princesses, des bonnes fées et des méchantes sorcières; et, finalement, un canard en uniforme de marin au mauvais tempérament. Par le biais de cet art qu'est l'animation,

Walt Dysney s'est approprié le pouvoir magique qui lui a permis de réaliser l'impossible jour après jour, sans efforts apparents.

Walt Disney était toujours à la recherche d'idées, de techniques ou de technologies innovatrices qui repousseraient les limites de son art. Il s'entourait de gens créatifs, et ses studios de Burbank étaient une véritable serre qui cultivait l'imagination et où de nouvelles idées germaient constamment. « Walt était toujours en avance sur nous », disaient les animateurs Frank Thomas et Ollie Johnson dans le film *Disney's Animation: The Illusion of Life*. Il était sans cesse « à la recherche de nouvelles façons de faire, de nouvelles formes de divertissement et nous ne pouvions entrevoir l'avenir sans penser à la manière avec laquelle il ressassait les idées dans son esprit ».

Une des idées qui fascinaient Walt Disney était la légende de Hiawatha. Thomas et Johnson se souviennent que Disney désirait trouver une façon absolument nouvelle et inédite de transposer cette légende sur le grand écran.

> « Il revenait sur le sujet constamment, année après année, essayant de trouver la bonne façon de faire quelque chose avec cette légende. Il nous disait : « Vous savez, il y a quelque chose à faire avec ça. Quelque chose que nous pouvons réaliser et qui nous ressemble. J'ignore ce que c'est ou comment le faire. Ne pensez pas à un film, ni même à un spectacle : ne vous limitez pas à penser en termes de salle de cinéma. Ce quelque chose se trouve peut-être dans la forêt, ou sur une montagne. Il faudra peut-être amener les gens vers ce quelque chose. C'est peut-être autre chose aussi. Je ne le sais pas. Tout ce que je sais, c'est qu'il y a quelque chose à faire avec ça. » C'est ainsi que nous entrevoyons l'avenir même encore aujourd'hui*.

Ce rêve qu'avait Walt Disney de faire renaître Hiatawha est un de ceux qui ne se sont pas matérialisés de son vivant. Cependant, Walt Disney avait eu amplement le temps de le partager avec ses successeurs. Le 10 juin 1995, de fait, Disney Company a sorti une histoire sur les Indiens d'Amérique : il ne s'agit pas de la légende de Hiawatha telle qu'imaginée par Disney, mais plutôt de *Pocahontas*, un film lancé de manière audacieuse et innovatrice qui rappelle ce

* Frank Thomas and Ollie Johnston, *Disney Animation: The Illusion of Life* (New York: Abbeville, 1981), p. 23.

que Walt lui-même avait tenté de décrire à Frank Thomas et Ollie Johnson. La compagnie Disney avait invité 100 000 personnes à venir visionner *Pocahontas* en plein air sur les pelouses de Central Park à New York. Le film a été projeté sur quatre écrans de huit étages, et la bande sonore a été diffusée par 150 haut-parleurs qui ont littéralement enveloppé l'auditoire. Pour Michael Eisner, chef de la direction de Disney, l'événement a été un «Woodstock pour la famille».

Je crois que Walt aurait été enchanté de ce lancement à grand déploiement de *Pocahontas* dans Central Park. Lui, cependant, aurait sûrement poussé l'événement encore plus loin. Il aurait essayé de trouver des façons encore plus efficaces et grandioses de présenter son rêve. Walt Disney n'a jamais laissé les réalités terre à terre se mettre en travers de son imagination. «Mon travail consiste à rêver des rêves», a-t-il déjà dit en rigolant. «Pour ce qui est de savoir comment les payer, c'est le travail de mon frère Roy.»

Rien n'est impossible?

Certains affirment que rien n'est impossible. Moi, je dis que *presque* rien n'est impossible; il y a donc certaines choses qui demeurent *vraiment* impossibles. Par exemple, il est impossible:

- de dribbler avec un ballon de football;
- de décoller de la gomme à mâcher sur un chandail de laine d'agneau;
- de cuire des crêpes sur un barbecue;
- de tirer les cheveux d'un homme chauve;
- de faire claquer une porte tournante;
- de faire tournoyer un bâton dans une maison mobile;
- de faire rayer son nom de la liste d'envoi postal de Jerry Falwell.

À part ces choses, tout est à notre portée. Il n'y a pas de limite. Des hommes comme Kent Culler prouve qu'il n'existe à peu près rien d'impossible.

L'univers lui appartient

Kent Culler est venu au monde prématurément de quelques mois en 1949. Et il ne respirait pas. Dans un effort désespéré pour lui sauver la vie, les médecins lui ont aussitôt administré une dose massive d'oxygène. L'oxygène a permis au bébé Cullen de respirer, mais il a également voilé le cristallin de ses yeux, entraînant une lésion permanente des rétines. Kent est devenu complètement aveugle.

Les parents de Kent ont alors pris la résolution que le handicap visuel de leur fils ne l'empêcherait pas de mener une vie normale. Pendant toute son enfance, ses parents n'ont cessé de lui transmettre le même message: « Tu peux faire *tout* ce que tu veux ».

Kent a fait pratiquement tout ce que les autres enfants font. Il a grimpé aux arbres (et est tombé). Il a monté à bicyclette (et a parfois heurté des voitures stationnées ou des bornes fontaines, mais se relevait chaque fois de lui-même). Il a fréquenté l'école publique avec des camarades de classe qui n'étaient pas aveugles. Il a été premier de classe et scout.

Le livre favori de Kent était *The Golden Book of Astronomy*. Son père lui en faisait la lecture presque chaque soir, et Kent s'imaginait l'étendue infinie de l'univers, remplie d'étoiles géantes rouges, de naines blanches, de pulsars, de nébuleuses, de galaxies et de mondes inconnus. Est alors née en lui une fascination pour la physique et l'astronomie. Adolescent, Kent Culler a prononcé le discours d'adieu à la fin de son cours secondaire, a fait partie de l'association étudiante au collège et a fait un doctorat en physique à l'Université Berkley. Au début de la vingtaine, il a soumis à la NASA un modèle informatisé qui permettait d'améliorer considérablement le système radar de la navette spatiale. La NASA a accepté son modèle, a annulé le système radar qu'elle avait prévu et a embauché Kent comme scientifique.

Kent Culler est l'un des scientifiques les plus créatifs et les plus productifs de la NASA. Dans le cadre du programme SETI (Search for Extra-Terrestrial Intelligence) de la NASA, il a mis au point un équipement spécial qui élimine le bruit de fond en provenance de l'univers et qui permet de détecter les signes d'une communication émanant d'une source douée d'intelligence. Son appareil d'écoute-radio à haute vitesse est capable de scruter (*en une seule seconde!*) une quantité d'informations équivalente aux 29 volumes de l'encyclopédie Britannica.

Alors que notre esprit se limite la plupart du temps aux lois de la gravité, celui de Kent Culler voltige librement d'une planète lointaine à l'autre. Kent Culler est capable d'imaginer l'univers non pas en termes de lumière visible que nous voyons, vous et moi, mais en termes d'infrarouge, d'ultraviolet, de radiations gamma, de rayons X et de micro-ondes. Ne possédant pas le « handicap » d'une vision normale, Kent peut « voir » les images de l'univers qui restent invisibles aux « aveugles » que nous sommes.

Beaucoup de gens grandissent en se croyant handicapés, limités, emprisonnés dans un monde de ténèbres. Kent Culler a grandi en croyant – comme ses parents le lui répétaient – qu'il pouvait faire *tout* ce qu'il désirait. Le résultat : aujourd'hui, l'*univers tout entier* lui appartient.

Qu'en est-il de vous ? Croyez-vous que vous pouvez faire *tout* ce que vous désirez ? Qu'enseignez-vous à vos enfants ? Ne devriez-vous pas leur transmettre le même message que les parents de Kent Culler ?

À bonne attitude, haute altitude

Sur le tableau de bord de chaque avion se trouve un instrument appelé contrôleur d'attitude, qui indique au pilote la véritable position de l'appareil par rapport à l'horizon et ce, même dans la pluie, le brouillard ou l'obscurité. Grâce à cet instrument, le pilote, sans voir le sol, sait avec exactitude si les ailes de l'avion sont parallèles au sol ou inclinées, ou encore si le nez de l'appareil pointe vers le ciel ou vers le sol. Si le nez pointe vers le ciel et qu'on pousse les moteurs, l'avion prend de l'altitude ; s'il pointe vers le sol, il en perd. Par conséquent, l'attitude de l'avion est un facteur clé qui permet de savoir si l'avion monte ou descend. La même chose s'applique à vous et moi.

Notre attitude détermine notre altitude. Nous pouvons nous élever aussi haut que le permet notre attitude ; si celle-ci pointe vers le sol, nous pouvons aussi nous écraser avec fracas. Nos pensées positives engendrent les gestes constructifs qui nous rapprochent de nos objectifs. D'autre part, les pensées négatives provoquent des réactions destructrices qui nous entraînent dans la poussière et la boue de l'échec.

Un de nos fils originaires des Philippines, Brian, 13 ans, est un nageur remarquable. Toutefois, comme tous les garçons de son âge, certains entraînements particulièrement exigeants lui causent des difficultés.

Récemment, l'entraîneur de Brian, Kevin Meisel, lui faisait faire dix longueurs de piscine extrêmement difficiles. Après en avoir fait six, Brian s'est arrêté, refusant d'en faire davantage.

Dans la voiture en route vers la maison, Kevin a dit: «Brian, tu es capable de faire ces exercices. Tu aurais pu terminer tes dix longueurs. Tu n'avais qu'à faire un effort supplémentaire.

– Je sais que mon corps le peut, c'est ma tête qui refuse de suivre», a répondu Brian.

Quel commentaire éloquent! Ceci est non seulement vrai pour Brian, mais pour la plupart des gens. C'est notre attitude qui détermine ce dont nous sommes capables.

«La grande découverte de notre génération», a dit le grand psychologue et philosophe William James, c'est qu'en changeant son état d'esprit, l'être humain peut aussi changer tous les autres aspects de sa vie.» William James a aussi déclaré: «Nous devenons ce à quoi nous aspirons». La Bible parle aussi de la même chose: «Ce serait comme une tempête dans sa gorge! «Mange et bois!», te dit-il, mais le cœur n'y est pas.» (Proverbes 23, 6) De son côté, le docteur Frank Crane a fait l'analogie suivante: «La pensée est notre meilleure amie et notre pire ennemie. Elle peut apporter autant de bienfaits qu'un médecin, un banquier ou un ami fidèle. Mais elle peut aussi causer autant de dommages qu'une tonne de briques.»

Une bonne partie des gens croient que le bonheur dépend des circonstances dans lesquelles on se trouve. «Si seulement j'avais assez d'argent.» «Si seulement j'avais épousé la bonne personne.» «Si seulement j'avais choisi la bonne carrière.» Ou encore: «Si seulement mon enfance n'avait pas été aussi perturbée, aujourd'hui je serais heureux.» Cela ne fonctionne pas ainsi! Le bonheur ne dépend pas des circonstances extérieures! Le bonheur dépend de notre *façon de réagir* aux circonstances!

«Une personne heureuse, a dit Hugh Downs de l'émission *20/20* à ABC, n'est pas celle qui bénéficie de certaines circonstances, mais plutôt celle qui cultive certaines attitudes.» Le père de la pensée positive, Norman Vincent Peale, ajoute: «Le bonheur n'est pas le fruit de la chance ou des possessions matérielles. Il réside dans l'attitude qu'on adopte. Il survient lorsqu'on apprécie ce qu'on a au lieu de s'apitoyer sur ce qu'on n'a pas. C'est si simple et à la fois si difficile à saisir pour l'esprit humain.»

Choisissez votre attitude

La science a prouvé que l'attitude peut avoir un effet profond sur la santé physique. Compagnons dans la vie comme dans leurs travaux de recherche, le spécialiste en virologie Ronald Glaser et la psychologue Janice Kiecolt-Glaser ont mené une étude à laquelle ont participé quarante étudiants en médecine de l'université de l'État de l'Ohio. Dans cette étude, les étudiants devaient donner des échantillons de leur sang à intervalles réguliers pendant l'année scolaire. Les résultats ont été étonnants. Au cours de la période des examens, le profil sanguin des étudiants montrait une diminution importante et constante des «cellules tueuses» et des niveaux d'interférons dans le système immunitaire. Les étudiants ont également dit souffrir d'un plus grand nombre d'infections virales pendant cette même période. Conclusion: le stress engendré par la période d'étude intense précédant les examens affectait sérieusement le fonctionnement normal du système immunitaire des étudiants et les rendait sujets à la maladie.

La revue médicale anglaise *Lancet* rapporte que l'attitude mentale a un effet similaire sur la santé physique des patients cancéreux de l'hôpital King's College de Londres. Une étude à long terme, portant sur 57 patientes atteintes du cancer du sein et ayant subi une mastectomie, indique que 70 % de celles qui adoptent une attitude positive du type: «Je vais vaincre cette maladie» survivent dix ans ou plus. À l'inverse, 75 à 80 % de celles qui abandonnent ou qui acceptent stoïquement le diagnostic meurent en moins de dix ans. L'attitude est l'élément numéro un dans la lutte contre le cancer.

Le docteur John E. Anderson, président du Center for Sports Psychology à Colorado Springs, rappelle d'autres conditions où l'attitude mentale influence la performance physique dans le sport. «J'ai un jour demandé à un athlète de niveau élite de deviner le résultat d'une compétition importante. «Je finirai cinquième», m'a-t-il répondu. Et il a effectivement fini cinquième, même s'il aurait pu facilement terminer troisième ou même deuxième étant donné que deux autres favoris avaient mal performé.

«Maintenant, comparez cet athlète avec Florence Griffith-Joyner. Une semaine avant les Jeux olympiques de 1988, elle avait inscrit dans son journal qu'elle prévoyait gagner le 100 mètres en 10 min 54 s. Lorsque Flo-Jo a franchi la ligne d'arrivée, le jour de la course, le chronomètre affichait 10 min 54 s. Non seulement s'était-elle vue gagnante, mais elle avait prévu son temps à la seconde près.»

L'attitude peut aider à surmonter les obstacles les plus inimaginables de la vie. Dans son livre *Les Principes de base du succès*, Denis Waitley raconte l'histoire de George Hall, colonel de l'aviation des États-Unis. Pendant la guerre du Viêt-nam, l'avion de monsieur Hall a été abattu et celui-ci a été capturé. Le colonel Hall a passé cinq ans et demi comme prisonnier de guerre en cellule d'isolement. La solitude et l'absence de stimuli sensoriels de cette effroyable expérience avaient brisé le moral et la santé de bien d'autres hommes braves. Toutefois, George Hall, lui, a trouvé le moyen de survivre.

Pieds nus, vêtu d'un simple uniforme noir de prisonnier, enfermé dans une minuscule cellule propice à la claustrophobie, George Hall a découvert qu'il jouissait malgré tout d'une incroyable liberté. Dans son esprit, il était capable de sortir de sa prison, vêtu d'un costume de golf et chaussé de souliers blancs immaculés. Sous ses pieds se trouvait l'épais tapis vert d'une magnifique allée du club de golf Pebble Beach, situé dans le nord de la Californie.

À ses côtés se tenait un caddie empressé qui transportait son sac de golf. Le soleil brillait et une brise légère, chargée d'air salin, soufflait du côté de l'océan Pacifique. Le colonel Hall commençait alors sa partie, jouant le premier trou jusqu'au dix-huitième. Il étudiait chaque coup, évaluait chaque élan, sentait chaque brin d'herbe lui glisser entre ses doigts alors qu'il replaçait des mottes de gazon, observait la texture du sable de chacune des trappes du parcours. Il frappait des coups d'approche parfaits sur chaque vert, retirait chaque drapeau, le passait à son caddie, puis examinait la disposition du vert afin de déterminer la direction que la balle allait prendre, effectuait son coup roulé, puis passait au trou suivant.

Tout cela se déroulait dans son esprit.

Chaque jour, pendant cinq ans et demi, le colonel Hall a joué une partie parfaite de golf sur le parcours de Pebble Beach. Pourquoi ? Parce qu'il savait qu'il devait faire un choix. Ou bien il cédait à la peur ou au désespoir de sa situation, ou bien il revivait les moments les plus heureux de sa vie et sortait son esprit de son isolement forcé pour le laisser parcourir un magnifique terrain de golf de la côte californienne.

À la fin de sa captivité, quelque chose d'absolument incroyable est survenu. Dès son retour en sol américain, le colonel Hall s'est précipité sur un parcours de golf, scorant un incroyable 76 ! Un pointage acceptable pour un professionnel aguerri, mais tout à fait sensationnel pour un piètre amateur qui venait de passer cinq ans et demi enfermé dans une boîte au Viêt-nam. Lorsqu'on lui a demandé comment il avait réussi une telle prouesse, il a répondu : « Pendant plus de cinq ans, je n'ai jamais eu besoin de plus de deux coups pour réussir mon coup roulé. » Toutes ces années passées à jouer dans sa tête une partie de golf quasi parfaite lui avaient permis de réaliser une partie de golf quasi parfaite sur un véritable terrain de golf !

Apprécions-nous vraiment le pouvoir qu'a notre esprit de nous donner tout le succès que l'on souhaite ?

En 1958, un pianiste de 19 ans, Liu Shi-kum, a remporté les plus grands honneurs au concours international Tchaikovsky, terminant deuxième derrière Van Cliburn. Sous les acclamations de ses compatriotes, Liu est retourné en République populaire de Chine où il est devenu pianiste de concert. Au milieu des années 1960, cependant, le président Mao a décrété la Révolution culturelle au cours de laquelle on a exclu toute forme d'expression artistique jugée incompatible avec la culture chinoise traditionnelle et avec le marxisme. Plusieurs artistes et musiciens ont été emprisonnés ou tués. Comme la musique classique a aussi été jugée malsaine et corrompue par l'influence occidentale, Liu a été victime des purges. Désigné « ennemi du peuple », Liu a été jeté en prison et torturé. Lors d'un passage à tabac, son bras droit a été fracturé et Liu a été enfermé dans une cellule sans rien à lire, à écrire, à écouter et pire encore, sans piano. Pendant six ans, Liu est resté emprisonné dans les conditions les plus inimaginables.

Au début des années 1970, grâce à un adoucissement des relations sino-américaines, l'orchestre philarmonique de Philadelphie, alors dirigée par Eugene Ormandy, a effectué une tournée en Chine sous le signe de la bonne entente. Eugene Ormandy, qui se souvenait de la performance remarquable de Liu lors de la compétition Tchaikovsky de 1958, a demandé la permission d'inviter le talentueux pianiste à jouer en compagnie de son orchestre. Embarrassées par le fait qu'un talent si remarquable croupissait dans une prison, les autorités chinoises ont promis que Liu pourrait jouer, et c'est Mao lui-même qui a ordonné sa libération.

On a donc libéré Liu pour qu'il donne un récital à Pékin. Il y avait toutefois un problème: depuis six ans, Liu n'avait pas touché à un piano. L'os brisé s'était mal ressoudé et Liu ressentait une douleur lorsqu'il bougeait son bras. Comment ce musicien pouvait-il espérer exécuter un morceau de musique avec brio avec un tel handicap?

Pourtant, le soir du concert, Liu a donné une performance que les spectateurs ont qualifiée de «brillante et renversante». Comment a-t-il fait? Eh bien, comme le colonel Hall pendant la guerre du Viêt-nam, Liu Shi-kum avait consacré chaque jour de captivité à faire ce qu'il aimait le plus: jouer du piano, mais dans l'immense liberté de son imagination. Dans sa cellule de prison, Liu avait pratiqué son art sur un piano invisible, écoutant les notes résonner dans le silence de son esprit, gardant son talent bien vivant à l'intérieur de lui. C'était le triomphe de la volonté sur l'adversité. Jamais il n'a abandonné. Jamais il n'a renoncé à sa foi envers son art. Même confiné brutalement dans une cellule obscure, jamais il n'a cessé de se consacrer à l'excellence.

Victor Frankl, psychiatre et survivant des camps de la mort nazi, a lui aussi surmonté le horreurs de l'emprisonnement. Il a résumé ainsi ce que le colonel Hall et Liu Shi-kum avaient accompli: «La liberté fondamentale de l'être humain réside dans la liberté de choisir son attitude devant les circonstances.»

Qui sont les champions?

Le journaliste sportif du *New York Times*, Tom Friend, rapportait le message livré par l'entraîneur-chef des Cowboys de Dallas,

Jimmy Johnson, à la veille de la victoire de son équipe lors du Super Bowl de 1993. «Voici ce que je leur ai dit», a raconté Jimmy Johnson: «Si je posais une planche de deux par quatre sur le sol du vestiaire, vous pourriez tous marcher dessus sans tomber car vous vous concentreriez sur cette tâche qui consiste à marcher sur le deux par quatre. Toutefois, si je plaçais ce deux par quatre entre deux édifices de dix étages, seulement quelques-uns d'entre vous réussiraient, car vous concentreriez toute votre attention sur la peur de tomber.»

«J'ai ensuite dit aux joueurs: "Vous devez vous concentrer de la même manière que lors d'une séance d'entraînement devant des gradins vides. Si vous vous mettez à penser que vous allez participer à l'événement sportif le plus regardé de la planète, que plus de 3 000 représentants des médias y assisteront, que des sommes d'argent colossales ont été investies pour l'occasion, bref si vous faites de cet événement quelque chose de plus important que la vie elle-même, vous vous laisserez distraire. Et c'est précisément ce qu'il faut éviter dans ce match.» Jimmy Johnson a ainsi gardé son équipe concentrée sur la partie à gagner et non sur tout le tumulte entourant l'événement. Les Cowboys ont sauté sur le terrain avec l'intention de gagner et ils ont remporté le Super Bowl.

Voici l'histoire d'un des matchs les plus importants de toute l'histoire de la Série mondiale, *précisément* parce qu'il a permis de démontrer le pouvoir immense d'une attitude mentale positive. L'événement : le troisième match de la Série mondiale de 1932. La date: le 1er octobre 1932. L'endroit: le Wrigley Field. Les équipes en présence: les Yankees de New York et les Cubs de Chicago. Cette série a été âprement disputée, marquée par l'animosité qui sévissait entre les deux formations. Les Yankees avaient gagné les deux premiers matchs au Yankee Stadium, mais le troisième match se déroulait en territoire hostile et devant les 49 936 partisans bruyants et rancuniers des Cubs.

Babe Ruth, le roi des coups de circuit des Yankees, était outré du mauvais traitement infligé par les Cubs à son ami et ancien coéquipier Mark Kœning, qui avait depuis peu été échangé à Chicago. Les nouveaux coéquipiers de Mark Kœning avaient voté et décidé de couper de moitié la part que Mark Kœning devait recevoir pour sa participation à la Série mondiale et ce, même si sa moyenne de .353 avait permis aux Cubs de remporter une course extrêmement serrée au championnat de la Ligue nationale. Babe Ruth était furieux et voulait punir les Cubs. «Hé, Mark!», avait-il lancé à son ami assis dans l'abri des Cubs: «Qui sont ces radins avec qui tu joues?»

Babe Ruth en voulait aussi à la ville de Chicago tout entière, car des partisans hostiles des Cubs les avaient nargués, sa femme et lui, à l'extérieur de l'hôtel où ils logeaient. On leur avait craché dessus et lancé des ordures. Le matin du match, d'autres partisans lui avaient lancé des citrons pendant l'exercice au bâton. Même l'entraîneur des Cubs, Andy Lotshaw, avait pris part à ces excès en lançant à Babe Ruth: «Si tu faisais partie de mon équipe, je te ligoterais dans un panier à salade, gros plein de soupe!» Plus que tout au monde, Babe Ruth voulait frapper quelques circuits qui iraient choir sur la face grimaçante de ces voyous de partisans et de leur équipe préférée.

Babe Ruth a saisi sa chance dès la première manche en frappant un circuit de trois points. Lou Gehrig a suivi avec un circuit en solo en troisième manche, portant le compte à 4-0. Les partisans des Cubs criaient et rageaient, lançant des citrons et des bouteilles de boisson gazeuses sur le terrain pour inciter leur équipe à remonter la pente. Les Cubs ont répliqué en marquant quatre points en quatrième manche pour ainsi égaler la marque.

La manche fatale a été la cinquième. Babe Ruth s'est présenté au marbre sous les cris hostiles de la foule qui rappelaient les appels au sang lancés par les spectateurs massés dans le Colisée de Rome. De l'abri des Cubs, les joueurs abreuvaient Babe Ruth d'une pluie d'injures. Sur le monticule, le lanceur partant de Chicago, Charlie Root, a alors pris son élan et a lancé une prise parfaite au-dessus du marbre. Babe Ruth l'a laissée passer. Le vacarme dans les gradins et dans l'abri des Cubs s'était intensifié. Le roi a esquissé un sourire en direction de l'abri et a levé un doigt comme pour dire: «Et de un!».

Charlie Root a ensuite effectué deux autres lancers: deux balles. Puis, il a lancé une rapide en plein centre du marbre. Babe Ruth a regardé la balle d'un œil bienveillant alors qu'elle croisait le marbre. Deuxième prise. La foule a explosé de joie devant ce qui semblait être une erreur de jugement de Babe Ruth. Celui-ci s'est alors retourné vers le receveur des Cubs, Gabby Harnett, et lui a dit: «Un seul lancer suffit pour frapper un coup sûr». Puis il s'est retourné vers Charlie Root et les deux hommes ont échangé quelques mots. Personne ne sait ce qu'ils se sont dit, leurs paroles se noyant dans le bruit de la foule. Toutefois, la lueur qui a brillé dans les yeux de chacun de ces deux hommes ne laissait aucun doute: une lutte à finir était amorcée.

C'est alors que l'instant critique est survenu, prouvant une fois de plus l'attitude et le désir insatiable de Babe Ruth de gagner. Il a levé la main et a pointé un doigt en direction du champ centre derrière Charlie Root. *En fait, Babe Ruth annonçait son coup en montrant à Root où la balle allait atterrir.*

Charlie Root a ricané, effectué sa motion et lancé la balle, une courbe basse qui se dirigeait vers le coin extérieur du marbre. Babe Ruth a regardé la balle qui arrivait en tournoyant et s'est élancé. Le bois du bâton et le cuir de la balle se sont frappés dans un *toc* retentissant. On aurait pu croire à un coup de tonnerre, car un grand silence s'est immédiatement abattu sur la foule. La balle a passé au-dessus de la tête de Charlie Root, au-dessus de celle du joueur du champ centre, et a atterri dans les estrades populaires derrière la clôture, *exactement à l'endroit que Babe Ruth avait désigné du doigt!*

Babe Ruth a trottiné sans hâte d'un coussin à l'autre, riant et joignant les deux mains au-dessus de sa tête à la manière d'un champion de boxe. Il a lancé une grimace en passant devant l'abri des Cubs. Ce triomphe de l'attitude a contribué à propulser les Yankees vers une victoire de 7-5 contre les Cubs, ce qui a permis à New York de balayer la série.

Même le légendaire Lou Gehrig, qui avait frappé deux circuits au cours de la même partie, était stupéfait devant l'attitude gagnante de Babe Ruth. Après le match, Lou Gehrig a dîné en compagnie d'un journaliste et n'a parlé que du circuit qu'avait prédit Babe Ruth. «Ce grand singe possède des nerfs d'acier. Il a regardé passer deux prises, il a fait sa prédiction et il a frappé la balle exactement là où il voulait».

Ce qui est vrai dans le sport l'est également dans la vie. «On peut faire uniquement ce dont on se croit capable», dit Robert

Collier. « On peut être uniquement ce qu'on croit pouvoir être. Ce que l'on fait, ce que l'on est, ce que l'on possède, tout cela dépend de notre façon de penser. »

Enseigner à nos enfants à se dépasser

Il n'y a pas si longtemps, il était impossible d'aller sur la lune. Il était impossible de téléphoner à partir de sa voiture. Il était impossible de courir le mille en moins de quatre minutes. Il était impossible de transmettre des images et du texte par ligne téléphonique. Il était impossible de prévenir la poliomyélite et la variole. Il était impossible d'allumer la télévision, d'insérer une cassette dans un magnétoscope et de regarder le film de son choix. Il était impossible de voler plus vite que le son. Il était impossible qu'un bébé naisse trois mois prématurément et survive. Il était impossible de vaincre plusieurs types de cancer. Il était impossible d'ajouter de la couleur à un film en noir et blanc. Il était impossible d'envoyer un vaisseau spatial à l'extérieur du système solaire.

Aujourd'hui, toutes ces choses sont possibles et font partie de la vie de tous les jours. Ce sont des choses courantes. Nous vivons les fantaisies de la science-fiction d'hier, et nous les tenons pour acquises. Nous réalisons l'impossible sans y penser.

Quels sont les défis « impossibles » auxquels nous devons faire face actuellement ? Il est impossible de guérir le SIDA. Il est impossible de guérir une simple grippe. Il est impossible de voyager plus vite que la lumière et de visiter d'autres étoiles. Il est impossible d'éliminer les guerres. Il est impossible de vaincre la pauvreté et de loger tous les sans-abri. Il est impossible de marcher dans les airs. Il est impossible de vivre sur la Lune et sur Mars. Il est impossible de vivre sous l'océan. Il est impossible d'extraire l'or qui se trouve dans la ceinture d'astéroïdes. Il est impossible d'équilibrer le budget fédéral. Il est impossible de construire des automobiles qui ne polluent pas. Il est impossible de vivre jusqu'à 500 ans. Toutes ces choses sont « impossibles ». Pour le moment.

Mais demain, qui sait ?

Question : Qui transformera ces choses impossibles d'aujourd'hui en choses courantes de demain ? Réponse : *Nos enfants*.

Toutefois, si nous voulons que nos enfants réalisent demain l'impossible, nous devons dès maintenant leur apprendre que *tout est possible*. Nous devons saisir toutes les occasions qui se présentent pour mettre en application avec nos enfants le deuxième secret magique afin de les aider à déployer leur imagination et leur créativité. Nous nous devons de leur montrer que l'immensité bleue du ciel n'a aucune limite, aucun horizon, aucun plafond. Ils peuvent voler aussi haut qu'ils le désirent: vers la Lune, vers Mars, vers Alpha du Centaure, vers la galaxie Andromède, vers l'infini. Cet univers leur appartient. Voici ce qu'en disait Walt Disney: « Chaque enfant dispose d'une imagination débordante. Cependant, comme un muscle qui s'atrophie par manque d'exercice, l'imagination brillante d'un enfant perd son éclat lorsque celui-ci cesse de s'en servir. »

Selon moi, il existe dans la société actuelle trois choses qui empoisonnent la créativité et la pensée infinie. Notre rôle de parents consiste à protéger nos enfants de ces poisons afin que leur esprit demeure tout grand ouvert aux possibilités infinies qui se cachent derrière le mot *impossible*. Ces trois poisons meurtriers sont les enseignants, la télévision et les parents. Jetons-y un coup d'œil ensemble.

Poison nº 1: les enseignants

La plupart des enseignants se consacrent avec dévouement à ouvrir l'esprit de leurs élèves, et beaucoup d'entre eux accomplissent un boulot fantastique en insufflant la pensée infinie à nos enfants. Les enseignants qui savent comment libérer l'imagination méritent qu'on leur érige une statue dans les parcs et qu'on nomme les bibliothèques en leur honneur. Toutefois, ce ne sont pas tous les enseignants qui sont si dévoués, si talentueux et si inspirants. Certains d'entre eux ont pour objectif de produire une fournée d'élèves programmés comme des robots, trente cerveaux gentiment alignés comme une rangée de pommes de terre. Ils n'inspirent rien: ils disciplinent. Ils peuvent en un rien de temps tuer l'imagination et la créativité.

Je ne me fais pas l'avocat de l'anarchie à l'école. Un certain degré de discipline est nécessaire pour permettre l'apprentissage.

Toutefois, il doit subsister un espace où peuvent s'exprimer le désordre, la spontanéité, la turbulence et l'enthousiasme propres à un enfant débordant d'imagination. On ne peut pas reprocher à un enseignant d'aimer la petite Julie qui s'assoit sagement dans la première rangée, les pieds calmement posés sur le sol, les mains sagement croisées sur les genoux, les yeux fixant avec assiduité l'enseignant. Julie ne dérange jamais personne et les enseignants adoreraient avoir une classe pleine d'élèves semblables. Je ne rejette pas toutes les petites Julie qui existent, car nous en avons besoin.

C'est le sort de Jean, de Jimmy et de Juan, tous assis dans la dernière rangée, qui me préoccupe. Ces enfants qui ont des fourmis dans les jambes, qui parlent lorsqu'il faut écouter, qui se moquent parfois des règlements, qui cherchent à accaparer l'attention et dérangent les autres élèves de la classe. Un de ces enfants assis dans la dernière rangée est peut-être le prochain Shaquille O'Neal, ou Billy Graham, ou Dave Thomas, ou Neil Armstrong, ou Colin Powell. Ou, selon la façon dont l'enseignant y réagit, il peut finir par figurer dans les tristes statistiques que l'on lit tous les jours dans les journaux.

En tant que parents, nous devons participer à la vie dans nos écoles, encourager et appuyer les enseignants qui stimulent la créativité et la capacité de rêver de nos enfants. Nous devons nous assurer que c'est ce type d'enseignants qui soutiennent nos enfants. Nous devons éloigner nos enfants de ceux qui tuent la créativité et les pousser vers ceux qui la nourrissent.

Poison nº2: la télévision

Sur le plan technologique, le petit écran est une merveille. Grâce à la câblodistribution ou aux satellites, on peut aujourd'hui capter un nombre pratiquement illimité de canaux. On peut également regarder l'émission de son choix au moment voulu, ou utiliser la télévision pour jouer des jeux vidéo. Mais c'est justement pour cela qu'elle peut tuer la créativité: on peut rester assis devant elle pour se divertir sans effort et sans fin. Je ne fais pas allusion ici à la violence, à la moralité douteuse ou au langage ordurier que propose aujourd'hui la télévision. On sait déjà à quel point tout cela est peu recommandable.

Je parle de la télévision en tant que *médium*. Je parle du pouvoir hypnotique et intoxicant qu'elle possède de s'emparer de l'esprit, de l'imagination et de l'irremplaçable cadeau qu'est le temps dans la vie d'une personne. La télévision a une voix langoureuse qui séduit les jeunes comme les moins jeunes. Elle nous chuchote: «Assoyez-vous, détendez-vous, faites le vide dans votre esprit, laissez-moi vous divertir». Rappelez-vous la voix machinale qui disait au début de chaque épisode de l'émission *Au-delà du réel*: «N'ajustez pas votre appareil. Nous contrôlons le balayage horizontal et vertical de votre téléviseur. Dans la prochaine heure, ne vous occupez de rien; nous contrôlons tout ce que vous verrez et entendrez.» Le plus effrayant dans cette petite introduction, c'est qu'il ne s'agit pas de science-fiction: *la télévision s'empare littéralement de notre esprit!*

Nous avons adopté une règle très simple chez les Williams: *pas de télé*. Ce sont Pat et Jill Williams qui la contrôlent, et non les 18 personnes d'âge mineur qui vivent sous leur toit. Nous avons essayé tous les trucs que vous avez problablement essayés vous aussi: limiter la télé à tant d'heures par jour, accorder du temps de télé comme récompense pour les petites tâches accomplies, laisser la télé fermée tant que les devoirs ne sont pas faits. Rien de tout cela ne fonctionne. Nous avons donc adopté un règlement très clair: le petit écran reste éteint. Parfois, nous louons un film sur vidéocassette ou nous regardons une émission spéciale. C'est alors que la télé devient un événement divertissant (ou éducatif) pour toute la famille. Mais ce sont là des exceptions. «Pas de télé, point à la ligne» constitue la règle.

Le pouvoir hypnotisant de la télévision est tout simplement renversant. Si la télé est allumée et qu'un enfant ou un adolescent traverse la salle de séjour, on le voit attiré par le petit écran comme par un aimant. Comme si un faisceau d'énergie sortait de l'écran et s'emparait de son esprit, l'enfant va bifurquer vers le téléviseur, s'approcher, s'asseoir devant l'image en mouvement et se laisser totalement absorber par elle. Son regard devient vitreux et tellement rivé sur l'écran qu'il en oublie de cligner les yeux. Si on le laisse faire, il va rester ainsi, devant la télé, pendant six, huit, dix heures.

Nos enfants participent à toutes sortes d'activités amusantes, excitantes, productives: sport, musique, art, hobby, jeux, etc..

Il existe tant de moyens stimulants, créatifs et imaginatifs d'occuper les périodes de loisirs. Nos enfants sont emballés par plusieurs de ces activités – et s'y adonnent avec succès. Pourtant, si on leur donnait le choix entre faire toutes ces expériences formidables et s'asseoir devant la télé, je crois honnêtement qu'ils choisiraient la deuxième option.

La télévision tue. Éteignez-la avant qu'elle ne vous éteigne, vos enfants et vous.

Poison nº 3: nous, les parents!

Vous avez bien lu. Les parents comme vous et moi pouvons devenir les pires empoisonneurs qui soient pour la créativité et l'imagination. Nous pouvons couper les ailes à nos enfants de plusieurs façons:

- En les critiquant constamment: «Où as-tu la tête?» «Tu es un bon à rien» «Tu t'y prends toujours de la mauvaise façon».
- En étant indifférents, inattentifs et négligents à leur égard: «Pas maintenant, tu ne vois pas que je suis occupé?» «Ouais, ouais, c'est joli; maintenant va jouer dehors».
- En ne les encourageant pas suffisamment: «Tu n'as pas coloré le ciel de la bonne couleur» «Six A et un C⁻ en maths? Pourquoi es-tu si mauvais dans cette matière?».
- En ne favorisant pas leur autonomie: «Laisse-moi le faire. Tu ne t'y prends pas de la bonne façon».

Il faut faire attention aux trois poisons qui peuvent tuer la créativité, tout comme il faut faire attention aux habiletés créatrices uniques de chaque enfant, c'est-à-dire à ses «cordes sensibles».

La corde sensible

Un verset de la Bible dit: «Instruis l'enfant de la voie à suivre, devenu vieux, il ne s'en détournera pas.» (Proverbes 22, 6). Certains croient que ce verset signifie que pour bien élever des enfants, il faut leur faire suivre des cours de catéchèse, leur enseigner les dix commandements et les faire prier aux repas et au coucher. Cependant, des gens qui ont lu ce verset dans sa version originale m'ont dit qu'il renfermait un sens beaucoup plus profond. Une traduction plus complète de ce verset pourrait en effet se lire comme suit: «Il faut éduquer un enfant *en fonction de ses caractéristiques propres et uniques à lui*, et devenu vieux il ne s'en détournera pas.» En d'autres mots, nous ne sommes pas censés faire entrer nos enfants dans un moule ou les tailler tous avec le même emporte-pièce. Au contraire, il faut découvrir et développer les traits et les habiletés uniques à chacun.

En tant que parent, j'accorde beaucoup d'importance au concept de la «corde sensible». La corde sensible est cette aptitude particulière, cette passion ou cet intérêt spécial qui se démarque chez une personne. Chez l'enfant, la corde sensible peut s'avérer difficile à discerner alors que chez l'adulte, elle constitue sa marque de commerce, son trait particulier. Un enfant qui consacre tout son temps libre à distribuer le journal, à vendre de la citronnade ou à tondre des pelouses deviendra peut-être un homme ou une femme d'affaires, l'enfant qui adore lire, un auteur célèbre, l'enfant qui joue toujours avec des fusées miniatures, un ingénieur de la NASA, l'enfant qui apprend le piano avec ardeur, un compositeur, un soliste ou même une gestionnaire dans l'industrie de la musique. Ces intérêts et ces habiletés qui apparaissent tôt dans la vie constituent les «cordes sensibles» d'un enfant, les aspects richement colorés de l'existence qui contrastent avec l'arrière-plan plus terne des choses de l'existence.

Ma corde sensible était le sport. C'est le centre de ma vie. J'aime tous les sports. Enfant, je jouais au baseball, au basket-ball, au football, bref à tout ce qui se jouait avec une balle ou un ballon. En entrant dans la vingtaine, j'ai tenté ma chance dans le baseball professionnel pendant quelques années. Même si je n'ai pas percé dans les ligues majeures, ma corde sensible n'a jamais cessé de vibrer. Pendant mon enfance, je me considérais comme un athlète. Il s'est toutefois avéré que mon véritable talent résidait dans la gestion et la promotion du sport. On ne sait jamais où peuvent conduire les cordes sensibles. Il est donc primordial de tout mettre en œuvre pour les découvrir et les cultiver, car ils sont garants de l'avenir d'un enfant.

La raison d'être de ce concept est de permettre à l'individualité d'un enfant d'éclore et de se développer. En découvrant les cordes sensibles de nos enfants et en les cultivant, nous renforçons les aspects positifs de leur vie. Plusieurs courants négatifs cherchent à abattre nos enfants ; il est donc crucial de constamment trouver des cordes sensibles qui favorisent leur confiance, leur engagement personnel, leur motivation et leur goût de vivre. Si un enfant entre dans l'adolescence sans être engagé dans une activité qu'il aime ou dans laquelle il excelle, cela signifie que les parents ont échoué. L'enfant qui n'a pas de cordes sensibles, qui voit la vie en noir et blanc, celui-là risque de tomber dans la drogue, la sexualité précoce, les sectes, l'occultisme et les autres pièges et dangers de notre époque.

Afin de découvrir et de cultiver les cordes sensibles des enfants, il faut apprendre à les connaître, intimement et profondément. Il faut chercher à découvrir leurs forces, leurs habiletés, leur tempérament, leurs besoins, leurs buts, leurs ambitions, leurs goûts et ce qui les motive. Il n'y a pas trente-six façons d'y parvenir : il faut leur consacrer du *temps*, non pas *qualitativement* mais bel et bien *quantitativement*. Nous avons tous entendu dire que « ce qui compte, ce n'est pas la quantité de temps qu'on passe avec un enfant, mais la qualité ». C'est un mythe. Selon cette idée, passer avec ses enfants quelques moments bien choisis et soigneusement planifiés pourrait remplacer une relation profonde et intense à laquelle on consacre beaucoup de temps. C'est faux et archifaux. Les enfants n'ont rien à faire de cette « qualité » du temps qu'on leur donne. Ils veulent parler avec leur parents, se chamailler avec eux, jouer à la balle, grimper sur leurs épaules, se faire chatouiller. Règle générale, ils veulent la plus grosse portion possible de votre personne !

Ce que veulent vos enfants, c'est que vous leur consacriez du temps, beaucoup de temps. Ce qu'ils veulent, c'est *vous* ! Ce qu'ils veulent, ce n'est pas du « temps de qualité ». C'est du *temps*, un point c'est tout !

Je me rappelle une lettre non signée et publiée dans un journal. Elle avait pour titre : « À mon fils aujourd'hui adulte ». Dès la première lecture, cette lettre m'a profondément troublé :

> « J'étais occupée toute la journée. Je n'avais pas le temps de jouer aux jeux que tu voulais jouer avec moi. Je n'avais pas beaucoup de temps pour toi. Je faisais la lessive, je cousais et je cuisinais, mais lorsque tu m'apportais ton livre d'images pour me demander de le regarder avec toi, je te répondais : « Plus tard, mon garçon ». J'allais te border le soir, j'écoutais ta prière, j'éteignais la lumière et je m'éloignais sur

la pointe des pieds. J'aurais dû rester près de toi plus longtemps. Car la vie est courte, les années filent. Un petit garçon grandit si vite. Un jour, il n'est plus à vos côtés, à vous confier ses petits secrets. Il n'y a plus de livres d'images à regarder, plus de jeux à faire, plus de baisers à donner le soir venu, plus de prières à écouter. Tout cela appartient au passé. Mes mains, hier si occupées, sont désormais inutiles. Les journées sont longues et difficiles à remplir. J'aimerais revenir en arrière et faire avec toi toutes les petites choses que tu me demandais. »

Les joies les plus pures et les plus délicieuses que j'ai ressenties proviennent de la grande quantité de temps que j'ai passé avec mes enfants. Passer beaucoup de temps avec un enfant, c'est la seule façon de vraiment l'observer, de le comprendre et de découvrir tout ce qu'il a de plus merveilleusement unique. Consacrer une grande quantité de temps à ses enfants constitue le *seul* moyen « d'éduquer un enfant selon ses caractéristiques propres et uniques ». C'est aussi l'unique moyen de trouver ses cordes sensibles.

Je vais maintenant vous révéler un secret, un véritable joyau de sagesse. Je vais vous confier un des moyens les plus efficaces de passer beaucoup de temps avec vos enfants de façon à découvrir leurs intérêts, leurs talents, leurs aptitudes, leurs capacités: *prenez le volant et roulez*. Si vous désirez donner libre cours à l'imagination de votre enfant et lui présenter toutes les possibilités qu'offre la vie, vous devez accepter de le conduire aux quatre coins de l'univers connu: de l'école au YMCA, à la petite ligue de baseball, au groupe de pastorale, à l'entraînement de football, à la compétition de natation, aux leçons de chant, aux cours de tae kwon do, aux colonies de vacances d'été et d'hiver, au zoo, au studio de danse, à la plage, à la montagne, et quoi encore ?

Bref, il faut mener l'enfant là où le conduisent ses intérêts et son imagination.

Vous devrez peut-être acheter une voiture format familial, un genre de break. Dans notre cas, nous avons investi dans une mini-fourgonnette pour 15 passagers (parfois, nous devons même louer un autobus) ! Si vous n'acceptez pas de conduire vos enfants ici et là, ils n'auront jamais la chance de se rendre compte de tout ce qu'ils pourraient devenir. Chaque parent se doit de garder son enfant occupé à toutes sortes d'activités.

Aussi, pendant que vous essayez de remplir de votre mieux votre rôle de parent, jetez un coup d'œil autour de vous pour voir s'il n'y a pas d'autres enfants auprès de qui vous pourriez exercer ce rôle. Un jour, j'ai eu une longue conversation avec le joueur étoile des Packers de Green Bay, Reggie White. En plus de jouer au football, Reggie White est pasteur et est considéré comme un leader au sein de la communauté afro-américaine. Je n'oublierai jamais ce que Reggie m'a dit: « Pat, je pourrais résoudre en un clin d'œil tous les problèmes qui sévissent dans les quartiers défavorisés si je disposais de plus d'équipements sportifs, de chauffeurs pour transporter les enfants et de gens qui ont à cœur de faire participer les jeunes à des activités et de les inciter à prendre leur vie en main. Les quartiers déshérités regorgent d'enfants doués pour la musique, les arts, le sport et les études. Ces enfants ont seulement besoin qu'on leur donne une chance. Tout ce dont ils ont besoin, c'est qu'on prenne soin d'eux et qu'on leur montre toutes les possibilités qui s'offrent à eux. »

Gœthe a dit: « Traitez quelqu'un tel qu'il est, et il restera toujours le même. Traitez-le tel qu'il peut et devrait être, et il deviendra ce qu'il peut et devrait être ». Pour paraphraser cette citation, j'ajoute: « Traitez un enfant selon son potentiel unique et illimité, et cet enfant atteindra son plein potentiel et réalisera l'impossible! ». Notre rôle de parents consiste à croire que nos enfants peuvent tout faire, y compris l'impossible. Toutefois, pour donner libre cours à leur imagination, il faut d'abord libérer la nôtre.

Donner libre cours à l'imagination des jeunes générations

Le docteur James Dobson, psychologue et animateur de l'émission *Focus on the Family*, a un jour parlé d'un documentaire télévisé portant sur le dressag des éléphants. Il a décrit la façon stressante, voire cruelle, avec laquelle on domptait ces magnifiques animaux pour en extirper tout instinct agressif et les rendre aptes au travail. On commençait par imposer un isolement total de trois jours à ces animaux très sociables. Cela les rendait vulnérables et les préparait psychologiquement à la prochaine étape: on les amenait, au beau milieu de la nuit, dans un endroit où brûlait un énorme bûcher. Les éléphants s'y retrouvaient entourés d'hommes qui criaient et brandissaient des bâtons. À l'aurore, les éléphants étaient si terrorisés et si abattus qu'ils ne manifestaient aucun signe de volonté. L'homme était dorénavant le maître et l'éléphant, l'esclave. « Même si je comprends le besoin économique de dresser les éléphants, en Inde, a conclu James Dobson, je ne peux qu'éprouver du chagrin devant le triste sort qu'on leur réserve. On manipule leurs fragiles émotions afin de détruire leur autonomie et de mâter leur individualité. »

J'anime chaque semaine une émission de radio à Orlando. Un des invités les plus intéressants que j'ai reçus a été Gunther Gebel-Williams, le renommé dompteur du cirque Ringling Brothers-Barnum and Bailey. Nous discutions du dressage des éléphants et il m'a raconté dans un fort accent allemand que lorsque l'on dresse un éléphant pour en faire un animal de cirque, une de leurs pattes est retenue par une très grosse chaîne, laquelle est attachée à un robuste banian. Les premiers jours, les éléphants tirent et tirent sur la chaîne pour s'en libérer, mais la chaîne et l'arbre sont trop robustes. Plus tard, on remplace la grosse chaîne par une chaîne plus petite et on l'attache à un simple piquet. Avec un seul petit coup de trompe, l'éléphant pourrait arracher le piquet, mais cela, il ne le sait pas. Pour lui, la chaîne est synonyme d'asservissement et la lutte est inutile. Sa volonté est brisée, son esprit, anéanti, et il demeure prisonnier d'une minuscule chaîne qu'il pourrait rompre facilement s'il le voulait.

Par ces deux histoires d'éléphants, je veux montrer qu'on peut briser des enfants un peu de la même manière. Beaucoup d'enfants sont seuls et ignorés une partie de la journée, puis critiqués et maltraités le reste de la journée. Ils deviendront aussi dociles que des éléphants ou, à l'inverse, amers et antisociaux. Ils ont acquis une image de soi limitée : ils se trouvent laids, maladroits, stupides, ou encore ils se croient victimes des circonstances. En réalité, ils pourraient aller loin dans la vie, mais ils l'ignorent. On a enchaîné leur imagination et bloqué leur avenir. J'ai connu bon nombre d'enfants de ce genre et je suis sincèrement affligé pour chacun d'entre eux.

Je veux trouver les moyens de briser les chaînes qui asservissent l'imagination de cette nouvelle génération. À notre modeste façon, avec nos dix-huit enfants, Jill et moi essayons de changer le cours des choses. Et laissez-moi vous dire que rien n'est plus formidable que de voir, jour après jour dans son propre foyer, ce qu'une imagination libérée peut faire.

En novembre 1988, nous avons adopté quatre jeunes frères philippins d'un seul coup, âgés de neuf, huit, sept et quatre ans. À cette époque, nous avions déjà huit enfants et nous savions qu'une augmentation instantanée de 50 % de ce nombre ébranlerait sérieusement notre organisation familiale. Comme Jill et moi sommes des gens compatissants, nous avons accordé à ces quatre garçons une journée entière pour les aider à s'adapter à leur nouvel environnement. Puis, nous les avons carrément plongés dans le mode de vie occidental. Chaque fois que nous les exposions à quelque chose de nouveau, leur première réaction était: «Nous ne sommes pas capables de faire ça!». Ces garçons avaient vécu dans un orphelinat de Mindinao, l'île la plus au sud de l'archipel des Philippines, et ils n'avaient presque jamais eu la chance de se montrer actifs ou créatifs. Ils n'avaient jamais été appelés à se dépasser, dans une compétition sportive, par exemple, et ils refusaient de se secouer. Chaque nouvelle expérience que nous proposions entraînait cette réaction typique d'un esprit enchaîné, asservi: «Nous ne sommes pas capables!».

Une des premières expériences que nous leur avons fait vivre a été de les inscrire à des cours de natation pour jeunes, une activité très populaire dans le centre de la Floride. Nous les avons emmenés à la piscine du Rollins College pour les confier à l'entraîneur d'expérience Harry Meisel et à son fils, Kevin. Les quatre garçons sont descendus dans l'eau, criant et battant des mains. Lorsqu'ils ont commencé à couler à pic pour la troisième fois, nous pouvions entendre: «Nous ne savons pas nager!» Et c'était vrai. Heureusement, comme je l'ai dit, nous sommes des parents compatissants et nous leur avons donc lancé à chacun un bloc de ciment. (C'est une blague!)

Harry et Kevin ont mis ces quatre garçons au défi d'essayer ce qu'ils n'avaient jamais essayé auparavant: *l'impossible*. En quelques jours, les garçons ont commencé à découvrir qu'ils avaient tout ce qu'il fallait pour nager, et même beaucoup plus! Ils se sont mis à réaliser l'impossible – nager – et ils ont adoré ça! Année après année, ils ont développé leurs habiletés, leur force et leur endurance en natation, à un point tel qu'en 1994, trois d'entre eux, Peter, Brian et Sammy, se sont qualifiés pour les Olympiques juniors de la Floride. Ces enfants qui disaient ne pas savoir nager font aujourd'hui partie des jeunes nageurs élites de la Floride.

En donnant libre cours à leur imagination, un avenir sans limite s'est ouvert devant eux, dans le sport comme dans la vie. Leur esprit s'est affranchi. Ils ont appris que tout était possible, même l'impossible. Certes, ils ont eu un bon entraînement, une bonne mère et (hum!) un père formidable. Mais en bout de ligne, tout le mérite leur revient. Ils ont réussi grâce à leurs efforts, grâce aux entraînements assidus et grâce à la pensée infinie qui leur a permis de se dépasser.

Je viens de vous raconter ce qui était advenu de trois de nos quatre garçons philippins: Peter, Brian et Sammy sont maintenant des nageurs au-dessus de la moyenne. Mais qu'en est-il de l'aîné, David? Il est devenu un excellent nageur, lui aussi, mais il n'est pas aussi passionné de natation que ses trois frères. Son émancipation l'a conduit dans une autre direction. Voici son histoire.

La semaine où David et ses frères sont arrivés, je lui ai immédiatement fait porter un gant de baseball, histoire de tâter le terrain. (Chaque fois qu'un enfant se joint à notre famille, nous lui faisons courir quelques sprints chronométrés et nous lui donnons un ballon pour voir s'il peut le lancer, l'attraper, dribbler ou faire des paniers. Bref, tout ce qu'il y a de plus élémentaire. Si le nouvel arrivant passe ces épreuves avec succès, il peut rester avec nous. Sinon... bon, bon, c'est encore une blague). Nous avons donc donné un gant de baseball à David, qui ne savait pas s'il devait le mettre sur sa main, son pied ou sa tête. Toutefois, avec l'appui soutenu de son nouveau père, il s'est mis à la tâche avec acharnement.

Pour un garçon qui ne savait donc même pas comment enfiler un gant de baseball, David nous a étonnés. Environ trois ans après son arrivée, alors qu'il avait 12 ans, il a participé à un tournoi de la petite ligue locale et a réalisé un exploit qu'on peut considérer comme exceptionnel même au niveau des ligues majeures: *il a retiré consécutivement 18 frappeurs et a lancé une partie parfaite pendant six manches*. Tous ceux qui assistaient à ce match ont été renversés par cette performance. Et le plus étonné de tous était David lui-même!

Après le match, alors que nous nous dirigions vers la voiture, j'ai mis mon bras autour des épaules de David et je l'ai félicité. Son sourire était si large qu'il se continuait sur mon visage. Il m'a regardé et a dit : « Papa, je joue plutôt bien, pas vrai ? ». C'était le moins que l'on puisse dire ! Je me suis tourné vers lui et lui ai répondu : « Oh oui, David, tu joues plutôt bien. »

À votre avis, quel avenir attend cet enfant ? Un avenir où tout est possible ! Il serait fascinant de s'immiscer dans son esprit pour voir ce qu'il se croit capable de réaliser. David est maintenant âgé de 15 ans, mais dans sa tête, il est déjà un athlète en pleine possession de ses moyens, les pieds plantés sur un terrain de baseball – « cette maison bâtie par Babe Ruth » – et il frappe au premier rang pour les légendaires Yankees de New York, ou bien il est lanceur ou joue au deuxième but. Plus rien n'est impossible pour David. Son imagination est affranchie.

Une aventure audacieuse

Avant de clore ce chapitre sur le deuxième secret magique, voici une autre histoire tirée de l'album de famille des Williams.

Les enfants *nos* 17 et 18 de la famille Williams sont arrivés du Brésil le soir de Noël 1993. Dès que Caroline, 10 ans, et Alan, 8 ans, ont mis les pieds dans notre maison, nous les avons immédiatement initiés à la routine familiale : école, loisirs, corvées domestiques, pratiques religieuses et sports Beaucoup de sports. J'ai attrapé Alan et je l'ai inscrit au programme de basket-ball du YMCA.

Pour vous dire, la première partie de basket qu'il a vu de sa vie a été celle à laquelle il a participé. Vous pouvez aisément imaginer que sa façon de faire était pour le moins inusitée. En fait, chacun des enfants qui se trouvaient sur le terrain de basket avait sa propre idée de la façon de jouer ce sport. Cette première partie ne m'a que vaguement rappelé le basket tel que je l'ai toujours connu : il y avait bien un ballon et deux paniers, mais les ressemblances s'arrêtaient là. Le reste de cette partie de basket était un mélange de volley-ball, de soccer, de football et de lutte gréco-romaine. Le tout se déroulait dans le gymnase du YMCA de Winter Park. Aucun des joueurs présents n'a laissé les règles du jeu entraver sa créativité athlétique.

Au beau milieu de la partie, Alan s'est élancé vers le panier, dribblant, courant, échappant et frappant le ballon. Puis, je ne sais trop comment, il a sauté dans les airs et lancé le ballon. Miraculeusement, le ballon a frappé le panneau, a tourné à quelques reprises sur l'anneau et est tombé en plein dans le panier. Il fallait voir ce petit Alan de 8 ans transporté de joie. Pendant les heures qui ont suivi ce lancer de 2 points, il était une véritable boule d'adrénaline voyageant à la vitesse de la lumière.

Je l'ai ramené à la maison pour qu'il puisse raconter à Jill son exploit. Il ne parlait pas encore un mot d'anglais – il était aux États-Unis depuis quelques semaines seulement – mais il s'est mis à raconter, en portugais ultra rapide, ce qu'il venait d'accomplir pendant le match. Jill comprenait assez le portugais pour traduire, mais j'étais pour ma part complètement dans la brume. J'ai alors cru saisir une phrase qui ressemblait à « comme Michael Jordan ! ». J'ai demandé à Jill : « Qu'est-ce qu'il vient de dire ? ».

Elle a répondu en riant : « Il vient de dire "J'ai presque joué comme Michael Jordan !" »

J'ai failli perdre l'équilibre. Il y a quelques semaines à peine, Alan courait dans les rues de São Paulo sans aucun avenir et totalement inconscient des possibilités infinies qui existaient en dehors de son petit horizon lugubre. Tout à coup, il connaît un moment de gloire et son imagination s'affranchit à un point tel qu'il se dit : « Plus rien ne va m'arrêter, messieurs dames. Je serai le prochain Michael Jordan ! ». Peut-être que oui, peut-être que non. Ce qui importe, c'est que grâce à son imagination délivrée, affranchie, émancipée, il a une chance d'aller au bout de ses possibilités. Il peut faire tout ce qu'il veut, même ce qui est soi-disant « impossible ».

Et vous, quel est cet « impossible » que vous rêvez de réaliser ? Foncez. Risquez. Ouvrez toutes grandes les portes de votre esprit et propulsez-vous ! Ne laissez rien, aucune peur, aucune inquiétude, se mettre en travers de votre chemin. « La sécurité est essentiellement une superstition », a dit Hellen Keller. « Elle n'existe pas. L'absence de risque n'est pas plus sûre que le risque. La vie est soit une aventure audacieuse, soit rien du tout. » Par conséquent, retirez votre armure, enfilez des ailes et envolez-vous vers l'immensité du ciel.

Croyez ce message, vivez-le, transmettez-le à vos enfants: *TOUT EST POSSIBLE !*

Préparez-vous à franchir la prochaine étape sur la route de la réussite. Nous verrons le troisième secret magique qui se cache derrière un monde merveilleux, une équipe de basket magique, un mode de vie magique et miraculeux: visez l'excellence !

Le troisième secret magique:

Visez l'excellence

Chapitre 7

Vingt fois sur le métier remettez votre ouvrage

- *«Ce que vous faites, faites-le toujours de votre mieux, afin que ceux qui vous voient le faire reviennent vous voir le faire et disent aux autres qu'ils devraient eux aussi venir vous voir le faire.»*

  Walt Disney

- *«En affaires, la voie de la réussite est tracée par les gens qui cherchent sans cesse à offrir de meilleurs produits et de meilleurs services. Pour obtenir du succès, on n'a pas besoin de faire une percée technologique majeure comme la télévision; la preuve: le fondateur des restaurants McDonald's, Ray Kroc, l'a fait avec un simple hamburger.»*

  G. Kingsley Ward, poète

En août 1989, Jill et moi avons été invités à un dîner d'affaires dans un des hôtels Disney d'Orlando. À notre table se trouvait Dick Nunis, à l'époque le cadre supérieur de Disney le plus important à Orlando. Ancien joueur de football, Dick a commencé à travailler avec Walt Disney dès sa sortie du collège dans les années 1950 et a évolué à ses côtés pendant plusieurs années. Comme j'étais désireux d'en apprendre le plus possible sur Walt Disney, je voulais connaître ses premières impressions à l'égard de cet homme. « Quels étaient les qualités ou les traits de personnalité de Walt Disney qui expliquent sa réussite hors du commun ? »

Heureusement, pendant que Dick répondait à ma question, j'ai eu la présence d'esprit de prendre des notes sur une serviette de table, notes que j'ai d'ailleurs conservées pendant toutes ces années. « Il y a tellement de choses qui faisaient de Walt Disney un être remarquable », a-t-il dit, « mais je pense que sa réussite se résume en neuf grands traits de caractère :

« Premièrement, il était intègre. On pouvait lui faire totalement confiance.

« Deuxièmement, il avait de la créativité. C'était un véritable visionnaire.

« Troisièmement, il était un habile gestionnaire. Il savait comment tirer le meilleur de chacun.

« Quatrièmement, il savait motiver. Il était comme un grand entraîneur : pas facile de travailler pour lui, car il était tellement exigeant ; mais une fois qu'il vous avait forcé à vous dépasser, vous lui étiez reconnaissant de vous avoir aidé à repousser vos limites.

« Cinquièmement, il était prêt à prendre des risques bien calculés.

« Sixièmement, il savait écouter. Il voulait apprendre des autres.

« Septièmement, il aimait relever les défis.

« Huitièmement, il faisait ses devoirs, comme on dit ; il réfléchissait sans cesse aux différents angles d'un problème, étudiant, apprenant, améliorant.

« Neuvièmement, et cet élément est probablement le plus important : il était obsédé par l'excellence. Il recherchait sans cesse cette qualité intangible qui a pour nom la perfection. Évidemment, l'imagination et la créativité étaient très importantes pour Walt, et il aimait les idées nouvelles. Mais il aimait tout autant reprendre une idée existante pour la parfaire, la peaufiner, la poncer et la polir, bref lui donner une valeur ajoutée qui a pour nom qualité. En fait, il avait l'habitude de dire : « Il n'existe pas de nouvelles idées. On ne fait que reprendre les bonnes pour les améliorer ».

Maintes fois, durant ses années à Disneyland, à Anaheim, Dick Nunis a pu constater lui-même la quasi-obsession de Walt Disney pour l'excellence. Dick Nunis supervisait la formation des employés lors de l'ouverture du parc en 1955. À cette époque, Walt trouvait que son organisation manquait d'expérience dans certains aspects de la gestion d'un parc thématique. Il avait donc engagé des entreprises extérieures pour prendre en charge plusieurs services de Disneyland, notamment la sécurité, l'entretien, la restauration, le stationnement et l'encadrement des foules. Le problème, c'est que ces entreprises saisissaient mal l'engagement de Walt Disney envers l'excellence. Le personnel d'entretien ne gardait pas le parc propre. Le personnel de la sécurité était grossier et arrogant. Les employés en charge du stationnement et de l'encadrement des foules beuglaient dans les oreilles des clients, ces gens mêmes que Walt considéraient pourtant comme ses *invités !* Consterné, Walt a congédié les entreprises fautives.

Pendant ce temps, Dick Nunis s'était occupé de la formation des opérateurs de manèges et tous les membres de son équipe avaient magnifiquement accompli leur travail : ils formaient un groupe d'employés souriants, affables et efficaces qui accueillaient les clients à la manière Disney. Walt a donc confié à Dick la formation du personnel de tous les autres services du parc. L'engagement de Walt envers l'excellence était total et sans compromis: il exigeait la même chose de tous ceux qui travaillaient pour lui, y compris les concierges et les préposés au stationnement.

À la fin des années 1950, on a confié Adventureland à Dick Nunis. Sa principale responsabilité consistait à maintenir l'excellence de l'attraction principale d'Adventureland, le Jungle Cruise. Une fois, Walt Disney y a fait une visite-surprise. Tout comme un client ordinaire, il est monté à bord d'un des bateaux et est parti en mini-croisière. De retour au quai quelques minutes plus tard, là où Dick l'attendait impatiemment, Walt était mécontent.

«Dick, cette mini-croisière est censée durer combien de temps?», a-t-il demandé, le visage renfrogné.

«Sept minutes, monsieur», a répondu Dick Nunis.

«Eh bien», a ajouté Walt, ma montre m'indique que la croisière que je viens de faire n'a duré que quatre minutes. Nous allions si vite que je ne distinguais pas les éléphants des rhinocéros!»

Dick Nunis s'est remis immédiatement au travail. Il a soumis chaque opérateur à un cours intensif de mini-croisière, refaisant passer les bateaux encore et encore, chronomètre à la main. Il a tellement fait s'exercer les opérateurs que ceux-ci pouvaient faire leur travail les yeux fermés. À tout moment, Dick s'attendait à recevoir une nouvelle visite-surprise de Walt. Cette fois, il serait prêt se promettait-il.

Trois ou quatre semaines après la première inspection, Walt s'est pointé de nouveau. Dick a délégué ses deux meilleurs opérateurs, croyant que Walt allait prendre un seul bateau, peut-être deux, et qu'il se montrerait satisfait des améliorations apportées. Mais Walt ne s'est pas limité à deux bateaux: *il les a tous essayés et a chronométré tous les opérateurs!* Chacun d'entre eux a effectué la mini-croisière en sept minutes, pas une seconde de moins. À partir de ce moment, tous savaient que Walt Disney était le tsar de l'excellence. Il était tout ce qu'il y a de plus déterminé à offrir à chaque client une expérience de haut niveau.

Cette histoire illustre avec éloquence l'engagement de Walt Disney envers l'excellence, le troisième secret magique. Ce secret, il le prêchait, il le vivait, il l'intégrait à tous les produits portant le nom Disney. Pour Walt Disney, il fallait vingt fois sur le métier remettre son ouvrage. La recherche de la qualité, cette quête incessante vers l'excellence et la perfection, constituait la pierre angulaire de la réussite durable de Disney. La quête de l'excellence est également la clé de votre réussite et de la mienne.

Le prix de la qualité chez Disney

Ward Kimball, une des figures légendaires de l'animation chez Disney, raconte comment l'engagement de Walt Disney envers la qualité lui a coûté huit mois de sa vie. Ward Kimball est arrivé aux studios Disney en 1934. À 22 ans, fraîchement diplômé d'une école des beaux-arts, Ward Kimball a joué un rôle important dans le plus ambitieux projet de Disney, *Blanche-Neige et les Sept nains*. Pendant huit mois, il a travaillé sur une courte séquence très amusante de quatre minutes et demie dans laquelle les nains essayaient de préparer une soupe pour Blanche-Neige.

Ward Kimball a dessiné toute cette séquence au crayon. Ses dessins ont ensuite été filmés, greffés à la bande sonore et projetés en visionnement privé afin d'obtenir l'accord de Walt avant de passer à l'étape de l'application de l'encre et de la couleur sur la pellicule. Après avoir visionné cette séquence dessinée au crayon, Walt a convoqué monsieur Kimball à son bureau.

« Ward », a dit le grand patron, « je veux que tu saches que tu as accompli un travail remarquable avec cette séquence de la soupe. Il est donc très difficile pour moi de t'annoncer que cette séquence n'apparaîtra pas dans le montage final du film. »

Ward Kimball était anéanti. « La couper ! Pourquoi ?

– Je sais à quel point c'est décevant », a répondu Walt Disney qui semblait aussi désolé que Ward Kimball. « J'adore cette séquence. Mais elle ne s'insère pas bien au reste du scénario. »

De retour chez lui, déprimé, Ward Kimball s'est senti rejeté. Il avait consacré de longs mois à cette séquence, qui allait finalement rester sur les tablettes au lieu de figurer sur le grand écran auquel elle était destinée. Cette nuit-là, il a réfléchi à cette séquence et à la façon dont elle s'intégrait au reste de l'histoire. Et plus il y pensait, plus il prenait conscience d'une chose : Walt avait raison !

Voilà peut-être l'exemple le plus probant d'un engagement envers la qualité : cette détermination à mettre au rancart le fruit de longues heures de labeur, à laisser tout ce travail sur le plancher de la salle de montage parce qu'il ne contribue pas à l'absolue perfection du produit final.

Viser la qualité, l'excellence, la première place. Dans le monde du sport, c'est cet objectif qui propulse les athlètes et les équipes vers les plus hauts sommets. Pat Riley, l'entraîneur-chef du Heat de Miami et un des entraîneurs ayant remporté le plus de victoires dans l'histoire de la NBA, a dit: « L'excellence est l'aboutissement de la détermination à toujours faire mieux. » Quant à Vince Lombardi, le légendaire entraîneur des Packers de Green Bay, il a un jour déclaré à ses joueurs: « Une fois les clameurs éteintes et les gradins vides, une fois les manchettes des journaux publiées, une fois de retour dans la quiétude de vos foyers, une fois remisée dans son écrin la bague du Super Bowl, tout ce qui reste, c'est l'engagement envers l'excellence et envers la victoire, la volonté de donner le meilleur de soi pour rendre ce monde meilleur. »

Viser la qualité, l'excellence, la première place. Dans le monde des affaires, c'est cette attitude qui propulse les entreprises vers les plus hauts sommets. Tout ce qu'une entreprise fait peut être mieux fait; et quand on fait les choses mieux que les autres, on connaît toujours plus de succès. T.J. Rogers, chef de la direction de Cypress Semiconductor, en Californie, le formule ainsi: « La plupart des entreprises échouent non par manque de talent ou de vision à long terme, mais à cause d'un relâchement au niveau de l'exécution. Les entreprises qui réussissent sont celles qui exécutent bien le travail routinier et qui cherchent sans cesse à s'améliorer. »

Ce besoin d'offrir la qualité et de s'améliorer sans cesse ne s'applique pas uniquement au domaine de la haute technologie. Il faut viser l'excellence même dans l'exécution de tâches aussi simples que la préparation de sacs de pop-corn ou de bocaux de cornichons. C'est le message que prêchait Orville Redenbacher avec son slogan: « Faites une seule chose, mais faites-la mieux que quiconque », et c'est aussi l'objectif que s'était fixé le « Roi des marinades », Henry J. Heinz, lorsqu'il a fondé son entreprise d'aliments en conserve « 57 Varieties » en 1869: « Faites l'ordinaire extraordinairement bien ».

« La qualité n'est pas une question d'argent. C'est une question d'attention », dit Hap Klopp, président de North Face, le plus important fabricant au monde d'équipement de plein air. « C'est la volonté d'être le meilleur, d'en faire une question d'honneur, de s'associer intimement à son produit. Où que vous alliez, il existe toujours un marché pour le meilleur produit. Par exemple, c'est un fait connu, une évidence, que les alpinistes ne veulent pas acheter des cordes d'escalade en solde. C'est comme la blague du parachute à vendre : « Parachute à vendre, bon marché, quelques imperfections mais n'a servi qu'une fois ». Lorsque c'est une question de vie ou de mort, comme devrait l'être toute décision d'affaires, rien ne remplace la qualité. »

Viser la qualité, l'excellence, la première place. C'est ce principe qui stimule les employés et les propulse vers la réussite et les promotions au sein de leur organisation. Mark Basich, un employé de l'usine américaine Matsushita Quasar, a écrit une définition de la qualité, aujourd'hui affichée sur les murs de l'usine : « Êtes-vous suffisamment fier de votre produit pour l'acheter vous-même ? ».

En affaires, les consommateurs veulent et exigent des produits et des services de qualité. Paradoxalement, il en va tout autrement lorsqu'il s'agit des services publics ; la plupart des gens se contentent de médiocrité. On n'est pas surpris de l'attente désagréable passée au bureau de l'immatriculation. On n'est pas surpris de la lenteur des services postaux. On n'est pas surpris d'avoir comme politiciens des gens au mieux incompétents, au pire malhonnêtes. « Faut pas trop en demander, c'est un service gouvernemental après tout » : voilà une phrase qui excuse à peu près tout. Lorsqu'on rencontre un fonctionnaire courtois et efficace, ou lorsqu'on découvre un député qui prend vraiment à cœur la réduction du déficit, l'environnement ou la baisse des impôts, on est non seulement surpris, mais abasourdi !

Il existe pourtant des gens au sein du gouvernement qui veulent redonner à la fonction publique une réputation d'excellence. « Le premier engagement du Congrès des États-Unis devrait porter sur la qualité », a dit Robert H. Michel, représentant de l'Illinois. « La qualité doit redevenir un des traits fondamentaux de ce pays. Dans une économie en mutation où la compétition est intense, les produits et services de qualité trouveront toujours preneur. Dans un monde politique agité et instable, les gouvernements de qualité seront toujours des leaders. Ce n'est pas à coup de mesures expéditives ou de solutions faciles qu'on peut affronter la société changeante d'aujourd'hui, mais en faisant des efforts concertés pour restaurer l'excellence. »

La qualité engendre la qualité. Les gens qui recherchent l'excellence dans un domaine de leur vie ont tendance à faire de même dans tous les autres domaines. Cette discipline consistant à toujours donner le meilleur de soi fait de nous de meilleurs parents, de meilleurs citoyens, de meilleurs voisins, de meilleures personnes. Et ceux qui font bien leur travail en sont généralement récompensés: ils ont une meilleure vie, plus riche et plus satisfaisante.

Misez sur la qualité et non sur le prix

Phil Crosby est consultant en contrôle de la qualité. Il vit à Orlando et fait de la formation en entreprise partout à travers le pays. Récemment, il a prononcé une conférence devant le personnel administratif du Magic d'Orlando et a réussi à insuffler à toute notre organisation une énorme dose de motivation. « Le coût de la qualité se mesure aux dépenses encourues par les choses mal faites. Si nous faisions correctement les choses du premier coup, nous n'aurions pas à les refaire, nous réduirions les dépenses relatives aux inspections, aux tests et au traitement des plaintes de la clientèle et on pourrait ainsi réaliser des économies substantielles. La qualité n'est pas quelque chose qu'on délègue; elle doit représenter pour chacun une façon de vivre, de travailler, de gérer. Elle ne consiste pas non plus à mettre des affiches un peu partout ou à se lancer dans toutes les directions; la qualité consiste à élaborer de nouvelles politiques qui établissent une fois pour toutes la façon dont les choses seront faites dorénavant. »

Qu'on les achète ou qu'on les vende, les produits de qualité constituent toujours des aubaines. La piètre qualité, elle, finit toujours par coûter cher. Si vous *achetez* des produits de piètre qualité pour économiser quelques dollars, ils ne vous en donneront pas pour votre argent, se casseront, nécessiteront des réparations et, au bout du compte, vous occasionneront plus de dépenses et de problèmes. Si vous *vendez* des produits ou des services de qualité médiocre, vous perdrez vos clients, votre réputation et votre gagne-pain. Et ce sera pleinement mérité ! Que ce soit en tant qu'acheteur ou en tant que vendeur, si vous devez choisir entre le meilleur prix et la meilleure qualité, choisissez toujours la qualité. Si vous faites face à une concurrence féroce, ne vous dépêchez pas de réduire vos prix pour devancer vos concurrents. Au contraire, améliorez la qualité et le service. « La fabrication de mauvais produits coûte cher », dit Normand Augustine, chef de la direction chez Martin Marietta et auteur du livre *Augustine's Laws*. Il a tout à fait raison. Il faut exceller dans l'excellence. C'est la seule façon de gagner.

Dans le bulletin *Think and Grow Rich*, j'ai lu un article au sujet d'un directeur des ventes chez John Deere qui porte un macaron marqué des lettres VQ/NP : « Vendez de la qualité et non des prix. » Dans l'article en question, ce directeur des ventes raconte comment est né son slogan.

Il y a quelques années, il essayait de conclure une importante vente d'équipement Deere à un acheteur de parc automobile. La lutte pour l'obtention du contrat mettait aux prises Deere et un de ses concurrents. Lors d'une rencontre chez le client, le directeur des ventes de Deere s'est fait dire : «Je suis désolé, mais mon choix va s'arrêter sur votre concurrent. Ses prix sont tout simplement plus bas que les vôtres. »

Croyant avoir perdu la partie, le directeur commercial s'est levé pour partir. En se levant, toutefois, il a aperçu quelque chose qui lui a donné une idée : le client portait une paire de bottes très luxueuses. « Dites donc, c'est une magnifique paire de bottes que vous portez là », lui a-t-il dit.

Le client a souri et s'est mis à parler de ses bottes, du cuir dont elles étaient faites, de leur confection. Il disait que c'était les plus belles bottes qu'il avait jamais eues, et aussi les plus chères qu'il avait jamais achetées.

«Je vois», a enchaîné le directeur des ventes. Qu'est-ce qui vous a incité à acheter ces bottes de luxe plutôt que d'acheter des bottes de moindre prix ? »

Le client a ouvert la bouche pour dire quelque chose, mais s'est ravisé. Il a regardé ses bottes, puis le directeur des ventes, et a finalement dit : « Cette question est tout à fait pertinente. » Il a alors tendu la main, le visage radieux : « C'est d'accord. Marché conclu. »

Offrez toujours de la qualité, et non des prix. Faites-en votre objectif. Soyez le meilleur. Voilà différentes façons de dire une seule et même chose: visez l'excellence. Les gens qui réussissent sont ceux qui poursuivent cet objectif. Tous les gens prospères que je connais semblent avoir adopté quatre attitudes axées sur l'excellence:

1. «Je vise la perfection.»
2. «Je soigne les détails.»
3. «J'essaie constamment de m'améliorer.»
4. «Je donne toujours mon maximum.»

Dans le reste du présent chapitre, nous examinerons de plus près chacune de ces attitudes.

Attitude nº 1: «Je vise la perfection.»

Au fil des ans, nos enfants ont eu l'occasion de participer à de merveilleuses activités chez Disney. Notre aîné, Jimmy, a eu la chance alors qu'il était adolescent de participer à un spectacle de Mr. Rogers à Epcot. De son côté, notre fils Michael a participé à plusieurs événements. Il a notamment tenu un premier rôle dans un spécial télévisé de Noël. Quant à Karyn, elle a siégé sur un comité qui était composé d'adolescents de partout au pays et dont le mandat consistait à publier un recueil des réactions des enfants aux attractions de Disney World. En outre, Bobby et Karin ont tous deux participé au spectacle de Noël d'Epcot mettant en vedette Carol Lawrence.

Au cours des dernières années, Jill et moi avons si souvent conduit nos enfants à des répétitions chez Disney que même notre voiture connaissait le chemin par cœur. Je ne compte plus le nombre de fois où j'ai accompagné mes enfants à leurs répétitions; pourtant, chaque fois, le message inscrit sur la porte menant aux salles de répétition n'a jamais cessé de m'impressionner.

> «Lorsque nous envisageons un nouveau projet, nous l'étudions minutieusement. Et lorsque nous l'entreprenons, nous y croyons de tout cœur. Nous avons confiance en notre capacité de le mener à bien, et nous travaillons sans relâche pour faire de notre mieux.» – Walt Disney

À mon avis, ces mots résument bien la recherche incessante de l'excellence de Walt Disney.

Lorsque vous entreprenez quelque chose, votre pourcentage d'efficacité est-il de 95 %? Ce pourcentage semble élevé, n'est-ce pas? De fait, si un joueur de baseball maintient une moyenne au bâton de .950, je vous assure qu'on érigera une statue en son honneur au Temple de la renommée du baseball. Malheureusement, dans à peu près tous les autres domaines, une efficacité de 95 % mène tout droit à l'échec.

Au début de la Seconde Guerre mondiale, une entreprise œuvrant dans l'industrie militaire a ainsi maintenu un taux d'efficacité de 95 %. Et les résultats ont été *désastreux*! Pourquoi? Parce que cette entreprise fabriquait des parachutes pour les troupes aéroportées! Lors des tests, 19 parachutes sur 20 s'ouvraient sans problème, ce qui signifie que le pauvre parachutiste qui avait la malchance de tomber sur le vingtième aurait tout aussi bien pu sauter de l'avion avec un sac d'épicerie sur le dos!

Le gouvernement a averti le fabricant: s'il n'améliorait pas la qualité de son produit, il perdait le contrat. Le directeur de l'usine a alors eu une idée: il a transféré tous ses emballeurs de parachutes au département du contrôle de la qualité, les a fait monter à bord d'un avion avec un parachute sur le dos et leur a dit de sauter! Le taux d'efficacité a instantanément grimpé à 100 %. Le personnel qui emballait les parachutes venait de comprendre l'importance de *viser la perfection*.

Une efficacité de 95 % n'est pas suffisante. En fait, je dirais qu'une efficacité de 99,9 % n'est pas suffisante non plus. N'est «suffisant» que ce qui est parfait. *Insight*, le magazine d'entreprise de Syncrude Canada ltée, a déjà publié un article intitulé «Visez la perfection... sinon!». Si 99,9 % est suffisant, peut-on y lire, cela signifie qu'aux États-Unis:

- 103 260 remboursements d'impôt seront traités incorrectement cette année;
- 22 000 chèques seront prélevés dans le mauvais compte en banque dans les 60 prochaines minutes;
- 1 314 appels téléphoniques seront acheminés au mauvais endroit à chaque minute;

- 12 nouveaux-nés seront remis aux mauvais parents chaque jour;
- 5 517 200 caisses de boissons gazeuses produites au cours des douze prochains mois seront aussi pétillantes qu'un verre d'eau;
- deux avions par jour éprouveront des problèmes à l'atterrissage à l'aéroport international O'Hare de Chigaco;
- 18 322 lettres se retrouveront dans la mauvaise boîte aux lettres au cours de la prochaine heure;
- 291 implantations de stimulateur cardiaque seront mal faites cette année;
- 880 000 cartes de crédit en circulation comporteront des erreurs de données sur leurs détenteurs;
- 20 000 ordonnances seront incorrectement prescrites dans les douze prochains mois;
- 107 interventions médicales seront effectuées incorrectement d'ici la fin de la journée.

Bien sûr, nous sommes tous humains, nous faisons tout des erreurs, personne n'est parfait. Toutes ces phrases sont des évidences et des lieux communs. Mais c'est précisément parce que nous sommes imparfaits et que nous commettons des erreurs qu'il est essentiel de viser la perfection. Le dicton dit: « Il faut viser le ciel pour sauter par-dessus la clôture ». Si vous ne visez pas la perfection, si vous ne visez pas le ciel, vous serez incapable de dépasser le niveau de la médiocrité. Observez les gens qui réussissent véritablement en ce bas monde, et vous constaterez qu'ils se sont imposés les critères les plus élevés, les plus difficiles, les plus impossibles à rencontrer: les critères de la perfection.

Prenons le cas de mon ami Bill Russell, le légendaire joueur étoile des Celtics de Boston. Bill avait l'habitude de tenir une feuille de pointage personnelle qu'il remplissait après chaque partie selon une échelle de 1 à 100, 100 correspondant à la perfection. Pour le meilleur match qu'il ait jamais disputé, Bill Russel s'est accordé une note de 65. *Soixante-cinq!* Sur les 1 200 matchs de basket qu'il a joués au cours de sa carrière, c'est la plus haute note qu'il s'est décernée. Pourtant, il est sans conteste un des cinq meilleurs joueurs de toute l'histoire du basket-ball! Pourquoi être si exigeant envers soi-même? Bill Russell ne visait pas une performance « acceptable », une efficacité de 95 % ou même de 99,9 %. Son objectif n'était rien de moins que la *perfection*. Même s'il n'a jamais atteint cet objectif, il a accompli ce dont peu de gens peuvent se vanter: l'excellence dans son domaine de prédilection.

Depuis le commencement, cette quête de la perfection fait partie intégrante de l'organisation Disney. C'est le souci de la perfection qui a poussé Walt à donner à son entreprise de production cinématographique une toute nouvelle direction: la production de longs métrages. Et il ne s'est pas contenté de se « mouiller les pieds » dans ce domaine: il s'est littéralement jeté à l'eau. Son premier essai a été un film d'aventure à gros budget tourné dans des endroits exotiques, avec des scènes filmées sous l'eau, de coûteux effets visuels et la présence d'acteurs de renom (Kirk Douglas, James Mason et Peter Lorre, pour n'en nommer que quelques-uns). Le film, c'est l'adaptation cinématographique du roman de Jules Verne: *Vingt Mille Lieues sous les mers*.

Une des scènes les plus importantes du film met aux prises l'anti-héros du roman de Jules Verne, le capitaine Nemo, et une monstrueuse pieuvre. Ce combat entre une paire de mains et des tentacules se déroule sur le pont du submersible de Nemo, le *Nautilus*. Pour cette scène, on avait aménagé sur le plateau de son de Disney un gigantesque réservoir d'eau; on avait aussi fabriqué avec du caoutchouc une titanesque pieuvre étonnamment réaliste et mue par un système complexe de fils et de poulies. D'énormes ventilateurs fouettaient l'eau du réservoir, créant un effet de vent et de vagues rappelant la mer déchaînée.

Dans son livre *Walt: Backstage Adventures with Walt Disney*, Charles Shows, ancien scénariste chez Disney, se rappelle avoir visionné en compagnie de Walt et d'une douzaine de ses adjoints, des extraits du film tournés la veille. Il raconte:

> « Walt entre dans la salle de visionnement. Les lumières s'éteignent. La nervosité dans la salle est presque palpable. On actionne le projecteur et la scène de la bataille entre Nemo et la pieuvre arrive sur l'écran.
>
> « C'était fantastique. Pour sauver son submersible et son équipage, le courageux capitaine combat à la fois la pieuvre géante et les vagues colossales de la tempête. À la fin de cette scène sensationnelle, on

rallume les lumières et la salle résonne d'une salve d'applaudissements. Tous sont d'accord : cette scène est la meilleure du film.

« Walt reste toutefois silencieux. Mauvais signe. Un après l'autre, nous observons son air impassible.

« Eh bien, Walt, qu'en penses-tu ? », se hasarde finalement quelqu'un.

« Formidable, n'est-ce pas ? »

« Walt ne dit rien. Son regard reste fixé sur le plancher. Finalement, alors que nous nous levons pour quitter la salle, Walt crie au projectionniste : « Repassez la scène. Je crois avoir vu un câble qui dépassait ».

« Doucement, nous retournons tous nous asseoir. Les lumières se referment. La pieuvre géante apparaît de nouveau sur l'écran.

« Une fois la projection terminée, un adjoint demande nerveusement à Walt : « Qu'en pensez-vous ?

"Comme je l'ai dit, je *pense* avoir vu un câble qui dépassait."

« Puis, Walt annonce son verdict, qui est en fait un véritable baiser de la mort : "Il faut reprendre cette scène." Cette simple phrase coûtera aux studios Disney la bagatelle somme d'un quart de million de dollars !

« Aucun autre producteur n'aurait accepté de payer un tel prix pour la perfection. Et c'est justement pourquoi il existe des milliers de producteurs de film. Mais un seul a pour nom Walt Disney ! »*.

Ce souci de la perfection qui a poussé Walt Disney à reprendre en 1955 une scène de 250 000 $ dans *Vingt Mille Lieues sous les mers*, il existe encore aujourd'hui dans l'organisation Disney. Si vous entrez dans le monde merveilleux d'Orlando qui existe depuis presque 25 ans, vous aurez l'impression que cet endroit étincelant, propre et fraîchement peint vient tout juste d'être inauguré. Ce monde merveilleux a été construit pour être et demeurer le meilleur parc d'attractions au monde. Tout est mis en œuvre pour maintenir ce haut niveau de perfection.

En raison de ce modèle d'excellence qu'a établi l'organisation Disney, il s'est passé quelque chose d'incroyable dans le centre de la

* Charles Shows, *Walt: Backstage Adventures with Walt Disney* (La Jolla, Calif.: Communication Creativity, 1980), pp. 140-142.

Floride: toutes les organisations ayant pignon sur rue à Orlando veulent être à la hauteur. Les conseils municipal et régional, les hôtels et les restaurants, les boîtes de nuit et les salles de spectacle, les boutiques de cadeaux et tous les autres commerces du coin se font concurrence entre eux – et avec Disney – pour être les meilleurs. Les entreprises incapables d'être à la hauteur découvrent rapidement qu'ils n'arrivent pas à la cheville de leurs concurrents et qu'ils sont automatiquement hors circuit!

Selon moi, la première impression que laisse la ville d'Orlando surpasse celle produite par n'importe quelle autre ville des États-Unis. À commencer par le secteur de la ville que la majorité des visiteurs voient en premier: l'aéroport d'Orlando. Considéré comme l'un des plus beaux au monde, cet aéroport ressemble davantage à un complexe de divertissement qu'à une infrastructure de transport. Beaucoup de gens descendent de l'avion, arpentent le hall de l'aéroport et se croient déjà rendus à Walt Disney World! On sent ce même souci de la perfection dans la conception et la construction des autres édifices importants d'Orlando: le Centre des congrès, l'Hôtel de ville, les autres centres de divertissement tels Sea World, Universal Studios et, bien sûr, l'Orlando Arena, domicile du Magic d'Orlando.

Permettez-moi de décrire brièvement ce complexe sportif unique en son genre. Construit au coût de 100 millions de dollars, il renferme une foule de détails qu'on ne retrouve dans aucun autre centre sportif: un million de pavés de brique posés à la main qui serpentent autour du complexe; un plancher de granito dans le hall principal; des tuiles rouges importées du Mexique recouvrant toutes les poutres de soutien. Rien de tout cela n'était absolument nécessaire. On aurait tout aussi bien pu jouer au basket-ball dans un grand édifice fait de poutres d'acier dénudé et de ciment grisâtre. Toutefois, notre centre sportif n'aurait pas été parfait et n'aurait pas porté le sceau de l'excellence.

Comparez l'Orlando Arena avec un autre complexe sportif construit à peu près au même moment quelques centaines de kilomètres plus au sud: le Miami Arena. Non seulement est-il moins attrayant que l'Orlando Arena, mais il n'a pas été construit pour durer. *Moins d'un an* après son inauguration, ses trottoirs extérieurs tombaient en décrépitude et ont dû être refaits. *Moins d'un an* après son inauguration, les tuiles recouvrant le hall intérieur se décollaient et ont dû être refixées. *Moins d'un an* après son inauguration, toutes les toilettes ont dû être rénovées. Lorsqu'un édifice est construit pour durer, il n'a pas besoin d'être rénové à peine un an après; il devrait tenir 1 000 ans.

Attitude nº2: «Je soigne les détails.»

À Disneyland, il existe une attraction qui reste méconnue du grand public, même de ceux ayant visité le Magic Kingdom une douzaine de fois. Cette attraction fait partie de Disneyland depuis 1961, mais elle se cache dans un coin retiré et ombragé que peu de visiteurs connaissent. Il s'agit d'une série de statues de marbre italien qui représentent Blanche-Neige et les Sept Nains. Un petit boisé, une chute d'eau et un puits magique complètent le tout. Commandées par Walt Disney lui-même, les statues ont été réalisées à prix d'or par des sculpteurs européens.

Si vous avez mal aux pieds et que vous souhaitez vous reposer quelques instants loin du tumulte du parc, visitez ce petit sanctuaire discret gardé par les sept nains. Pour s'y rendre, il suffit de suivre la foule sur la rue principale jusqu'au château de la Belle au bois dormant. De là, au lieu de traverser le pont-levis, bifurquez à droite le long de l'étang. Vous découvrirez alors une aire de repos agréable et paisible. Qui plus est, il n'y a aucune file d'attente. Cet endroit n'est qu'un des menus détails auxquels Walt attachait tant d'importance: un endroit si discret et si retiré qu'il échappe à la plupart des gens, mais si parfait et si exquis qu'il complète à merveille une journée à Disneyland.

À sa façon, l'organisation du Magic travaille avec une ardeur semblable à celle de Disney pour atteindre la perfection jusqu'au moindre détail. Selon moi, l'attention que nous accordons à une foule de petites choses explique en partie les éloges que nous valent nos matchs à domicile. Même au tout début, alors que notre organisation et notre équipe n'étaient pas encore au point, nous savions à quelle enseigne nous logions: Orlando, Floride, capitale mondiale du divertissement, ville d'adoption de Mickey et Minnie. Nous savions que les habitants de cette ville, qui depuis vingt ans vivent à l'ombre du Mont Cervin et du château de Cendrillon, n'accepteraient rien de moins qu'un divertissement de qualité. Nous savions surtout que notre équipe n'allait pas remporter beaucoup de victoires pendant ses deux premières saisons; en plus du basket-ball, nous devions donc offrir autre chose aux spectateurs. Sur le plan sportif, notre objectif à l'époque était de limiter les dégâts lors des matchs à domicile et d'éviter le massacre à l'étranger.

Dès le début, nous avons décidé de présenter nos matchs comme s'il s'agissait d'un divertissement de haut niveau, à la Walt Disney. Peu importe si l'équipe gagnait ou perdait, nos partisans passeraient une soirée où il n'y aurait aucun temps mort. Après tout, sur les deux heures et demie que dure un match de basket-ball, il y a seulement 48 minutes d'action. Que faire le reste du temps? C'est ici qu'entrent en scène les détails: la musique, l'éclairage, l'annonceur, les meneuses de bans, la mascotte, le magicien, le spectacle de la mi-temps, les feux d'artifice, le très visuel tableau indicateur. Tous ces détails s'insèrent dans une présentation soigneusement planifiée dont le principal objectif est de proposer aux spectateurs un divertissement des plus emballants et de la meilleure qualité qui soit. Nous fonctionnons encore de cette façon aujourd'hui.

Voici quelques exemples illustrant à quel point notre organisation soigne les détails de ses spectacles sportifs:

L'annonceur. Nous avons tenu des auditions pendant toute une année avant de trouver le bon annonceur. Notre choix s'est finalement arrêté sur un animateur radio de Tampa Bay, Paul Porter. Il est venu auditionner à plusieurs reprises avant que nous puissions dire: «Voici notre homme.» Notre patience et la persévérance de Paul se sont avérées profitables. Grâce à sa voix unique, à son éloquence et à son enthousiasme, il est devenu une sorte de héros à Orlando. Aujourd'hui, une foule d'enfants d'Orlando imitent Paul Porter. En fait, si vous assistez à des matchs de niveau amateur, vous entendrez les annonceurs prononcer à la manière Paul Porter: Shaqueeeeel Oh-Neeeeeal! Annnnn-Ferneeeee Haaaaarrrrdaway!

Les meneuses de bans. Nous avons également consacré une année entière à mettre sur pied notre équipe de meneuses de bans, tenant de longues périodes d'essai et de sélection dans la région d'Orlando et recrutant des danseuses dans tous les coins de la Floride. Nous avons surnommé cette équipe les « Magic Dancers ». Leur style est soigneusement travaillé : un groupe de jeunes filles séduisantes, énergiques et enthousiastes, mais qui sont naturelles et authentiques. Nous voulions un numéro de divertissement pour toute la famille qui serait davantage à l'image du centre de la Floride qu'à celle de Las Vegas. Les chorégraphies sont très athlétiques ; nous continuons donc chaque année à tenir des auditions afin que chaque match présente à nos partisans les douze meilleurs athlètes féminins du monde de la danse.

La mascotte. Pendant toute une année encore, nous avons travaillé sur le concept et le costume de notre mascotte. Nous avons embauché plusieurs designers, dont des spécialistes en design de personnages ayant travaillé chez Disney ou pour les Muppets de Jim Henson, qui nous ont proposé idées et croquis. Nous avons par ailleurs retenu une douzaine de designs provenant des meilleurs costumiers du monde du spectacle. Parmi ces propositions : un lapin coiffé d'un haut de forme ; plusieurs variantes sur le thème du magicien ou du sorcier ; quelques marionnettes à l'allure insolite ; un personnage ressemblant à un touriste avec des étoiles à la place des yeux ; un haricot possédant bras et jambes (« Un haricot ? ! » nous sommes-nous demandé en nous grattant la tête et en nous interrogeant sur la santé mentale de son créateur). Finalement, nous avons opté pour un dragon magique vert appelé Stuff, clin d'œil à un certain dragon magique rendu fameux par le groupe Peter, Paul and Mary.

Plusieurs organisations sportives croient qu'on peut mettre n'importe qui dans un costume de mascotte car, pensent-ils, tout le monde s'en fiche. Une opinion que je ne partage pas. J'ai vu deux mascottes – Big Shot et Hoops – se casser carrément la figure lors de mon séjour avec les 76ers de Philadelphie. J'ai même déjà essayé ce véritable petit sauna portatif qu'est un costume de mascotte et je sais à quel point ce travail est exigeant. Finalement, j'ai embauché un comédien vraiment talentueux, Dave Raymond, pour enfiler le costume de Hoop pendant une partie : soudainement, Hoop est devenu populaire. Mon expérience avec les 76ers m'a appris qu'à l'intérieur du costume de mascotte doit se trouver la bonne personne, sinon c'est un gaspillage de temps et d'argent.

Nous avons donc mis à l'essai une douzaine de personnes avant de trouver celle qui allait personnifier Stuff. Notre choix s'est arrêté sur un jeune homme énergique et enthousiaste (son identité reste secrète !) qui donne vie à notre mascotte depuis le début. Son succès a été immédiat tant auprès des partisans qu'auprès des journalistes. Bob Morris, journaliste au *Orlando Sentinel* a même écrit un poème en son honneur.

Les magiciens. Ce détail nous est pour ainsi dire tombé tout cuit dans le bec. Avant même de jouer notre première partie, deux magiciens sont entrés en contact avec nous pour nous proposer un de leurs numéros. Ils ont dit vouloir devenir les magiciens officiels du Magic d'Orlando. Nous les avons invités à présenter leur numéro à quelques reprises et leur travail nous a plu. Nous les avons gardés et ils ont élaboré de nouveaux tours de magie, ont proposé de nouveaux angles, des détails inédits qui enrichissaient vraiment nos spectacles.

Rapidement, ils ont contribué à faire naître quelque chose de tout à fait nouveau : une magie adaptée aux événements sportifs. Ils ont présenté une foule de trucs amusants – des concours, des jeux et des cascades incroyables. Ce sont eux qui ont eu l'idée d'utiliser un gigantesque lance-pierre pour lancer des tee-shirts et autres babioles dans les gradins (idée reprise, depuis, par plusieurs autres équipes), réussissant même à atteindre les spectateurs assis dans les sièges les plus éloignés. Les partisans adorent cela. Ce numéro de nos magiciens est devenu une partie clé de notre volet divertissement. En fait, les magiciens du Magic présentent maintenant leur spectacle pour de nombreuses équipes professionnelles partout au pays. C'est dire à quel point ils sont devenus populaires.

Non, vraiment, il n'est écrit nulle part qu'un match de basketball doit se limiter au basket-ball ; à Orlando, le basket se double d'un volet divertissement complet. Tout est mis en œuvre pour que chaque moment de la soirée soit un moment de qualité qui s'insère parfaitement dans un ensemble bien orchestré où se mêlent la magie et l'enchantement.

On dit en politique que le diable se cache dans les détails. On ne compte plus les projets qui échouent à cause de petits détails qui passent inaperçus jusqu'à ce qu'il soit trop tard. John L. McCaffrey, auteur de livres sur les affaires, décrit ainsi ce phénomène: «À la base, la gestion d'une entreprise n'a rien de bien sorcier. Vous produisez quelque chose, vous le vendez à quelqu'un à un prix qui excède votre coût de production. C'est à peu près tout, à part quelques millions de détails.» Si vous ne soignez pas les menus détails, votre entreprise, votre projet, votre rêve, et même votre famille et votre carrière, peuvent avoir des ratés ou, pire encore, rater complètement.

Invité à prononcer une conférence à un congrès se tenant à Orlando, j'ai eu une petite discussion avec une femme venue me rencontrer à la fin de mon allocution. Pendant notre conversation, cette femme d'affaires de Gainesville, en Géorgie, m'a tendu sa carte de visite. La carte portait les coordonnées habituelles – nom, adresse, numéro de téléphone, titre de la personne – mais il y avait également une petite citation qui m'a grandement impressionné: «Je suis la responsable des petits détails.» Les petits détails étant si importants, j'étais heureux de rencontrer quelqu'un qui comprenait à quel point il fallait leur accorder de l'attention.

Les personnalités du monde du sport connaissent l'importance des petits détails. «Lorsqu'on travaille sur un projet, ce sont les petits détails dont il faut s'occuper», disait le propriétaire des Yankees de New York, George Steinbrenner. «Une fois ces détails réglés, le projet se réalise tout seul. Toutefois, si on néglige les détails, tout s'écroule.» L'ex-entraîneur des Cowboys de Dallas, Jimmy Johnson, pensait de même: «Lorsqu'une personne possède la discipline requise pour faire les petites choses, je crois que cela transparaît dans tout ce que cette personne entreprend».

Un collectionneur a récemment fait don d'un bâton de baseball valant 20 000 $ au Ted Williams Museum. Ce bâton était celui qu'avait utilisé Ted en 1941, l'année où il a maintenu une moyenne de .406. Avant de regarder le bâton, Ted Williams a fermé les yeux et s'est mis à tâter le manche. Puis, il a lancé: «Ouais, c'est bien un de mes bâtons. En 1940 et en 1941, j'avais creusé un sillon dans le manche de mes bâtons pour y placer mon index droit. Je peux encore sentir cette entaille. C'est bel et bien un de mes bâtons.» Voilà ce que j'appelle soigner les petits détails.

Toutes les grandes personnalités de ce monde connaissent l'importance des détails. «Je consacre probablement 99 % de mon temps à ce que l'on appelle les «détails secondaires», disait l'amiral Rickover. «Beaucoup de gestionnaires se concentrent uniquement sur les grandes directives. Pourtant, si on ne s'occupe pas des détails, tout risque de tomber à l'eau.» De son côté, l'ancien présentateur de la chaîne NBC, John Chancellor, a résumé encore plus brièvement l'idée: «Le génie réside dans les détails». Quant à la fondatrice du Children's Defense Fund, Marian Wright Edelman, elle disait: «Lorsqu'on veut apporter une contribution significative, on ne peut négliger les petites contributions quotidiennes qu'on peut apporter et qui, avec le temps, s'additionnent et se transforment en grandes contributions qu'on est souvent incapables de prévoir au départ.»

March Fong Eu, l'ex-secrétaire d'État de la Californie, sait à quel point les petits détails sont importants. Dans un discours prononcé en 1984, elle dressait une liste de ces «petites choses» qui ont profondément marqué le cours de grands événements:

- En 1645, Oliver Cromwell a pris le pouvoir en Angleterre avec une seule voix de majorité.
- En 1649, l'ordre d'exécution de Charles I d'Angleterre a été adopté avec une seule voix de majorité.
- En 1776, une seule voix de majorité a fait de l'anglais, et non de l'allemand, la langue officielle des États-Unis.
- En 1845, le Texas a joint l'Union par une seule voix de majorité.
- En 1868, une motion de destitution du président Andrew Johnson a été défaite par une seule voix.
- En 1876, Rutherford B. Hayes est devenu président des États-Unis avec une seule voix de majorité.
- En 1933, Adolf Hitler a pris la tête du Parti national-socialiste avec une seule voix de majorité.
- En 1960, une seule voix en moins dans chaque bureau de scrutin de l'Illinois aurait privé John F. Kennedy de la victoire aux élections présidentielles.

Comme le disait Lou Holtz, entraîneur de l'équipe de football de l'université Notre-Dame: «Si on tenait en même temps deux colloques, l'un réunissant des équipes gagnantes et l'autre, des perdantes, les similitudes entre les deux seraient tout simplement étonnantes. Les stratégies à l'attaque et à la défense mises de l'avant seraient à toutes fins pratiques identiques. La durée proposée pour les entraînements serait équivalente à quelques minutes près, et le plan suggéré pour ces entraînements serait le même. La différence résiderait dans l'attention accordée aux détails. Dans une organisation gagnante, les détails insignifiants n'existent pas. Aucune tâche n'est secondaire et chacun est fier de savoir que son rôle et ses responsabilités individuels sont essentiels au succès de l'équipe.»

J'ai pu constater à quel point tout ceci est vrai, tant dans l'organisation du Magic que dans ma propre famille et dans ma vie en général. Même si je dirige une organisation sportive importante, j'essaie de mettre en pratique le slogan inscrit sur la carte de visite de cette femme d'affaires de Gainesville: «Je suis la personne responsable des petits détails.»

Attitude n° 3: «J'essaie constamment de m'améliorer.»

Oliver Cromwell, grand stratège militaire anglais du XVIIe siècle, le disait en ces mots: «Celui qui cesse d'être meilleur cesse d'être bon». Plus près de nous, Donald Peterson, ancien président de la Ford Motor Company (où «La qualité passe avant tout»), disait: «Le principe régissant notre vie et notre mort veut que lorsque nous faisons bien une chose, nous devons essayer de la faire encore mieux». Être bon ne suffit pas. Pour maintenir la qualité et l'excellence, il faut sans relâche se dévouer à la croissance et à l'amélioration.

J'ai vu ces principes à l'œuvre à maintes et maintes occasions dans le monde des entraîneurs. Les entraîneurs ne peuvent pas se contenter de maintenir un air d'aller chez leurs joueurs; ils doivent constamment les inciter à se surpasser. Si les entraîneurs ne poussent pas leurs joueurs à s'améliorer, tout se met à déraper: les attitudes, les habitudes de travail, l'effort, la détermination et même le degré de préparation de l'entraîneur. Si un joueur commence à ralentir, à faire moins d'efforts, à adopter une attitude négative et à négliger ses bonnes habitudes d'entraînement, son état d'esprit et son comportement influenceront rapidement ses coéquipiers. Si cette situation passe inaperçue pendant trop longtemps, l'entraîneur risque de perdre toute son équipe, et la saison entière peut rapidement tourner au gâchis. L'inattention, le pessimisme, la paresse et les mauvaises habitudes sont contagieuses. Le seul moyen de les prévenir est de s'engager à constamment s'améliorer. Entraîneurs, enseignants, parents, entrepreneurs et gestionnaires doivent non seulement *rester* à la hauteur, mais aussi pousser sans cesse leur entourage à s'améliorer.

Pour toujours garder le cap sur l'amélioration, le Magic d'Orlando a un concept appelé l'université Magic. C'est une idée que Rich DeVos et sa famille ont mis de l'avant après avoir acheté le Magic en 1991. Voici comment l'université Magic fonctionne.

Chaque année, au mois de septembre, tous les employés du Magic (à l'exception des joueurs) quittent leur bureau pour participer à une session de formation et de ressourcement qui dure deux jours et dont le but est d'améliorer la qualité de tout ce que nous faisons. Nous invitons un conférencier qui a pour mission de nous stimuler et de nous montrer comment augmenter le niveau d'excellence dans notre organisation. Durant la session, nous sommes coupés de l'extérieur, et le tout se déroule de manière intensive en classe, en groupes de discussion et en ateliers. De plus, entre chaque session annuelle de l'université Magic, nous tenons des mini-sessions périodiques qui nous aident à rester concentrés sur notre objectif d'amélioration.

Dans la philosophie du Magic, on ne parvient jamais à la qualité. La qualité est plutôt un engagement *continu, acharné et perpétuel*. Les champions ne se considèrent jamais parvenus au sommet de leur art: ils peuvent *toujours* se surpasser. Seuls les gens médiocres se croient toujours à leur meilleur. Charles Swindoll raconte une histoire qui illustre ce point:

> «Lorsque la chaîne d'hôtels Ritz-Carlton a remporté le Malcolm Baldrige National Quality Award, j'ai eu l'occasion de féliciter le propriétaire de cette organisation remarquable, M. William Johnson, un bon ami à moi qui vit à Atlanta en Géorgie. Avec sa modestie habituelle et son merveilleux accent du Sud, Bill a donné tout le mérite aux autres. Maintenant que son équipe avait remporté ce prix, disait-il, il allait falloir travailler encore plus fort pour mériter

le respect qui s'y rattache. "La qualité est une course sans ligne d'arrivée", concluait-il.

« Il a tout à fait raison. Pour parvenir à exceller dans un contexte de concurrence, il faut sans relâche se donner à 100 %. Si vous en doutez, essayez de maintenir l'excellence en donnant du 92 %, ou même du 95 %. Les gens s'imaginent que tout va bien tant et aussi longtemps qu'ils se rapprochent de ce pourcentage d'effort. L'excellence se trouve alors réduit à l'« acceptable » et, avant longtemps, ces gens trouvent qu'il ne vaut plus la peine de se forcer pour atteindre l'« acceptable » s'ils peuvent s'en tirer avec du « passable ». Une fois rendus là, ils sont à deux pas de la médiocrité.

Si vous avez entrepris une tâche *individuelle* pour atteindre un objectif important – si vous êtes en train d'écrire un roman ou de vous entraîner pour un marathon, par exemple – fixez-vous une série d'objectifs graduels afin d'améliorer votre niveau de performance. Gardez le contact avec une ou plusieurs personnes qui suivront vos progrès, vous superviseront et vous talonneront.

Si vous avez entrepris une tâche collective pour atteindre un objectif important – la construction d'un complexe sportif ou le lancement d'une entreprise, par exemple – donnez l'exemple au reste de l'organisation. Montrez à tous que vous visez l'amélioration. Si vos gens vous voient faire des compromis, ils feront eux aussi des compromis. S'ils vous voient vous donner à 100 % pour atteindre des objectifs toujours plus ambitieux, ils suivront votre exemple et travailleront plus fort.

Attitude nº 4: « Je donne toujours mon maximum. »

Ma femme Jill exige la perfection et serait même très heureuse d'obtenir davantage ! Elle porte des galons de sergent sur les manches de son pyjama et a fixé des normes extraordinairement élevées pour tous ceux qui vivent sous son toit. Elle n'a pas le choix: elle est seule contre 19 personnes (les 18 enfants et moi). Comme elle ne peut pas consacrer toutes ses journées de 39 heures à nettoyer, à frotter et à nous ramasser, elle *exige* carrément l'excellence de nous tous.

Nos enfants doivent ranger leur chambre, mettre leur linge sale dans le panier, remettre en ordre la salle de bains après l'avoir utilisée, s'occuper de leurs vêtements ou de leur équipement de sport. Pour que la machine familiale baigne dans l'huile, chaque enfant se voit confier deux ou trois corvées matinales – balayer, épousseter, nettoyer, laver des fenêtres, sortir les ordures – ainsi que deux ou trois corvées de fin de journée. Celui ou celle qui décide de prendre congé ou de faire son travail à moitié reçoit une punition: nager quelques longueurs dans la piscine, faire des pompes ou reprendre le travail jusqu'à ce qu'il soit bien fait. Est-ce que nos enfants aiment ça? Bien sûr que non! Souvent ils se dérobent, ronchonnent ou prennent des raccourcis. Je ne veux toutefois pas vous laisser une fausse impression; nous avons de bons enfants, qui ont habituellement une bonne attitude et qui accomplissent bien leur travail la plupart du temps. Seulement, ce sont des enfants, et les enfants mettront toujours la pédale douce si vous ne maintenez pas ou ne renforcez pas vos exigences.

En tant que parent, je sais à quel point il est facile de laisser aller les choses, de dire: «Bof, c'est plus simple d'essuyer moi-même le comptoir», «Je ferme les yeux pour cette fois». Or, si vous ne dites rien une fois, le laisser-aller sera encore plus grand la prochaine fois, et la prochaine fois encore, jusqu'à ce que, soudain, vous preniez conscience que vous avez perdu tout contrôle. Il est beaucoup plus efficace, et finalement plus facile, de maintenir des critères d'excellence que de les rétablir.

Pendant que j'écrivais ce livre, j'ai eu une conversation avec mon ami Jerry Jenkins, un auteur talentueux et prolifique qui a travaillé avec moi sur six autres livres. Jerry me parlait de son père, qui a été chef de police pendant plus de 40 ans dans l'Illinois et le Michigan. Lorsqu'il travaillait à Kalamazoo, au Michigan, il était responsable du Bureau de justice pour délinquance juvénile. Il racontait récemment à Jerry: «J'ai pu constater qu'à la base, deux raisons expliquent la délinquance juvénile: 1. l'alcool; 2. une drogue appelée TPR.

Pendant que Jerry me répétait les propos de son père, je me demandais: *Le TPR? C'est quoi? J'ai entendu parler du LSD, des PCP, du LS/MFT, mais pas du TPR.* Jerry m'a alors expliqué: «TPR signifie «Tout pour rien».» Selon son père, cette attitude qui veut qu'on puisse tout obtenir sans rien faire en retour est une drogue qui entraîne une dépendance et qui pousse les jeunes vers l'autodestruction et le crime. Ces jeunes se disent: «Si seulement je fais tel vol ou telle fraude, mon avenir sera assuré et je n'aurai plus jamais besoin de travailler!» Et cela, concluait le père de Jerry, ce n'est pas la réalité, ce n'est pas la vie. «Il faut travailler pour obtenir ce qu'on veut. Il faut travailler honnêtement, travailler intelligemment et, par-dessus tout, travailler dur. Il faut se donner à 100 %.»

En 1963, lorsque j'ai commencé à travailler dans l'administration du club-école de Miami des Phillies de Philadelphie, j'ai eu à m'occuper de la promotion. Nous devions promouvoir notre équipe par tous les moyens possibles, et nous avions entre autres fait participer nos entraîneurs à des émissions radio locales. À cette époque, il y avait un jeune animateur de lignes ouvertes qui diffusait une émission à partir d'une maison flottante amarrée à Miami Beach. Son émission étant très populaire, les invités qui y participaient s'assuraient d'une bonne publicité. Je prenais donc les dispositions nécessaires, puis j'accompagnais celui de nos entraîneurs qui allait passer à l'émission – d'anciens joueurs des ligues majeures comme Andy Seminick en 1963 et Bobby Morgan en 1964 – jusqu'au quai où était amarrée la maison flottante. Cette maison flottante s'appelait *Surfside 6* parce qu'elle avait servi au tournage de la série télévisée du même nom. Nous montions à bord et notre entraîneur participait à l'entrevue d'une heure. Moi, je m'assoyais et je regardais.

L'animateur de cette émission a fait beaucoup de chemin depuis le début des années 1960. Vous le connaissez peut-être. Son nom est Larry King.

Au fil des ans, nos chemins se sont croisés à plusieurs reprises: il a dédicacé l'un de mes livres, j'ai participé à son émission de radio et il m'a rendu la politesse pour ma propre émission de radio diffusée à Orlando. J'ai toujours eu du plaisir à le voir travailler, autant à l'époque de sa ligne ouverte à Miami qu'actuellement, alors qu'il connaît beaucoup de succès avec la chaîne internationale de nouvelles continues, CNN. Larry est un «homme de qualité», comme on disait autrefois, qui fait un travail de qualité. En fait, je crois vraiment que *seuls* les êtres de qualité possédant une attitude de qualité peuvent faire du travail de qualité, car ces gens se donnent toujours entièrement, peu importe les circonstances.

Dans son récent livre *How to Talk to Anyone, Anytime, Anywhere*, Larry raconte l'histoire d'un autre être de qualité, le comédien Danny Kaye. Il relate entre autres la participation de Danny Kaye à sa ligne ouverte télévisée. À cette occasion, Danny aurait pu se contenter de donner du 40 ou du 50 %, et les gens ne l'en auraient pas moins estimé. Cependant, étant un homme de qualité, Danny a donné du 100 % et le résultat a été émouvant et mémorable. Dans son livre, Larry raconte l'histoire en ces mots:

> «On ne pouvait s'empêcher d'aimer Danny Kaye. Comme beaucoup de grands artistes de la scène dont la renommée provient de l'authenticité, Danny Kaye est exactement la même personne sur scène et dans la vie.
>
> «Un jour qu'il était l'invité de mon émission de radio, une femme de Toledo a appelé: "Je n'aurais jamais pensé un jour vous parler. Je n'ai aucune question à vous poser. Je veux seulement vous raconter une histoire. Mon fils vous adorait. Vous étiez son modèle. Il vous imitait et tout son univers tournait autour de vous."
>
> «Puis, elle a conclu: "Il est mort pendant la guerre de Corée à l'âge de 19 ans. Il servait dans la marine. Parmi les effets personnels que la marine m'a renvoyés, il y avait une photo de vous. C'était la seule photo accrochée dans son casier. Je l'ai encadrée et accrochée à côté de la plus récente photo de mon fils. Chaque jour depuis trente ans, j'enlève la poussière sur ces deux photos. J'ai pensé que vous aimeriez le savoir."
>
> «Dans le studio, Danny pleurait, moi aussi, tout comme la femme à l'autre bout du fil. Danny lui a demandé: "Votre fils avait-il une chanson préférée?
>
> – Oui, *Dena.*"»

Pour cette mère d'un récipiendaire de la Gold Star, Danny a alors entonné à travers ses larmes une de ses plus célèbres chansons, sans orchestre ni piano, avec sa seule voix.

Ce moment a été un des plus mémorables de ma carrière, car il était si humainement touchant. Danny a immortalisé cet instant parce qu'il est ouvert, non pas dans le sens de vouloir parler de lui, mais dans le sens d'être capable d'empathie et d'émotions, chose dont peu de gens sont capables.»

Danny Kaye n'était pas obligé de chanter cette chanson. Il aurait tout aussi bien pu dire: «Merci de votre témoignage», puis passer à un autre appel. Au lieu de cela, pour réconforter et remercier cette femme, il a offert une grosse partie de lui-même – ses émotions, ses larmes, sa vulnérabilité et, surtout, l'immense générosité de son cœur. Voici la marque d'un être de qualité.

Cultiver l'excellence

L'excellence n'est pas une politique administrative, mais plutôt un état d'esprit, une attitude, une façon de penser et d'être. Pour susciter cet état d'esprit dans son entreprise, son équipe, son église, sa famille, il ne suffit pas de l'exiger ou de le professer ; il faut se poser comme *modèle*, à l'instar de Walt Disney. Dans une organisation, une fois qu'on a créé un climat où l'excellence n'est pas uniquement une façon de faire mais une façon *d'être*, tout notre entourage est porté à dépasser les politiques administratives, les descriptions de tâches et les devoirs à accomplir, afin de maintenir l'excellence.

L'organisation Disney (encore une fois) en fournit un exemple. Dans une conférence prononcée récemment, Valerie Oberle, vice-présidente de la formation en gestion chez Disney, a raconté l'histoire suivante :

> « Il n'y a pas longtemps, on a demandé à une cliente qui s'apprêtait à quitter l'hôtel du Polynesian Village de Walt Disney World si elle avait apprécié les vacances qu'elle venait d'y passer. Elle a répondu à la réceptionniste qu'elle avait passé des vacances merveilleuses, mais qu'elle était horriblement déçue d'avoir perdu plusieurs rouleaux de pellicules photographiques non développés encore. Elle était particulièrement chagrinée d'avoir perdu les photos qu'elle avait prises à notre Luau, un banquet polynésien en plein air, car c'était là un de ses meilleurs souvenirs.
>
> « Comprenez-moi bien : nous n'avons aucun service affecté à la recherche de photos perdues... Heureusement, la réceptionniste en fonction ce jour-là partageait entièrement la philosophie de Disney, à savoir qu'il faut tout mettre en œuvre pour plaire aux clients. Elle a donc demandé à la cliente de lui laisser un ou deux rouleaux de pellicule vierge et qu'elle s'occuperait du reste.
>
> « Deux semaines plus tard, la cliente a reçu un colis chez elle. À l'intérieur se trouvaient des photographies de toute la troupe de notre Luau, autographiées personnellement par chacun de ses membres. Il y avait également des photos de la parade et du feu d'artifice

du parc d'attractions, toutes prises par cette réceptionniste en dehors de ses heures de travail. J'ai eu connaissance de cette histoire parce que la cliente nous a écrit une lettre. Elle y disait que jamais dans sa vie elle n'avait vu un personnel si dévoué dans un établissement commercial.

«Pour faire un travail remarquable, il ne suffit pas de suivre sa description de tâches. Il faut y mettre tout son cœur et s'entourer de gens qui encouragent cet état d'esprit et qui en donnent l'exemple.»

Walt Disney construisait des choses faites pour durer, et son objectif d'excellence s'est transmis aux gens dévoués qui travaillent aujourd'hui dans son organisation. La culture d'entreprise Disney est une culture axée sur l'excellence. Vous et moi devrions suivre ce modèle d'excellence. L'«acceptable» n'a jamais été, n'est pas et ne sera jamais suffisant. La quête de l'excellence est un secret magique qui conduit à la réussite et à la réalisation de nos rêves.

Dans le prochain chapitre, nous explorerons le quatrième secret qui se cache derrière le monde merveilleux de Disney, une équipe de basket-ball magique et un mode de vie magique et miraculeux: «Persévérez. N'abandonnez *jamais*!»

Le quatrième secret magique:

Persévérez

Chapitre 8

La résolution inébranlable d'atteindre son but

- *« Si tu y crois du plus profond de ton âme, accroche-toi et n'abandonne pas. Tu peux y arriver*

  Mariah Carey,
  auteure-interprète, *Make It Happen*

- *« Au football comme dans la vie, les touchés se marquent rarement par un gros jeu de 70 verges. D'habitude, ils se marquent par petites poussées de trois verges et beaucoup de poussière. »*

  Rush Limbaugh

- *« Le succès est l'envers de l'échec. »*

  Thomas J. Watson, fondateur d'IBM

- *« N'abandonnez pas ! Rien en ce bas monde ne remplace la persévérance. »*

  Ray Kroc, fondateur de McDonald's

Notre fille Daniela fait partie de l'équipe de soccer de l'école secondaire Lee d'Orlando. Récemment, son équipe a affronté l'équipe de l'école Meadowbrook. Tout au long du match, l'équipe de Daniela a attaqué, dominant totalement le match, tandis que l'équipe de Meadowbrook a passé le plus clair de son temps à essayer sans succès d'entrer dans la zone adverse. Bizarrement, même si les joueuses de l'équipe de Lee ont eu l'avantage sur le terrain, elles s'avéraient incapables de marquer. La raison: la gardienne de but tenace et obstinée de l'équipe de Meadowbrook. Daniela et ses coéquipières ont bien lancé une cinquantaine de fois en direction de son filet, mais elle tenait bon et arrêtait tout. Pendant ce temps, les attaquants de Meadowbrook n'ont pas effectué un seul lancer en direction du but de Lee.

Le match est alors arrivé à sa dernière minute de jeu. Toujours zéro à zéro. Le chronomètre égrenait les secondes: 50, 40, 35 secondes...

À 20 secondes de la fin, les filles de Lee se sont frayées un passage vers la zone adverse pour tenter un dernier lancer sur la gardienne assiégée de Meadowbrook. Encore une fois, celle-ci a arrêté le ballon, puis l'a botté au-dessus de la tête des filles de Lee. Le botté ressemblait à un botté de football: le ballon a parcouru une quarantaine de verges avant d'atterrir au milieu du terrain et se mettre à rouler. Une joueuse de Meadowbrook s'en est alors emparé et a dribblé en direction du but adverse. La gardienne de Lee, encore toute fraîche d'être restée à ne rien faire de toute la partie, s'est accroupie et a figé. La partie arrivait à son terme et le ballon venait tout droit dans sa direction!

La joueuse de Meadowbrook transportait le ballon avec grâce, rapidité et puissance. Daniela et ses coéquipières, qui s'étaient retrouvées coincées à l'autre bout du terrain, devaient soudain courir comme des folles pour rattraper le ballon maintenant rendu dans la *mauvaise* zone. Malheureusement, il était trop tard.

La joueuse de Meadowbrook a botté le ballon de toutes ses forces. Celui-ci s'est mis à planer dans les airs. La gardienne de Lee a fait un bond pour l'intercepter, mais le ballon lui a effleuré le bout des doigts, est tombé derrière elle et s'est niché dans le filet tel un œuf de poule au fond de son nid. La sirène a retenti et Meadowbrook a remporté le match 1 à 0.

J'ai assisté à cette rencontre et je n'en croyais pas mes yeux. C'était une défaite crève-cœur pour ma fille Daniela. Cependant, peu importe le vainqueur, l'intensité qui a régné tout au long de ce match était quelque chose à voir. Il y a une leçon importante à en tirer: la clé de la réussite consiste à *tenir bon jusqu'au bout.* «Si vous tombez à sept reprises, relevez-vous huit fois», dit le vieux proverbe. Rien n'est plus vrai. Meadowbrook a remporté ce match dans les 20 dernières secondes du jeu, ce qui prouve qu'on échoue seulement lorsqu'on cesse d'essayer.

Tous nos enfants sont inscrits à plusieurs activités. Beaucoup de sport, mais aussi du théâtre, de la danse, des défilés de mode et ainsi de suite.

Même si les enfants aiment ce qu'ils font, j'entends parfois la phrase suivante: «Papa, je ne veux plus jouer au baseball» ou «Papa, quand pourra-t-on cesser de nager?» ou «Papa, je n'aime pas l'entraîneur de soccer. Je vais lâcher». Ma réponse est invariablement la même: «Non, tu ne vas pas abandonner, car tu n'as pas la permission.»

J'ai appris ma leçon il y a longtemps avec ma fille Karyn. Elle s'adonnait depuis des années à la gymnastique et pratiquait cette discipline avec enthousiasme, talent et passion. Puis, un jour, Karyn a commencé à traîner de la patte, à se plaindre et finalement à vouloir tout arrêter. Même si je pensais le contraire, je lui ai donné ma bénédiction. La carrière de gymnaste de Karyn, 12 ans, venait de prendre fin.

Karyn venait tout juste de terminer sa première année au collège et se débrouillait très bien comme meneuse de ban. Eh bien, devinez! Comme la connaissance de la gymnastique est un atout dans ce domaine, Karyn a recommencé à s'entraîner au club de gymnastique Brown d'Orlando.

Récemment, en revenant d'un de ses cours, Karyn m'a demandé: « Papa, pourquoi m'as-tu laissée abandonner la gymnastique?

« Parce que tu te plaignais tellement que ça nous rendait la vie impossible à tous », lui ai-je répondu.

Elle a répliqué: « Tu aurais dû me dire de ne pas lâcher. Tu n'aurais pas dû me laisser faire. Ne permets plus à personne d'abandonner ses activités. »

Je crois que l'incident de la gymnastique nous a beaucoup appris, à Karyn et moi.

La persévérance est plus importante que l'intelligence, que la compétence, que le talent, que la force physique ou que la chance. Si vous tombez un millier de fois, la réussite signifie qu'il faut alors se relever *mille et une fois*.

C'est après avoir terminé ma huitième année que j'ai tiré un de mes premiers et plus mémorables enseignements. Cet été-là, j'ai voulu m'inscrire dans une équipe semi-professionnelle de baseball où tous les autres joueurs étaient beaucoup plus âgés que moi. J'ai réussi à faire l'équipe, mais j'étais nerveux; allais-je être à la hauteur?

En route pour jouer mon premier match, j'étais assis à l'arrière de la voiture conduite par ma mère. Ma grand-mère se trouvait à ses côtés. Pendant le trajet, nous parlions de mes chances avec cette équipe. À un moment donné, j'ai dit: « Écoutez, si ça ne marche pas, je peux toujours quitter l'équipe ».

Avec une rapidité qui m'a laissé bouche bée, ma grand-mère s'est tournée vers moi, m'a frappé la poitrine avec son index et m'a regardé droit dans les yeux: « Tu n'abandonneras pas », a-t-elle dit sur un ton grave. « Personne n'abandonne dans notre famille. »

J'ai compris le message. Je n'ai pas abandonné.

Peu importe l'arène que vous choisissez pour mener les combats de votre vie – le sport, les arts, les affaires, le culte, la famille – un des préalables essentiels de la réussite est une qualité qui a pour nom la *persévérance*. Depuis ce jour où ma grand-mère m'a ordonné de ne pas abandonner, j'ai pu constater à quel point cela était vrai.

Comme le dit souvent mon ami Rich DeVos, cofondateur d'Amway: «La persévérance, c'est la résolution inébranlable d'atteindre son but».

Persévérez

En 1986, j'ai eu l'occasion de m'initier à une langue que j'appelle le «Disneylais» pendant que je travaillais à mettre sur pied le Magic d'Orlando. J'avais été invité au 15e anniversaire de Disney World et parmi les autres invités de Disney se trouvaient plusieurs personnalités du monde du spectacle, du sport et du secteur des affaires. J'ai croisé Buell Duncan, président de la Sun Bank, et nous avons parlé de la venue de la NBA à Orlando. Il m'a dit: «Tu dois absolument parler de ça à Michael Eisner».

Bien sûr, ai-je pensé. *Une discussion avec le grand patron de l'empire Disney serait (hum!) à tout le moins utile.*

«Bon, je vais te le présenter», a dit Buell. Il m'a alors emmené au pavillon américain d'Epcot. Sur une estrade se trouvait Michael Eisner en compagnie du sénateur Ted Kennedy, du juge en chef de la Cour suprême Warren Burger ainsi que d'autres sommités.

«Écoute, il a l'air très occupé», ai-je dit.

– Reste aux alentours» a-t-il dit. «Il a presque terminé. J'ai quelqu'un d'autre à rencontrer, on se reverra plus tard!» Buell s'est éclipsé et je me suis retrouvé seul.

Quelques minutes plus tard, Michael Eisner a terminé son discours. Je me suis frayé un chemin à travers la foule qui voulait lui serrer la main et lui demander un autographe. Grâce à beaucoup de persistance et de persévérance (des mots importants!), je me suis approché suffisamment pour capter son regard. En lui tendant la main, je me suis présenté: «M. Eisner, mon nom est Pat Williams et...»

Son visage s'est éclairé. «Pat Williams!», a-t-il dit en me serrant la main. «Justement la personne à qui je voulais parler!

– Moi?», ai-je répondu, un peu surpris (d'accord, j'étais plutôt bouche bée).

– Je dois me rendre à un autre rendez-vous, mais si cela vous convient, on pourrait se rencontrer à neuf heures à Paris.

– D'accord», ai-je dit, l'air figé. Puis j'ai regardé ma montre. Elle montrait huit heures. *Ouah!, me suis-je dit, je savais que les dirigeants de Disney évoluaient dans de hautes sphères, mais comment vais-je me rendre à Paris en une heure? Même le Concorde ne peut m'y mener aussi vite... Et de toute façon, il n'y a aucun Concorde qui décolle d'Orlando!*

Puis, j'ai soudain pigé: Michael Eisner ne voulait pas dire Paris en France, ni même Paris au Texas. En Disneylais, Paris fait référence au pavillon de la France à Epcot!

Une heure plus tard, comme convenu, j'ai rencontré Michael Eisner et nous avons eu une conversation très intéressante.

Le Disneylais a pour origine, bien sûr, Walt Disney lui-même. Disney et son entourage avaient développé leur propre vocabulaire où on trouvait des mots comme «imaginerie», «Circarama» et «audio-animatronic». Alors que les propriétaires de foires traditionnelles appellent leurs clients des «victimes», Walt Disney voulait que les visiteurs de Disneyland soient appelés des «invités» et qu'ils soient traités comme tels. De même, Walt Disney a transformé les «manèges» des foires traditionnelles en «attractions» et en «aventures». Les attractions qui attiraient les foules étaient appelées, affectueusement (et en privé), des «gobes-personnes» par Walt et son équipe.

Lorsque Disneyland a fêté son 10e anniversaire en 1965, il a remplacé les trois premières lettres du mot *centennial* («centenaire») pour former le mot *Tencennial* («dixnaire»). Il n'existe pas de service des ressources humaines chez Disney, pas plus qu'il n'y a d'employés. On trouve plutôt un «bureau du *casting*» et tous les gens qui travaillent pour Disney (y compris ceux travaillant dans les cuisines ou dans les hôtels) font partie de la distribution. À Disneyland, les aires ouvertes au public sont des «scènes», tandis que les secteurs réservés aux membres de la distribution sont baptisés «coulisses».

Mon expression favorite en Disneylais est un mot qu'utilisait Walt Disney pour dire persistance et persévérance: «persévérite». Dans leur livre *Disney Animation: The Illusion of Live*, deux proches collaborateurs de Walt Disney, les animateurs Frank Thomas et

Ollie Johnson, membres du groupe «Nine Old Men», parlent de leur patron et de la détermination dont il faisait preuve:

> «Disney n'a pas connu un succès immédiat et il est même surprenant qu'il ait percé dans ce monde de requins où l'argent et les contrats étaient rares. Mais Walt était un batailleur très déterminé, pas du tout du genre à vivre dans une bulle d'artiste. Comme il le disait: «Toute ma vie, j'ai dû affronter une concurrence féroce. Je serais perdu sans elle.» Un homme doué de son talent, mais dénué de sa volonté et de sa ténacité, n'aurait jamais pu réussir.
>
> «Il y a eu des luttes incessantes, de nombreuses défaites et de cruels désappointements. Walt a perdu ses collaborateurs, ses contrats et les droits sur ses personnages. Et lorsqu'il a commencé à connaître un petit peu de succès, son studio est devenue une proie dont les autres voulaient s'emparer coûte que coûte, ou tout simplement éliminer. Il a également été aux prises avec des problèmes syndicaux lorsqu'il a mis au point de nouvelles techniques, de nouveaux équipements, de nouvelles idées en matière de divertissement.
>
> «Tout au long de ces premières années, Walt et son frère Roy se sont battus tout seuls contre ceux qui dominaient l'industrie du cinéma. Des décennies plus tard, alors qu'il avait le dos au mur, Walt a bénéficié de l'appui inconditionnel de ses employés qui, grâce à leur loyauté et à leur dévouement envers leur patron et leur travail, ont fait plusieurs sacrifices en cette période d'incertitude.

La fameuse chanson-thème du film *Pinocchio* nous dit de «faire un vœu en regardant une étoile» afin de réaliser nos rêves. Disney savait que ce n'était pas suffisant. Dans la vraie vie, lorsqu'on veut réaliser ses rêves, on doit faire preuve de persévérance et de courage. On ne doit jamais abandonner avant le coup de sifflet marquant la fin du match.

Dans son livre *A Kick in the Seat of the Pants*, Roger Van Œch dit: «Plus de 80 % du processus créatif consiste à vous rapprocher avec acharnement de votre objectif. Vous trébucherez sûrement quelques fois en cours de route. Relevez-vous chaque fois, sinon vous vous retrouverez avec des empreintes de pas sur le dos». Monsieur Van Œch poursuit en citant un sondage mené auprès de spécialistes du capital de risques. Ce sondage visait à déterminer quelle était la qualité que les investisseurs recherchaient le plus chez un entrepreneur. Parmi les réponses recueillies, on trouvait la connaissance du marché, le leadership, la volonté de prendre des risques.

Toutes ces qualités étaient jugées importantes, certes, mais celle qui revenait le plus souvent était la « capacité de donner un effort intense et soutenu », en d'autres mots la persévérance.

La ligne de démarcation entre la réussite et l'échec est floue. Très souvent, elle réside dans la capacité de tenir le coup une seconde de plus. Celui qui se démarque est celui qui lutte un peu plus fort, court un peu plus vite, encaisse un peu mieux, souffre un peu plus longtemps que les autres. Dans le sport, la victoire et la défaite se jouent souvent au dernier jeu, à la dernière seconde du match. Beaucoup de gens réaliseraient leurs rêves s'ils avaient un tout petit peu plus de patience et faisaient plus d'efforts.

Un chanteur persévérant

En octobre 1974, à l'époque où j'étais directeur général des 76ers de Philadelphie, j'ai travaillé sur un événement promotionnel majeur à l'occasion de l'Halloween, laquelle coïncidait avec une visite des Knicks de New York. J'étais totalement absorbé par l'organisation de cette promotion: concours de dégustation de tarte à la citrouille, concours consistant à attraper une pomme avec sa bouche, les mains liées dans le dos, etc. C'est alors que le téléphone a sonné. C'était Barry Abrams, un employé à temps partiel du Magic qui faisait aussi de la promotion de disques. « Pat », a-t-il dit, « je travaille en ce moment avec un jeune chanteur qui vient tout juste d'enregistrer une chanson. Serait-ce possible de la faire jouer au cours du match contre les Knicks ?

– Tu sais, Barry, que nous n'avons pas l'habitude de faire ce genre de chose.

– Pat, tu nous ferais une faveur à tous les deux...

– D'accord. Dis-lui de passer me voir ce soir avant le match ». J'ai raccroché puis j'ai oublié tout ça.

Le soir du match, j'étais plongé dans mon travail lorsqu'est arrivé un homme maigrelet à la tignasse ébouriffée. « Monsieur Williams, je suppose ? », a-t-il demandé. Je crois que monsieur Barry vous a téléphoné aujourd'hui. » Je lui ai lancé un regard dénué d'expression. Je me rappelais vaguement avoir parlé à Barry, mais avec tout le brouhaha du moment, je n'arrivais plus à me rappeler l'objet de notre conversation. « J'ai apporté une cassette », a-t-il ajouté en me la montrant. « Pourrez-vous la faire jouer tout à l'heure pendant le match ? »

J'ai alors allumé. *Ah oui ! le gars qui vient d'enregistrer un disque*, me suis-je souvenu en regrettant ma promesse faite à Barry. « Pourquoi avoir choisi un match de basket-ball plutôt qu'un autre événement pour lancer votre chanson ? Vous savez, l'acoustique est mauvaise ici et les gens ne viennent pas pour écouter de la musique.

– Monsieur Williams », a-t-il répliqué, « j'ai des centaines de cassettes semblables et je les apporte aux stations de radio, aux matchs de baseball, aux parties de basket-ball, dans des écoles de danse, dans des fêtes, bref dans tous les endroits où les gens se rassemblent. Si je réussis à faire entendre mes cassettes à suffisamment de gens, certains finiront par acheter mes disques.

– J'admire votre courage. Écoutez, le programme de ce soir est très chargé et je suis très occupé. Vous voyez les gars, là-haut, dans la cabine de son ? Allez-y et parlez aux électriciens. Dites-leur que nous nous sommes parlés et que je suis d'accord pour qu'ils arrangent quelque chose pour vous.

– Merci ! », a-t-il joyeusement répondu. Puis il s'est dirigé vers la cabine de son. Encore une fois, j'ai rapidement oublié le tout et je me suis remis au travail.

La soirée a suivi son cours, les gradins se sont remplis et les joueurs ont sauté sur le terrain pour le réchauffement d'avant-match. Lors d'un temps d'arrêt, j'ai entendu une chanson, une ballade très douce et agréable à écouter. À la fin de la chanson, il y eut quelques vagues applaudissements. *Ce gars a sûrement amené avec lui sa mère et quelques-uns de ses cousins pour l'encourager*, me suis-je dit.

Environ un mois plus tard, j'ai de nouveau entendu cette chanson, cette fois sur les ondes de la radio. Elle était intitulée *Mandy* et filait vers le sommet du palmarès. Un jeune auteur-compositeur-interprète venait de naître : Barry Manilow.

Une réussite de ce genre n'est pas le fruit du hasard. Elle s'est produite parce que Barry Manilow croyait en lui-même et consacrait ses énergies à frapper à toutes les portes, à donner une copie de son disque à tout le monde, à chercher sans cesse un auditoire et une scène sur laquelle présenter ses chansons. Cette réussite découle de la persévérance qu'il a démontrée pour transformer son rêve en réalité. Lorsque nous songeons à abandonner, nous devons penser au timbre-poste: une fois l'endos humecté, il colle sur la lettre jusqu'à ce que celle-ci arrive à destination.

J'ai reçu des invités tous plus intéressants les uns que les autres à mon émission de radio hebdomadaire: Charles Barkley, Shaq, Bob Costas, Jerry West, Larry King et même Tammy Faye Bakker. Un de mes invités favoris demeure Bill Russell. Cet ex-centre étoile des Celtics de Boston a été nommé à cinq reprises le joueur le plus utile à son équipe; il a été le premier entraîneur-chef de race noire d'une équipe professionnelle aux États-Unis et c'est un bon ami à moi. Un des sujets que nous avons abordés pendant l'émission concerne ses années comme entraîneur des Celtics, une équipe qu'il a, en tant que joueur, menée à 11 championnats de la NBA en 13 saisons. Je lui ai rappelé un de ses commentaires rapportés dans un article que j'avais lu: «L'ardeur au jeu est un talent en soi.

«Qu'entends-tu par là?», ai-je demandé.

«L'ardeur au jeu est synonyme de dynamisme, de persévérance, de cœur au ventre», a-t-il répondu. Le meilleur exemple qui me vient à l'esprit est John Havlicek, qui a joué pour moi avec les Celtics. On l'appelait «l'increvable». Pendant ses 16 saisons, il a toujours donné du 100 %. Il était vraiment là pour jouer du basketball. Dieu qu'il avait de l'ardeur! Un journaliste sportif de Boston m'a déjà dit que la seule qualité de John Havlicek était son ardeur au jeu. Son jugement était sans appel. J'étais renversé. Je lui ai répondu: «L'ardeur au jeu est sa seule qualité? Écoute, *l'ardeur au jeu est un talent en soi*, elle n'est pas donnée à tout le monde. Le gars qui a de l'ardeur au jeu est le gars qui reste debout même lorsque la situation semble désespérée.»

Persévérer malgré la douleur

Étant de nature optimiste, positive et tournée vers l'avenir, je crois depuis toujours qu'aujourd'hui est mieux qu'hier et que demain sera meilleur encore. Je suis néanmoins réaliste. La vie n'est pas toujours un jardin de roses. Elle peut parfois vous écraser, vous rejeter, vous blesser, vous amoindrir. Que faire alors? L'histoire d'un de nos joueurs, Brian Shaw, est très révélatrice à ce sujet.

Au petit matin d'un samedi de juin 1993, le père de Brian, Charles Shaw, roulait sur une autoroute dans la Jeep Cherokee familiale, à une vingtaine de kilomètres au sud de Las Vegas. Dans la voiture se trouvaient également la mère de Brian, Barbara, sa sœur Monica, 24 ans, et la fillette de cette dernière, Brianna, 1 an, baptisée ainsi en l'honneur de Brian. Habitant Oakland en Californie, les Shaw étaient en vacances. Nul se sait ce qui s'est passé exactement à 05 h 15 de ce matin d'été limpide du désert du Nevada. Monsieur Shaw s'est peut-être endormi au volant. Sa jeep est peut-être entrée en collision avec une autre voiture, puis est sortie de la route. Quoi qu'il en soit, la Cherokee a dérapé, a fait une embardée et s'est renversée. Tous les occupants ont été tués, sauf la petite Brianna.

Comment surmonter une telle épreuve? D'un seul coup, Brian a perdu toute sa famille immédiate. Ses parents et sa sœur étaient ses héros, ses conseillers, ses amis, ses plus ardents supporters. Les amis de la famille Shaw parlaient d'eux comme d'une «famille parfaite».

Lors du service funéraire, près de 2000 personnes se sont entassées sur les 600 sièges de l'église méthodiste Taylor Memorial United d'Oakland, dont certains coéquipiers de Brian: Gary Payton, Reggie Lewis, Mitch Richmond et Tim Hardaway. Les gens voulaient rendre un dernier hommage à cette grande famille et offrir leurs condoléances à Brian en ce moment de souffrance indescriptible. Étonnamment, Brian était celui qui essayait de réconforter les autres!

Devant la foule rassemblée, Brian s'est levé, s'est éclairci la gorge et a dit d'une voix forte mais chargée d'émotion: «Je vous prie de m'excuser car je vais maintenant vous ouvrir mon cœur.» Il a alors livré un vibrant témoignage sur ses parents et sa sœur. Un témoignage rempli de souvenirs parfois aigre-doux, parfois amusants. Les gens pleuraient et riaient à la fois en écoutant ce jeune homme courageux. Brian a parlé de la passion de son père pour le plein air, se remémorant des voyages de pêche en Alaska. Il a parlé de sa mère, la personne la plus «sensible» de la famille, qui dirigeait un centre d'aide à la famille dans un quartier défavorisé d'Oakland. Il a parlé de la force de caractère et de la grandeur d'âme de sa sœur, Monica.

Finalement, il a dit quelques mots à propos de sa nièce. « Toutes les belles choses que je vous ai racontées sur ma famille vivent toujours à travers Brianna », a-t-il dit en guise de conclusion. Et, j'ajouterais, à travers Brian également.

« Ma famille m'a légué une force intérieure qui me permet de surmonter cette épreuve », raconte-t-il aujourd'hui. « J'essaie de rester positif à l'égard des souvenirs et des bons moments. Ces pensées me remontent le moral, malgré l'absence physique de mes proches. Je sens qu'ils sont là, qu'ils veillent sur moi. Et je veux vraiment qu'ils soient fiers de moi. »

Je sais que Brian *demeure* une source de fierté pour sa famille. Il jouait pour le Heat de Miami au moment de cette tragédie et il nous rend maintenant de fiers services comme réserviste chez le Magic. Sans être un joueur flamboyant comme Shaq ou Penny, il est solide, fiable et constant même lorsqu'il y a beaucoup de pression. Pour beaucoup de joueurs, une telle perte perturberait leur jeu. Brian, lui, n'a jamais laissé son deuil déranger sa performance sur le terrain. En fait, il se laisse plutôt complètement absorber par son travail, moins pour *fuir* sa douleur que pour faire honneur à sa famille.

Brian Shaw est un être merveilleux, un gars chaleureux, gentil et humble dans un milieu où les gros ego sont la norme. Il faut une grande force intérieure et beaucoup de caractère pour persévérer en dépit d'une telle souffrance. C'est pour moi un privilège de côtoyer Brian, de le regarder travailler et de le voir poursuivre sa vie avec courage. Il personnifie toute la puissance de la persévérance, pour les millions d'amateurs de basket-ball à travers le pays comme pour moi.

J'aimerais enchaîner avec une autre histoire sur le refus d'abandonner. En 1962, alors que j'étais étudiant de dernière année à Wake Forest, un joueur du nom de Brian Piccolo faisait ses débuts avec l'équipe de football de l'école. Au terme d'une brillante carrière amateur et après l'obtention de son diplôme, Brian Piccolo a signé un contrat avec les Bears de Chicago et a amorcé sa carrière dans la NFL.

En 1969, je suis devenu directeur général des Bulls de Chicago et nos chemins se sont de nouveau croisés. C'est à l'automne de cette année-là que nous avons appris avec stupeur que Brian souffrait d'un cancer incurable.

Brian est décédé en juin 1971. Avant de mourir, il avait fait imprimer une carte de visite qu'il distribuait à tout le monde. Il m'en a donné une que j'ai gardée longtemps. On pouvait y lire: «Un règlement de la ligue interdit d'abandonner».

Quel exemple saisissant de détermination et de persévérance.

Modèles de persévérance

Irving Stone a consacré sa carrière à l'étude des grands de l'histoire: Michel-Ange, Sigmund Freud, Charles Darwin, Abraham Lincoln, Van Gogh. Puis il a écrit des biographies romancées relatant leur vie et leur époque – des livres tels *Lust for Live*, *Clarence Darrow for the Defense*, *The Agony and the Ecstacy* et *The Origin*. Irving Stone était convaincu que tous ces grands personnages avaient quelque chose en commun: «Mes livres parlent de gens qui, à un moment de leur vie, ont eu une vision ou un rêve au sujet d'une tâche à accomplir et qui se sont mis au travail. Ils se sont fait critiquer, envoyer au plancher, calomnier et, pendant des années, ils n'ont pas avancé. Toutefois, ils ont relevé la tête chaque fois qu'on les rabaissait. Impossible de détruire ces gens. Et au terme de leur vie, ils ont réussi à atteindre une modeste partie des objectifs qu'ils s'étaient fixés.»

Tout comme Irving Stone, je m'intéresse depuis longtemps aux histoires de vie exceptionnelle et de grande persévérance, aux gens qui ont poursuivi leurs rêves en faisant fi de la douleur, du chagrin, des obstacles, des revers de fortune. Bob Love fait partie de ces gens.

Au mois de septembre 1969, je suis entré en poste à titre de directeur général des Bulls de Chicago. Parmi les réservistes se trouvait un avant du nom de Bob Love, surnommé «Butterbean». Professionnel depuis quelques années, Butterbean Love ne s'était jamais véritablement démarqué. Sa carrière avait débuté à Cincinnati, puis il avait été échangé à Milwaukee pour finalement aboutir à Chicago. Il se languissait sur le banc lorsque j'ai pris en charge les Bulls. En fait, un de mes premiers gestes comme directeur général a été d'essayer d'échanger Butterbean à Seattle, sans succès.

Butterbean était un bagarreur, un joueur déterminé qui s'accrochait et qui continuait de croire en lui-même. À l'automne 1969, on lui a finalement donné sa chance, qu'il a immédiatement saisie pour prendre son envol. Au cours des huit années qui ont suivi, il a été un avant tout étoile, le meilleur joueur des Bulls jusqu'à l'arrivée de Michael Jordan.

Plus rien ne semblait pouvoir arrêter Butterbean, mis à part un énorme obstacle: Bob était aux prises avec un sérieux problème de bégaiement. Je me rappelle qu'un soir, après un match des Bulls, il bégayait tellement qu'il avait eu toutes les misères du monde à donner une entrevue à la station WGN-TV. Cette expérience a été une des plus humiliantes et embarrassantes dont j'ai été témoin.

À la fin de sa carrière en 1977, Butterbean souhaitait rester dans le monde du basket-ball, idéalement comme entraîneur, mais personne ne l'aurait embauché à cause de son problème de bégaiement. Pendant sept ans, donc, Bob Love a passé d'un emploi quelconque à un autre. Cet athlète avait marqué plus de douze mille points dans la NBA et il se retrouvait maintenant serveur dans le restaurant d'un magasin à rayons Nordstrom de Seattle.

Toutefois, Butterbean refusait de lâcher. Il donnait son maximum comme garçon de table sans jamais prendre de congé. Ses employeurs étaient très impressionnés par cet employé fier, travaillant et toujours disponible. Un jour, ils décidèrent de défrayer les coûts d'un traitement orthophonique pour l'aider à se débarrasser de son problème gênant.

Le traitement a porté fruit et Bob Love est aujourd'hui porte-parole des magasins à rayons Nordstrom. Il travaille également pour les Bulls comme directeur des relations avec la communauté. Il est toujours en contact avec la population, se rend dans les écoles pour parler aux jeunes, les mettre au défi, leur indiquer la voie à suivre vers un avenir meilleur. Il encourage tous les jeunes, et tout particulièrement ceux des quartiers défavorisés. Son message est le suivant: « Préparez-vous dès aujourd'hui en étudiant et en pratiquant un sport. Développez vos talents pour que votre avenir soit constructif. »

Butterbean est le premier sur ma liste de modèles de persévérance. Richard Nixon s'y trouve également. À sa mort en 1994, les sentiments étaient partagés au sein de la population américaine. Beaucoup l'admiraient pour ce qu'il avait accompli. D'autres le détestaient pour son rôle disgrâcieux dans le scandale du Watergate. Un seul élément faisait l'unanimité, autant chez ses partisans que chez ses détracteurs: Richard Nixon était un homme persévérant. Dans son éloge au disparu, son vieil ami et conseiller Henry Kissinger a ému beaucoup de gens lorsqu'il a dit: « Il est maintenant temps de dire adieu à notre vaillant compagnon. Il a atteint le sommet, mais celui-ci s'est ouvert sur un précipice. Il a accompli de grandes choses et il a beaucoup souffert. Mais il n'a jamais abandonné. » Un éloge funèbre remarquable et parfaitement approprié à cet ancien président américain qui a dit un jour: « Un homme vaincu n'est pas un homme fini. Seul celui qui abandonne est fini. »

Cette histoire en est une parmi tant d'autres. Jetez un coup d'œil sur les modèles de persévérance qui suivent. (Vous verrez des noms connus. Vous serez surpris de constater combien d'échecs ces personnes ont dû essuyer avant d'atteindre la célébrité).

- Au cours de la Révolution américaine, George Washington a perdu deux batailles sur trois. Il a toutefois persévéré et a finalement remporté la victoire. Les États-Unis d'Amérique existe grâce à sa persévérance.
- Lorsque George Frederic Handel a composé son chef-d'œuvre, *Le Messie*, il traversait un passage à vide dans sa vie. Il était malade, rejeté de tous et tellement criblé de dettes que ses créanciers le menaçaient de prison. Il a cependant persévéré et le succès de son chef-d'œuvre de la musique sacrée lui a permis de rembourser ses dettes et d'acquérir pour toujours sa réputation comme un des plus grands compositeurs au monde.
- Louis Pasteur a été victime d'une attaque de paralysie avant de découvrir le procédé révolutionnaire de la pasteurisation. « Je vais vous révéler le secret qui m'a permis d'atteindre mon objectif », a-t-il déjà dit. « Ma force repose uniquement sur ma ténacité. »
- Henry Ford a échoué et tout perdu cinq fois avant de finalement connaître du succès. Si ses succès ont été grandioses, ses échecs ont été très souvent embarrassants. Son tout premier modèle avait un défaut qui sautait aux yeux: Henry Ford avait

oublié d'installer une marche arrière. Cependant, il savait comment atteindre ses objectifs: *les poursuivre sans relâche*. Un jeune employé ambitieux a un jour demandé à Henry Ford le secret de son succès. «*Terminez* toujours ce que vous avez commencé», a-t-il répondu.

- Après avoir été congédié trois fois, Alfred C. Fuller n'était plus capable de se trouver du travail. Comme personne ne voulait l'embaucher, il a décidé de s'embaucher lui-même. Il s'est alors mis à fabriquer des brosses et à les vendre en faisant du porte à porte. C'est ainsi qu'a démarré la célèbre entreprise de vente porte à porte, la Fuller Brush Company.
- Bob Hope est aujourd'hui une légende dans le monde du spectacle. Toutefois, en 1928, il a failli tout abandonner: il était sans le sou, affamé et incapable de se trouver du travail. «J'étais planté devant le Woods Theater de Chicago. Je n'avais aucun engagement et j'étais prêt à plier bagages pour retourner chez moi à Cleveland», se rappelle-t-il. «Juste à ce moment, un de ses amis avec qui il avait travaillé dans le vaudeville s'est trouvé à passer et lui a demandé comment il allait. «J'ai faim», a répondu Bob Hope, et l'ami a pu constater que cet homme habituellement drôle ne blaguait pas. Il a alors mis son bras autour de l'épaule de Bob Hope et l'a conduit au bureau d'un agent, Charlie Hogan. Bob Hope a exécuté un extrait de son numéro, qui a plu à Charlie Hogan. «Mon gars, je peux te faire engager comme remplaçant au West Englewood Theater. Un contrat d'une seule journée, mais qui paie 25 dollars. Ça te convient?» Bob Hope, qui n'avait jamais gagné plus de 10 $ par spectacle, s'est empressé d'accepter. «Ce contrat a été celui qui m'a définitivement lancé», raconte-t-il aujourd'hui.
- Babe Ruth est surnommé le «roi des coups de circuit» parce qu'il a réussi 714 coups de quatre buts. Ce qu'on ne sait pas, c'est que Ruth était aussi le «roi du retrait sur trois prises» avec un total de 1 330, un record à l'époque.
- Un jour, Theodor Geisel a soumis à des éditeurs un manuscrit de livre pour enfants. L'un après l'autre, les éditeurs ont rejeté son manuscrit. En fait, Theodor Geisel a essuyé 23 refus en tout. Toutefois, le 24e éditeur a acheté son manuscrit, l'a publié et en a finalement vendu 6 millions d'exemplaires! Le

nom de Theodor Geisel ne vous dit rien? Peut-être alors connaissez-vous son nom de plume: le docteur Seuss! Le livre dont je viens de parler, *And to Think That I Saw It on Mulberry Street* (1937), a été le premier de nombreux classiques pour enfants qui se sont également vendus à des millions d'exemplaires, tels *The Cat in the Hat*, *Horton Hears a Who* et *Green Eggs and Ham*.

- Le général Douglas MacArthur s'est vu refuser l'entrée à West Point non pas à une, mais à deux reprises. S'il n'avait pas persévéré et réussi à se faire accepter à sa troisième tentative, nos livres d'histoire raconteraient peut-être différemment la Seconde Guerre mondiale et la guerre de Corée.
- En 1960, Tom Monahan a acheté une modeste pizzeria; son commerce a vivoté pendant huit ans avant d'être détruit par un incendie. Sa compagnie d'assurance ne remboursait que dix cents pour chaque dollar perdu, mais il a pris cette maigre somme, a emprunté un peu d'argent, a tout investi dans une nouvelle pizzeria et s'est remis à vivoter en espérant réussir. Deux ans plus tard, parce qu'il était incapable de rembourser ses emprunts à la banque, celle-ci a saisi son commerce. Pendant les dix mois où il est resté entre les mains de la banque, le commerce a dépéri encore plus. La banque a alors remis à Tom Monahan ce qui restait de sa pizzeria. C'était en 1971, monsieur Monahan avait une dette de 1,5 million de dollars et ses créanciers en colère le menaçaient de poursuites devant les tribunaux. Toutefois, Tom Monahan refusait d'accepter l'échec. Il s'est plutôt demandé: «Que puis-je faire pour faire volte-face à la situation? Comment démarquer ma pizzeria de toutes les autres?» La réponse à sa question: offrir le tout premier service de livraison de pizza à domicile. Cette idée lui a permis non seulement de rembourser ses créanciers et de garder son commerce, mais aussi de devenir *prospère*. Aujourd'hui, l'entreprise de Tom Monahan, Domino's Pizza, compte plus de 1 300 restaurants à travers les États-Unis et se classe parmi les 50 premières entreprises de restauration.
- Rien n'indiquait que Rocky Bleier possédait l'étoffe des champions. Choisi au tout dernier rang lors du repêchage collégial de la NFL en 1968, il venait à peine d'endosser son uniforme

des Steelers de Pittsburg qu'il reçut un avis de mobilisation, a troqué son uniforme de football pour celui de soldat et s'est retrouvé au Viêt-nam. Là-bas, il a reçu un éclat de grenade dans la jambe droite et une balle dans la cuisse gauche. Sa carrière de joueur de football professionnel semblait donc finie avant même d'avoir commencé.

Toutefois, Rocky Bleier voulait jouer au football. Faisant fi de la douleur et du boitement, il s'est entraîné pendant des heures, jour après jour, pour recouvrer force et agilité. Lorsqu'il s'est présenté au camp d'entraînement des Steelers en 1970, sa ténacité a étonné ses coéquipiers. S'il s'étirait un muscle, il se confectionnait un bandage (contre l'avis de ses médecins) et revenait au jeu. Il a profité de ses trois années dans les unités spéciales des Steelers pour accroître son endurance et affiner ses habiletés, et a finalement décroché en 1974 un poste régulier de demi à l'attaque. Au cours des deux saisons suivantes, il a contribué à faire de Pittsburg l'équipe des années 1970, notamment en gagnant plus de 1000 verges en 1976.

Pour un demi, les jambes sont ce qu'il y a de plus précieux. Celles de Rocky Bleier avaient subi l'épreuve du feu et de l'acier. Il a cependant prouvé qu'un trésor encore plus précieux se trouvait dans son esprit et dans son âme: son refus inconditionnel d'abandonner.

- Richard Hooker a consacré sept ans de sa vie à écrire son premier roman, une comédie inspirée de ses expériences à la guerre de Corée. Tous les éditeurs à qui il soumettait son manuscrit le rejetaient. Les critiques des éditeurs étaient acerbes: « Ce texte n'est pas drôle » ou encore « Une comédie portant sur la guerre? Quelle idée tordue! » Richard Hooker s'est fait dire « non » à 21 reprises, mais il a tenu bon. À la 22e reprise, un éditeur de la maison d'édition Morrow lui a envoyé un contrat et une avance de fonds. Le livre a été publié, a connu un succès immédiat et a donné lieu à plusieurs suites, à un film et à une série télévisée. Le titre du livre: M.A.S.H.
- Plusieurs personnes ont du mal à croire que le quart étoile des Colts de Baltimore, Johnny Unitas, ait un jour été libéré par les Steelers de Pittsburg. En fait, Johnny Unitas croyait que sa carrière était finie lorsqu'il a lancé un appel désespéré aux Colts, les suppliant de lui accorder un essai. Les Colts l'ont mis

sous contrat et Johnny Unitas est devenu membre du Temple de la renommée du football grâce à des statistiques impressionnantes: plus de 40 000 verges de gains par la passe, 290 passes de touché, ainsi qu'une série record de 47 matchs consécutifs avec au moins une passe de touché. Pas mal pour un joueur rejeté par les Steelers!

- Lorsque Mary Kay Ash a lancé son entreprise de produits de beauté en 1963, tout le monde prédisait un échec. Son comptable lui a dit qu'elle donnait une trop grosse commission à ses vendeurs. Son avocat lui a soumis une liste des entreprises de produits de beauté qui avaient fait faillite au cours des douze derniers mois. Un compétiteur lui a dédaigneusement offert d'acheter son entreprise pour une somme dérisoire, prétendant qu'elle se dirigeait vers la faillite. « Tout semblait se dresser contre moi », se souvient-elle, « mais même en 1963, j'avais quatre certitudes: (1) Les gens qui contribuent à la création d'une entreprise appuient cette entreprise par la suite. (2) Dans ce pays sans pareil, il n'existe aucune limite à ce qu'une personne peut accomplir. (3) Si on leur donne la chance, les femmes peuvent réussir mieux que les hommes. (4) J'étais prête à travailler dur et sans compter mes heures pour prouver que j'avais raison. » Mary Kay Ash a persévéré et elle dirige aujourd'hui Mary Kay Cosmestics, une des entreprises de produits de beauté les plus importantes et les plus rentables aux États-Unis.
- On a dit de la vedette de musique country Randy Travis qu'il avait connu un « succès instantané ». C'est mal connaître son histoire. Randy Travis et sa femme, Lib Hatcher (qui était aussi sa gérante), ont sacrifié dix longues années de vaches maigres pour permettre à Randy de connaître ce « succès instantané ». Au cours de cette période difficile, Randy Travis a passé des auditions auprès de tous les producteurs de disques de Nashville et tous, sans exception, l'ont rejeté. Entre-temps, Lib dirigeait une boîte de nuit où son mari présentait le spectacle principal. Pour acquitter les factures et payer les employés, elle devait souvent mettre en gage ses bijoux et d'autres objets de valeur. Les clients de la boîte de nuit ignoraient que lorsque Randy n'était pas sur scène, il lavait la vaisselle et faisait frire

du poisson-chat (silure) dans la cuisine. Randy et Lib se sont toutefois accrochés à leur rêve et, après dix années de lutte, le rêve a commencé à prendre forme: Randy a enregistré une chanson intitulée «On the Other Hand». Cette chanson est devenue un succès, puis le reste a suivi: Randy a enregistré un album, a fait une tournée dans tout le pays, a tourné des vidéoclips, a enregistré d'autres albums et a même signé un contrat de long métrage. Randy Travis a dit: «Si vous travaillez sans relâche pour réaliser un rêve et que vous croyez en vous, tôt ou tard ce rêve se réalisera».

L'étoffe des champions

Un jour, j'ai vu une entrevue télévisée accordée par l'animatrice Sally Jessie Raphael. Lorsque l'intervieweur lui a demandé d'où provenait son talent, madame Raphael a rejeté la tête en arrière en éclatant de rire, puis a répondu: «Mon talent? Oh là là! Laissez-moi vous dire une chose: la persévérance est le seul talent qui soit». J'adore cette façon de penser. Vous et moi ne sommes peut-être pas les personnes les plus intelligentes, les plus fortes ou les plus habiles en ce bas monde. Nous ne sommes peut-être pas des premiers de classe, des champions du monde ou des reines de beauté. Cependant, à la longue, rien de tout cela n'a d'importance. Le seul véritable talent est la persévérance. Si vous avez de la persévérance, vous possédez presque tout ce qu'il faut pour réussir.

C'est parce que beaucoup d'obstacles se dressent entre nos rêves et nous que la persévérance est un trait de caractère si essentiel. Il se trouve toujours quelqu'un pour essayer de nous décourager et de nous abattre. Il se trouve toujours quelqu'un de bien intentionné pour nous conseiller de mettre nos rêves de côté, «d'être raisonnable». Il y a également les obstacles d'ordre pratique: manque d'argent et de temps, indifférence, stress, problèmes à résoudre. Il y a aussi les épreuves et les malchances qui viennent perturber notre concentration et notre détermination à aller de l'avant: faillite, maladie, divorce, problèmes de couple, pertes tragiques comme celle qu'a subies Brian Shaw. Tous ces obstacles existent et peuvent nous couper de nos rêves. Notre mission consiste à les enfoncer, à passer en dessous, à sauter par-dessus, à les contourner et à foncer droit vers notre objectif.

Certains des obstacles à affronter se trouvent en fait à *l'intérieur* de nous: barrières psychologiques ou émotionnelles telles que la paresse, la lassitude, le doute, l'inquiétude, l'insécurité, la peur et la procrastination. Nombreux sont ceux qui savent ce qu'il faut pour réussir, mais qui trouvent que c'est trop difficile, qui ont peur de se salir les mains, qui refusent de se rabaisser à telle ou telle tâche, qui attendent qu'on leur facilite la tâche. Or, comme le disait E.M. Gray: « La personne qui réussit a l'habitude de faire les choses qui répugnent aux ratés. La personne qui réussit n'aime pas davantage faire ces choses, mais sa détermination est plus forte que sa répugnance. » C'est la force de notre détermination qui nous fait avancer vers nos rêves, qui nous incite à faire des choses que nous n'aimons pas forcément et qui nous permet ultimement d'accomplir ce que nous désirons profondément.

J'ai eu l'occasion de prononcer « mon discours Disney » à de nombreux congrès et autres réunions d'affaires. Une de mes histoires favorites me vient d'Art Williams, un ancien entraîneur de football qui travaille maintenant comme cadre dans le domaine des assurances. Son message est le suivant:

Cette formule est tellement simple qu'elle en est « révolutionnaire ». Elle est pourtant si mal comprise ou si souvent ignorée que ceux qui la comprennent la qualifient de véritablement « magique ». Prêts ? Allons-y:

- Si vous travaillez dur, vous surpassez 50 % de la population en Amérique.
- Si vous êtes honnête, intègre et que vous croyez en quelque chose, vous en surpassez un autre 40 %.
- Pour ce qui est du 10 % qui reste, il se résume en un corps à corps au sein du système de libre entreprise.

Arrêtons-nous un instant pour nous laisser pénétrer par cette formule. Peu importe que vous soyez en train de mettre sur pied une équipe de sport, de bâtir une entreprise ou d'occuper la plus haute fonction politique du pays, il reste que vous surpassez 50 % des gens *dans tous les domaines* si vous travaillez avec ardeur et sans relâche. Tous ces livres qui expliquent comment devenir riche instantanément me rendent furieux. Ils prétendent qu'il est inutile de travailler fort pour réussir puisqu'il suffit d'être futé. Faux ! La vérité, c'est que personne n'ose dire que pour réussir, il faut suer sang et eau et se casser les reins à l'effort. Pour ma part, je ne peux affirmer qu'une chose: vous n'attteindrez même pas la ligne de départ si vous n'êtes pas prêt à travailler comme jamais vous ne l'avez fait auparavant.

Saint Paul faisait référence à cette qualité si importante qu'est la persévérance lorsqu'il disait: «Nous sommes pressés de toutes parts, mais non pas écrasés; ne sachant qu'espérer, mais non désespérés; persécutés, mais non abandonnés; terrassés, mais non annihilés.» (2 Corinthiens 4, 8-9) «C'est pourquoi nous ne faiblissons pas. Bien au contraire, encore que l'homme extérieur en nous s'en aille en ruines, l'homme intérieur se renouvelle de jour en jour. Oui, la légère tribulation d'un moment nous prépare, bien au delà de toute mesure, une masse éternelle de gloire.» (2 Corinthiens 4, 16-17) «Non, frères, je ne me flatte point d'avoir déjà saisi; je dis seulement ceci: oubliant le chemin parcouru, je vais droit de l'avant, tendu de tout mon être, et je cours vers le but, en vue du prix que Dieu nous appelle à recevoir là-haut, dans le Christ Jésus.» (Philippiens 3, 13-14)

Surmonter la détresse. Foncer vers son objectif. Viser la première place. Voilà l'étoffe dont sont faits les champions. Paul avait saisi tout le pouvoir de la persévérance, il y a presque 2 000 ans.

Savez-vous qui était Ernest Shackleton? Cet explorateur d'origine irlandaise a essayé d'atteindre le pôle Sud à plusieurs reprises sans jamais y parvenir. Un jour, il s'est retrouvé à trois jours de marche de son objectif, mais il a rebroussé chemin. C'était pourtant le rêve de sa vie. Pourquoi alors s'intéresser à un homme qui a *échoué* dans la poursuite de son but? Vous le comprendrez en lisant son histoire.

À l'époque, on avait tenté à plusieurs reprises de conquérir le pôle Sud. Ernest Shackleton lui-même avait participé à l'expédition infructueuse de Robert F. Scott en 1904. En 1908, monsieur Shackleton a pris la tête de sa propre expédition, qui est partie de McMurdo Sound pour atteindre le Pôle en passant par le glacier Beardmore. Le 9 janvier 1909, les membres de l'équipe de Shackleton se sont rapprochés du pôle comme aucune autre expédition n'avait réussi à le faire: ils se trouvaient à seulement 213 kilomètres de l'objectif, soit l'équivalent de trois jours de marche. Nul doute que l'explorateur Shackleton était en mesure de parvenir à son but, ainsi qu'à la gloire et à la fortune. Mais les vivres commençaient à manquer. Si Ernest Shackleton s'aventurait plus loin, certains de ses hommes ne pourraient pas survivre au voyage de retour. C'est alors que Shackleton a pris la difficile décision de rebrousser chemin. Ses hommes et lui se sont donc hâtés de rejoindre le point de retour sur la côte où les attendait un bateau qui avait pour ordre de prendre le large le 1er mars, avec ou sans l'expédition Shackleton à son bord. Ceux-ci ont réussi à rallier la côte le jour même du 1er mars.

En 1914, Ernest Shackleton a de nouveau tenté sa chance, quittant l'Angleterre pour amorcer le long voyage en direction du pôle Sud. En janvier 1915, son navire, l'*Endurance*, s'est pris dans les glaces, à des centaines de kilomètres au large des côtes de l'Antarctique. Au cours des dix mois qui ont suivi, Ernest Shackleton et son équipe ont vainement tenté de libérer le bateau de sa prison de glace. En novembre, la glace a donné le coup de grâce en broyant et en envoyant par le fond l'*Endurance*. L'équipage dorénavant sans navire devait survivre sur la banquise avec pour seules ressources des tentes, deux canots de sauvetage et de maigres provisions. Voyant que l'équipe était condamnée sans l'arrivée d'une aide extérieure, Ernest Shackleton et deux de ses hommes ont pris un canot et navigué sur près de 2000 kilomètres en direction de l'île South Georgia, située à l'est de Tierra del Fuego. Même s'ils étaient presque moribonds lorsqu'ils ont finalement atteint l'île, ils ont réussi à franchir une chaîne de montagnes pour se rendre à un poste de chasse à la baleine situé à l'autre extrémité de l'île. Sur place, ils ont mis sur pied une expédition de secours pour récupérer les hommes laissés derrière.

Pendant deux mois, le navire de secours a dû affronter une mer agitée et se frayer un chemin à travers les icebergs. Finalement, le bateau a rejoint les 22 hommes qui attendaient sur la banquise, puis a mis le cap sur l'Angleterre. Cet équipage avait donc survécu pendant 18 mois à des températures glaciales et à des rations tout justes suffisantes pour rester en vie. Malgré les périls et les épreuves que ses hommes et lui avaient affrontés, et en dépit du fait qu'il avait échoué à deux reprises à atteindre le pôle Sud, Ernest Shackleton avait toujours réussi à ramener vivants *tous les membres de son équipe*. Voilà une réussite accomplie dans des conditions incroyablement difficiles et reposant entièrement sur la persévérance absolue de monsieur Shackleton.

Une des histoires de persévérance les plus remarquables dont j'ai pu être témoin concerne un jeune homme du nom de Donald Royal. Il est le cinquième joueur du Magic: titulaire du chandail numéro 5, il est aussi le cinquième joueur de la formation de départ au chapitre de la promotion et de l'attention médiatique. Sur le plan professionnel, rien n'a été facile pour Donald. Diplômé de l'université Notre-Dame, il a joué à la fin des années 1980 pour Pensacola et Cedar, deux équipes des ligues mineures, membres de la Continental Basketball Association. Il s'est ensuite joint aux Timberwolves de Portland dans la NBA, a joué une saison à Tel Aviv en Israël (échappant de peu à un attentat terroriste), puis est revenu dans la CBA à Tri-City dans l'État de Washington. C'est de là qu'il a de nouveau rejoint les rangs de la NBA, d'abord à San Antonio et finalement à Orlando. Le curriculum vitae de ce joueur ressemble au parcours d'une boule dans un flipper!

Pour la plupart des joueurs professionnels de basket-ball, être retranché d'une équipe de la CBA signifie qu'il est temps de songer à une deuxième carrière. Toutefois, Donald avait toujours la NBA comme objectif. Il a donc persévéré, travaillant sans relâche à améliorer son jeu. Après s'être joint au Magic – une équipe où toute l'attention et la gloire reposent sur les performances flamboyantes de joueurs comme Shaq, Penny Hardaway, Nick Anderson et Horace Grant – Donald Royal est devenu un joueur fiable qui s'améliore sans cesse. Il assure certains rôles clés dans l'équipe. Il est bon à la défense, mais capable d'appuyer l'attaque et de jouer avec agressivité les rebonds pour un joueur de sa taille. Il offre également un magnifique arrière-plan aux redoutables «Shaq attaques».

«Je ne suis qu'un joueur de soutien», a déjà déclaré Donald à un journaliste du *Sporting News* avec cette humilité typique d'un joueur d'équipe. «Le fait de ne pas marquer beaucoup de points m'importe peu. Je suis le genre de joueur qui a pour mission d'accomplir les petites choses»*. Pour un joueur de soutien, Donald

* Cité par Bill Heller in «The Fifth Man», *Sporting News*, 23 janvier 1995, p. 33.

présente des statistiques très respectables. Pendant la saison 1994-1995, il a maintenu une moyenne par match de 9,1 points, 4,0 rebonds et de 2,8 assistances. Quant à sa moyenne d'efficacité au chapitre des lancers au panier, elle est de 0,475. Il a mis au point une poussée explosive au panier et a considérablement amélioré son lancer de la ligne de trois points, prenant souvent par surprise ses adversaires avec des tirs précis de cinq ou six mètres. Alors que quantité de joueurs auraient accroché pour de bon leurs chaussures de basket après une carrière exigeante dans la CBA, Donald Royal s'est accroché à son rêve: il jouit à présent d'un statut de joueur partant à la NBA et a un contrat de plusieurs saisons valant plusieurs millions.

Si les champions mangent des céréales de blé entier au petit-déjeuner, ils se nourrissent de persévérance à tous les autres repas. C'est ce qui leur permet de continuer lorsque les autres abandonnent, c'est ce qui distingue les gagnants du reste du troupeau.

La persévérance est l'étoffe dont sont faits les champions.

Quelques conseils des grands de ce monde

Jusqu'à présent, ce chapitre a été légèrement différent des précédents: moins de suggestions et de principes à suivre, plus d'anecdotes et d'expériences personnelles. C'est qu'il n'y a qu'*un seul* principe à suivre, *une seule* suggestion en matière de persévérance: tenir bon. Les enseignements les plus inspirants et instructifs que j'ai tirés sur la persévérance, je les ai tirés en observant des gens déterminés. Lorsque vous avez les épaules au plancher, qu'on donne le compte de dix, que la foule vous enterre de ses huées, il est réconfortant de savoir que d'autres sont déjà passés par là... et qu'ils se sont relevés pour continuer à se battre et remporter une victoire écrasante!

Le monde du sport a toujours été pour moi un microcosme, une métaphore de la vie. Les ingrédients de la victoire dans le sport sont à toute fin pratique identiques à ceux de la réussite dans la vie. Les traits de caractère essentiels pour se démarquer sont les mêmes partout, qu'on soit joueur de basket-ball, marathonien, gestionnaire, entrepreneur, représentant de commerce, pasteur, artiste, romancier, ou tout simplement parent. Quel que soit votre objectif –

un bureau avec vue panoramique, une invitation à participer à un jeu télévisé, un roman à succès ou le but gagnant à la finale de la coupe Stanley – la persévérance en est la clé. Voici quelques extraits qui décrivent peut-être mieux que moi la persévérance :

- « Même si j'étais le troisième quart à Georgia Tech, je n'ai pas lâché », dit Pepper Rodgers. « Même si j'étais le second quart au niveau junior, je n'ai pas lâché. Au niveau senior, j'ai été blessé, mais encore là, je n'ai pas abandonné, persévérant pour terminer ma carrière amateur avec le titre du joueur le plus utile lors du Sugar Bowl. Tous croyaient que j'étais un joueur remarquable. C'était faux. La seule chose remarquable chez moi, c'était mon refus d'abandonner. »
- « Ce qui me fascine, c'est que les grands athlètes ne considèrent pas que leur talent exceptionnel est attribuable à l'hérédité », dit le psychologue du sport Jim Lœhr. « Il y a une chose qui ressort toujours lorsqu'on soumet ces athlètes à des tests psychologiques : leur énergie. Le seul point commun à tous réside dans la dose d'énergie qu'ils mettent dans la poursuite de leur objectif. La plupart des athlètes au sommet de leur discipline, Larry Bird ou Wayne Gretzky, par exemple, ne se considèrent pas favorisés sur le plan génétique. Ils vous diront plutôt que la force de caractère reste le facteur déterminant. Ils sont capables de gérer leurs émotions mieux que la plupart d'entre nous. Quand on regarde Larry Bird et qu'on le compare à ses puissants coéquipiers, il est difficile de croire qu'il puisse si bien jouer. De toute évidence, il possède quelque chose qui se situe au-delà de la supériorité génétique. » Ce « quelque chose » de plus s'appelle la persévérance.
- « Après la blessure à mon bras, les médecins m'ont affirmé que je ne pourrais plus jamais lancer », raconte Tommy John, ex-lanceur des ligues majeures. « Je leur ai répondu : « Vous êtes d'excellents médecins et vous avez toute ma confiance. Mais vous vous trompez sur ce point. Je n'abandonnerai pas. Je reviendrai. Vous avez fait un excellent travail sur mon bras. Pour ce qui est du reste, j'en fais mon affaire. Je connais mon seuil de douleur, et il est assez élevé. Je sais avec quelle ardeur je peux m'entraîner, et si je dois le faire 18 heures par jour, je le ferai. » Et c'est ce qu'il a fait.

- « Tous les athlètes, et d'ailleurs tous les gens qui ont des ambitions, vivent un jour ou l'autre des moments où tout semble aller de travers », dit la gymnaste Cathy Rigby, gagnante d'une médaille d'argent olympique. « On se sent fatigué, la motivation disparaît et on trouve mille et une raisons d'éviter de faire ce qu'on est censé faire. Quand cela m'arrive, je pousse la machine à fond : je m'entraîne plus longtemps, je fais quelques exercices supplémentaires, je me concentre davantage. Une fois le creux passé, je constate que c'est dans ces moments que je m'améliore le plus, parfois deux ou trois jours après, parfois deux ou trois mois après. Une chose est certaine : il y a une amélioration. »
- Mon vieil ami Tommy Lasorda, instructeur-chef des Dodgers de Los Angeles, voit la persévérance comme une quête spirituelle. « Lorsque les choses se corsaient », dit-il, « nous jetions un coup d'œil sur le petit papier que Dusty Baker gardait dans sa poche. J'aimerais vous révéler ce qui y était inscrit. C'est un extrait des épîtres aux Romains 5, 1-5 : « Ayant donc reçu notre justification de la foi, nous sommes en paix avec Dieu par notre Seigneur Jésus Christ, lui qui nous a donné d'avoir accès par la foi à cette grâce en laquelle nous sommes établis et nous nous glorifions dans l'espérance de la gloire de Dieu. Que dis-je ? Nous nous glorifions encore des tribulations, sachant bien que la tribulation produit la constance, la constance une vertu éprouvée, la vertu éprouvée l'espérance. Et l'espérance ne déçoint point, parce que l'amour de Dieu a été répandu dans nos cœurs par le Saint Esprit qui nous fut donné. »

En guise de conclusion sur le sujet, voici comment le regretté George Allen, une légende du monde du football, définissait la persévérance, à l'époque où il dirigeait le President's Council on Physical Fitness.

> « Toute votre vie, vous devrez constamment vous battre et vous adapter pour survivre, et c'est là une des choses les plus difficiles à apprendre. Peu importe qui vous êtes ou ce que vous faites, vous devrez continuellement lutter pour le but que vous vous êtes fixé.
>
> « Ceux qui ne sont pas conscients de cette lutte et qui pensent que les choses se passent différemment seront perpétuellement déçus. Les gens qui échouent ne se rendent parfois pas compte que le seul

moyen de vivre sa vie quotidienne est de continuer à se battre. La santé, le bonheur et la réussite dépendent de la combativité de chacun. Ce n'est pas tant ce qui nous arrive qui importe, mais notre façon d'y réagir.»

George Allen ne se limitait pas à prêcher ces bonnes paroles. Il les mettait en pratique dans sa vie. À l'époque où il était entraîneur-chef dans la NFL, il a pris charge de deux équipes qui croupissaient dans le bas-fond du classement – d'abord les Rams de Los Angeles, ensuite les Redskins de Washington – et les a transformées en équipes gagnantes. Il a inscrit une incroyable série de 16 saisons gagnantes consécutives. *Il n'a jamais cessé de se battre.*

Finalement, en 1990, au terme de 23 saisons comme entraîneur-chef dans le football professionnel, George Allen a pris sa retraite. Il commençait tout juste à s'habituer à sa nouvelle vie et à y prendre goût lorsque le téléphone a sonné. C'était le département d'athlétisme de l'université d'État de Long Beach qui suppliait monsieur Allen de sortir de sa retraite pour sauver du naufrage leur programme de football.

«J'ai 72 ans», a répliqué George Allen sur un ton bourru. «Je suis retiré du football. Je n'ai pas de temps à perdre avec une équipe de football de niveau collégial.»

Les gens de Long Beach ont insisté, l'implorant d'accepter le poste.

«Il y a plein d'instructeurs disponibles», a poursuivi George Allen. «Vous n'avez pas besoin de moi.

– Si vous refusez le poste, nous devrons annuler tout le programme de football.

– Ce programme est si mal en point?

– C'est le plus mauvais.

– Et c'est pour cela que j'accepterais ce poste?

– Eh bien...

– D'accord. J'accepte.»

George Allen, le coloré vétéran de la NFL, est donc devenu entraîneur d'une équipe d'éternels perdants de niveau collégial. À son arrivée sur le campus, monsieur Allen s'est retrouvé avec une troupe démoralisée, sous-financée et sous-équipée qui faisait la risée de la communauté étudiante. En observant ce groupe disparate dénué de tout esprit de corps, George Allen s'est dit: *Ce sera le plus grand défi de ma vie!*

Il a alors demandé au département d'arts plastiques du collège de lui fabriquer une affiche où on pouvait lire ceci:

La différence entre la victoire et la défaite n'est pas plus grande que ça.

À sa demande, ces affiches ont été accrochées un peu partout dans le vestiaire. Puis il s'est attelé à la tâche de reconstruire l'équipe. Il a commencé par donner l'exemple en courant autour du terrain, en faisant des pompes et des redressements assis. Il voulait montrer à ses joueurs qu'il exigeait d'eux ce qu'il exigeait de lui-même, rien de plus, rien de moins.

Et il a *tout* exigé d'eux!

Après que les 49ers de Long Beach ont perdu leurs quelques premiers matchs, George Allen a réuni ses joueurs et les a durement sermonnés. «Je vous vois perdre des matchs puis entrer dans le vestiaire en riant et en blaguant. J'ignore comment vous faites. Je ne comprends pas comment vous arrivez à être satisfaits de vous-mêmes après avoir perdu. Je sais ce dont vous avez besoin: de la combativité. Vous devez être intenses et concentrés. Vous devez posséder le désir de vaincre. Par conséquent, à partir de maintenant, les entraînements seront deux fois plus exigeants.»

Au lieu d'appuyer l'équipe, la communauté étudiante continuait de la tourner en dérision. Les journalistes traitaient de tous les noms l'équipe de Long Beach et son entraîneur. George Allen a de nouveau réuni ses joueurs et leur a dit: «Tout le monde nous dit de laisser tomber, mais nous n'allons pas le faire. Il va falloir y arriver.» Et c'est ce qu'ils ont fait.

Lors du match suivant, les 49ers ont surpris l'excellente équipe University of the Pacific en gagnant 28-7. Puis est arrivé le match à domicile contre leurs éternels rivaux, Fullerton State, et pour la première fois depuis des lunes, les estrades étaient bondées de partisans enthousiastes. Même si elle perdait par un point à quelques minutes de la fin du match, l'équipe de Long Beach a provoqué un revirement en arrachant le ballon des mains du quart de Fullerton qui n'en croyait pas ses yeux. Profitant de cette occasion unique, Long Beach a effectué une remontée, réussissant un placement alors qu'il ne restait que six secondes au chronomètre. L'équipe de monsieur Allen avait tenu le coup en restant concentrée, en bousculant l'adversaire, en luttant et en persévérant. Résultat: victoire *in extremis* de 37-35.

Cette équipe qui traînait depuis longtemps une réputation de perdante se voyait soudain comme une équipe championne. Les joueurs de Long Beach ont commencé le dernier match de la saison – contre UNLV – avec un dossier de 5 victoires, 5 défaites. Ils n'étaient donc qu'à une victoire d'une saison gagnante, la première depuis une éternité. «Voulez-vous vraiment remporter ce match?», leur a demandé l'entraîneur Allen. Les 49ers ont répondu en poussant un cri plein de défi et de détermination. Ils voulaient gagner; ils ont sauté sur le terrain et ont obtenu ce qu'ils voulaient: une victoire à l'arraché de 29-20. Lorsque le coup de sifflet indiquant la fin du match s'est fait entendre, la foule a scandé: «George! George! George!».

George Allen venait d'ajouter une autre saison gagnante à sa série: seize chez les professionnels et une à la tête d'un groupe autrefois disparate de collégiens de Long Beach State. Après cette victoire, George Allen a utilisé ses talents d'entraîneur pour encourager son équipe de football championne à devenir également des gagnants dans le match de la vie. Il a fait changer les affiches dans le vestiaire; on pouvait maintenant y lire:

La différence entre la victoire et la défaite réside dans l'obtention de son diplôme!

Par là, George Allen voulait inciter ses joueurs à appliquer dans leurs études et dans leur vie tout ce qui les avait conduits à la victoire au football: croire en eux-mêmes, foncer avec énergie et persévérer.

Un mois et demi après la victoire contre UNLV, la femme de George Allen, qui revenait de faire des courses, a trouvé son mari étendu sur le plancher du salon, foudroyé par une crise cardiaque. Ses joueurs se sont rendus à la cérémonie funéraire dans deux autobus et se sont assis dans les premiers bancs de l'église. Le fils de George Allen, Bruce, a rendu hommage à son père en lisant une liste de «choses à faire» que ce dernier avait écrit quelques jours avant de mourir.

1. Gagner un championnat.
2. M'assurer que chaque joueur obtienne son diplôme.
3. Construire un stade.
4. Accepter un travail plus exigeant.

Voilà une liste écrite par un homme qui comprenait le principe de la persévérance et qui le mettait en pratique dans sa vie.. Un homme qui avait l'étoffe des champions, qui connaissait le secret des gagnants.

Dans le prochain chapitre, nous examinerons le dernier secret magique essentiel à la réussite du monde merveilleux de Disney, d'une équipe magique, d'un mode de vie magique et miraculeux. C'est le secret que Walt Disney appelait...

Eh! bien, tournez cette page et lisez le cinquième secret magique: Amusez-vous!

Le cinquième secret magique:

Amusez-vous!

Chapitre 9

Et dire qu'on me paie pour faire ce travail!

- *«J'essaie toujours de regarder le bon côté des choses et je vis chaque jour comme si c'était la veille du Nouvel An.»*

  Joe Engle,
  propriétaire de l'équipe de baseball
  des ligues mineures de Chattanooga, Tennessee

- *«Nous avons tous un côté farceur. Le problème, c'est que la plupart des gens ne prennent pas le temps de le chercher.»*

  Écriteau placé sur le mur de Splash Mountain, Disneyland

- *«Je veux qu'on se souvienne de moi comme d'une personne qu'on avait plaisir à côtoyer».*

  Billy Graham, 75 ans

- *«Presque toute ma vie, j'ai fait ce que j'avais envie de faire. Et je l'ai fait en m'amusant.»*

  Walt Disney

Je faisais face à une échéance: le week-end de la fête du Travail en 1990. J'étais à la tête d'un groupe qui tentait de doter Orlando d'une équipe de baseball majeur, laquelle se grefferait à l'organisation du Magic déjà en place. La pression était forte, et notre problème était de taille: nous n'avions pas de propriétaire!

La présence d'un propriétaire est *essentielle* à la mise sur pied d'une équipe. Nous avions déjà rassemblé un premier groupe de propriétaires, mais il avait été dissous en juillet. Il nous restait donc six semaines – de la mi-juillet au début septembre – pour essayer d'en former un nouveau. Bien sûr, la ligue ne prendrait aucune décision avant juin 1991, mais il nous fallait un groupe de propriétaires solidement établi pour la fête du Travail si nous voulions être dans la course. Je me suis donc mis à la tâche, établissant contact après contact, prenant rendez-vous après rendez-vous, explorant toutes les possibilités. J'étais cependant incapable de trouver une personne disposant de quelques millions en trop et désireuse de les investir dans une équipe de baseball.

L'échéance approchait et ma mission semblait de plus en plus désespérée. Chaque jour, j'arrivais au bureau avec un gros nuage noir flottant au-dessus de ma tête. Puis deux semaines avant la fête du Travail, le téléphone a sonné. C'était mon vieil ami, Billy Zeoli, qui avait de bonnes nouvelles à m'annoncer. «Patrick, je crois que j'ai trouvé un propriétaire pour ton équipe de baseball.

«Sans blague!», me suis-je exclamé. «Qui est-il? Où se trouve-t-il? Quand puis-je le rencontrer?» Tout à coup, le gros nuage noir planant au-dessus de moi a commencé à se dissiper. Je me sentais comme Julie Andrews dans *The Sound of Music*, levant les bras en l'air et chantant.

« Il s'appelle Rich DeVos », a poursuivi Billy. Il est le cofondateur d'Amway et c'est un de mes grands amis. Rich habite Grand Rapids et il est disposé à te parler. »

Le vendredi précédant la fête du Travail, j'ai pris l'avion pour le Michigan et j'ai eu un entretien d'une heure avec le roi d'Amway en personne. J'ignorais alors que cette rencontre marquerait le début d'une longue et chaleureuse amitié entre nous. Selon *Forbes*, Rich DeVos est l'une des personnes les plus riches des États-Unis. Ce que *Forbes* ne dit pas, c'est qu'il est également une des personnes les plus gentilles et généreuses qui soit. Rich est aussi un homme astucieux et déterminé. Avant même la fin de notre entretien, il avait déjà pris la décision d'appuyer la tentative d'Orlando d'accueillir une équipe de baseball des ligues majeures.

Je suis revenu de cette rencontre plein d'énergie et le cœur léger, à tel point que j'ai failli me poser à Orlando avant l'avion ! Toutefois, quelques jours plus tard, j'étais revenu sur terre. J'ignore comment, la nouvelle de la participation de Rich avait coulé dans les médias qui, évidemment, s'étaient emparés de l'histoire. Nous avions convenu de garder secrète notre entente jusqu'à la tenue d'une grande conférence de presse. Nous étions maintenant inondés d'appels de journalistes et obligés de nier les rumeurs qui surgissaient dans la presse. Toute cette période de tension m'avait rendu nerveux.

Le jour de l'annonce officielle est arrivé, mais je me sentais très mal à l'aise. La salle de presse du Orlando Arena était bondée de représentants des médias et l'atmosphère était tendue, pleine de méfiance. En me préparant psychologiquement pour cette conférence de presse, je pouvais sentir la tension dans tout mon corps. Je me disais : *Le sport est censé être amusant. Alors, pourquoi diable est-ce que je ne m'amuse pas ?* Juste avant le début de la conférence de presse, j'ai traversé les bureaux du Magic pour me rendre à la salle de presse qui se trouvait un étage plus bas. En chemin, j'ai croisé le bureau d'un de nos dépisteurs et quelque chose a alors capté mon attention : un morceau de papier sur le tableau d'affichage. Mes yeux ont été attirés par ce bout de papier comme par un aimant. On pouvait y lire :

Le plaisir est un choix.
Le plaisir engendre la participation.

La participation incite à la concentration.
La concentration accroît la conscience.
La conscience favorise la perspicacité.
La perspicacité débouche sur la connaissance.
La connaissance facilite l'action.
L'action donne des résultats.

Pendant une minute, je suis resté planté là, lisant et relisant ces lignes. J'étais rivé sur place. C'était *le* message dont j'avais besoin à *ce* moment précis: On peut obtenir du succès, mais ce résultat découle d'un processus au début duquel on choisit d'*avoir du plaisir.* C'était le message que j'avais besoin d'entendre, car jusqu'à présent, je n'avais éprouvé aucun plaisir. J'avais besoin qu'on me rappelle que le plaisir était d'abord un choix. On *choisit* d'avoir du plaisir. Lorsqu'on a du plaisir à travailler, l'efficacité et le succès viennent tout naturellement.

En lisant ces mots, j'ai senti une sourire naître sur mon visage. Je me suis dit: *Allez, Pat! Va à la salle de presse, mon vieux, et amuse-toi!* Je flottais littéralement en me rendant à la salle de presse. J'ai bondi sur le podium et j'ai affronté les journalistes avec une énergie, une exubérance et un plaisir renouvelés. J'ai déclaré que Rich DeVos avait accepté d'être le propriétaire de cette nouvelle franchise de baseball, puis Rich a fait une déclaration par téléphone depuis Grand Rapids.

Tous ceux qui avaient travaillé à ce projet espéraient que ce moment marquerait le début d'un nouveau chapitre à la fois dans l'histoire du baseball et dans celle du centre de la Floride. Toutefois, ces espoirs ne se sont jamais matérialisés, la Ligue nationale préférant opter pour les villes de Denver et de Miami.

Ces efforts n'ont cependant pas été vains. Rich DeVos ainsi que tous les membres de la famille DeVos ont été tellement fascinés par la magie d'Orlando que lorsque le Magic a été mis en vente à l'été de 1991, ils ont sauté sur l'occasion pour acheter l'équipe. Rich n'est pas devenu un magnat du baseball tel qu'il l'avait planifié. En revanche, il est devenu un partenaire important dans le monde du basketball professionnel. Nous travaillons ensemble depuis maintenant quatre ans et je peux affirmer que notre association a été fructueuse: *une vraie partie de plaisir!*

C'en est presque indécent!

En jetant un regard en arrière sur toutes ces années passées dans le monde du sport, que pourrais-je dire? Qu'elles ont été amusantes! Bien sûr, il y a eu des moments pénibles, des personnes difficiles à côtoyer, des instants de grande anxiété et de nœuds dans l'estomac, beaucoup de stress, de pépins et de problèmes à résoudre. Toutefois, lorsque je songe à ce petit garçon de sept ans du nom de Pat Williams qui est tombé amoureux du baseball après avoir assisté à son premier match des ligues majeures, je me dis: *Quelle chance j'ai eu de travailler dans le monde du sport, de faire un travail que j'aime vraiment!* Mon travail a été une source de plaisir. J'ai travaillé avec des gens amusants. Même ma description de tâches disait: « Trouver de nouvelles façons de divertir et d'amuser les gens! »

Au cours des 27 dernières années, j'ai eu le plaisir de travailler dans la NBA, de prendre en charge plus de 40 matchs disputés à domicile, d'observer des athlètes remarquables, de divertir des familles et des partisans, de leur offrir une soirée de plaisir mémorable. En rétrospective, je me rends compte que chaque chèque de paye que j'ai reçu depuis l'âge de 22 ans est provenu d'une équipe de sport professionnelle. De temps à autre, je jette un regard en arrière et je me dis: *Wow! Et dire qu'on me paie pour faire ce travail... C'en est presque indécent!*

Je reçois en moyenne une trentaine de lettres par mois de gens en provenance de partout au pays qui me supplient de les embaucher dans l'organisation du Magic. Chaque fois, je leur réponds par une lettre du style « Merci de votre intérêt à l'égard du Magic, mais... », car aucun poste n'est disponible. Je ne peux alors m'empêcher de me dire à quel point je suis privilégié de passer toute ma vie d'adulte dans le monde du sport. Mon travail me stimule parce que je sais que chaque jour amène un défi ou un projet unique, extraordinaire et *amusant*.

Prendre le plaisir au sérieux

J'aime penser que je suis un gars amusant. J'ai déjà écrit des recueils de blagues et j'adore divertir mon entourage après un bon repas. Pourtant, un des plus grands reproches que m'adresse ma femme est: « Pat, tu ne sais tout simplement pas comment t'amuser ! » La première fois qu'elle m'a dit cela, j'ai cru que c'était la chose la plus insensée que j'avais jamais entendue. Elle avait toutefois raison. Dès l'enfance, on inculque à la plupart des jeunes hommes – y compris moi-même – de rester impassible dans la poursuite de la réussite professionnelle, comme si nous étions des employés des pompes funèbres assistant à un service funéraire. L'ambition est légitime, mais nous devons apprendre qu'en poursuivant nos objectifs, le plaisir aussi est admissible. En fait, le plaisir est *essentiel*, tant dans le sport et les affaires que dans la vie familiale.

Pendant que j'écrivais ce livre, une légende du baseball m'a donné une leçon sur le plaisir. C'était à l'occasion d'un match de baseball réunissant d'anciens joueurs auquel j'avais été convié. (Agréable, n'est-ce pas, de se faire traiter d'« ancien » !) Je jouais à la position de receveur, et au premier but se trouvait nul autre que le grand Pete Rose. Qui aurait cru qu'un jour, je jouerais dans la même équipe que Pete Rose ! Je me demandais si je ne devais pas me jeter à genoux en criant : « Je ne suis pas digne ! Je ne suis pas digne ! »

Trois de mes fils – Jimmy, Bobby et David – m'accompagnaient. Quelle expérience extraordinaire pour eux de côtoyer un groupe de joueurs qu'ils n'avaient pu voir qu'au petit écran ou sur une carte à collectionner. Comme je le disais précédemment, Bobby adore le baseball et en joue au niveau collégial. Après le match, je l'ai emmené voir Pete pour lui demander : « Pete, j'aimerais que tu parles à Bobby de l'*ardeur au jeu*. Comme joueur, tu as toujours donné ta pleine mesure, et ce serait bien si tu lui en glissais un mot. »

En nous regardant tous les deux, Pete Rose a dit : « Vous savez, je n'aime vraiment pas les mots *ardeur au jeu*. Je préfère le terme *enthousiasme*. Lorsque je sautais sur le terrain, mon plaisir était si intense qu'il ne me restait qu'à faire mon travail de mon mieux. Je vois les choses ainsi : Dieu m'a donné certains atouts physiques ; pas des atouts exceptionnels, mais de bons atouts. Cependant, de bons atouts ne suffisent pas pour réussir au baseball. Ce que Dieu m'a *vraiment* donné à ma naissance, en plus d'un certain talent, c'est un *grand* désir, une *grande* détermination, un *grand* enthousiasme. Chaque jour de ma carrière, la seule idée de me rendre au stade m'enthousiasmait. J'étais toujours impatient d'y être. Dès que je mettais le pied sur le terrain, j'éprouvais un plaisir immense à jouer au baseball. Voilà pourquoi ma carrière a été exceptionnelle. »

Je connais une autre personne qui a une carrière tout aussi exceptionnelle: le joueur étoile du Magic, Shaquille O'Neal. Lisez son livre *Shaq attaques!* pour en savoir plus long sur ses activités: basket-ball, productions cinématographiques, réclames publicitaires pour Reebok et Pepsi, disques de musique rap. Il vous dira qu'il ne fait pas ça uniquement pour l'argent (bien qu'il en gagne beaucoup). Il vous dira: «Vous devez avoir du plaisir. J'aborde chaque nouvelle journée en me disant que je dois m'amuser. Mon vieux, les «Shaq attaques» ne sont pas à la veille de s'arrêter. Ce n'est que le début: mon ballon, mon terrain de basket, mon jeu.» Chaque fois que je regarde jouer Shaq, c'est l'attitude que je devine sur son visage. Cet homme a toujours l'air de *s'amuser*; le plaisir est un élément essentiel de sa réussite!

Au cours de ma carrière dans la NBA, j'ai côtoyé deux autres joueurs doués pour le plaisir. Le premier est le joueur de centre Darryl Dawkins que nous avions repêché directement de l'école secondaire Evans à Orlando, en 1975, à l'âge de 18 ans. Si Darryl n'a pas connu la carrière que nous espérions, bon sang que ce garçon était amusant!

Dès qu'il s'est installé à Philadelphie, je le lui ai téléphoné à son nouveau domicile. Le message sur son répondeur était le suivant: «Allô, c'est Darryl à l'appareil et je suis prêt à discuter!» J'ai tellement ri qu'il ne m'est pas venu à l'esprit de répondre: «Bonjour, c'est Pat à l'appareil et je suis prêt à causer!»

Les surnoms tout en rimes et en hyperboles qu'il donnait à ses «sauts au panier» était sa marque de commerce, du genre «Hé-mon-gars-ôte-toi-de-là-car-en-voilà-un-dont-tu-te-rappelleras».

Darryl disait habiter deux mystérieuses planètes: «Lovetron» et «Chocolate Paradise». Il se proclamait spécialiste du divertissement interplanétaire, sans toutefois préciser l'origine de son diplôme. Après chaque partie, il lui fallait cinq minutes pour enfiler ses bijoux et autres gadgets en or ou en diamant, dont plusieurs colliers portant les surnoms dont il s'était lui-même affublé: «Sir Slam», «Dr Dunk», «Chocolate Thunder» et «Master of Disaster».

Personnage charismatique et attachant, Darryl dégagait un charme particulier. Il était sans malice et débordait d'une telle joie de vivre qu'on ne pouvait pas s'offenser de ses audacieuses fanfaronnades. C'était probablement tout naturel, donc, qu'au terme de sa carrière, il joigne les Harlem Globetrotters, peut-être la seule équipe taillée sur mesure pour lui.

En 1984, nous avons repêché un autre joyeux luron du nom de Charles Barkley. Dès le départ, Charles était un joueur flamboyant, prêt à tout pour exciter et amuser les foules, sans pour autant oublier de marquer 35 points et de capter 20 rebonds par match. Charles narguait les adversaires, grimpait sur le dos de ses coéquipiers, se moquait des arbitres, taquinait la foule, s'amusait avec la mascotte ou avec l'équipe de meneuse de bans, bref, n'importe quoi.

Charles semblait tellement s'amuser pendant un match que tous ceux qui y assistaient se laissaient prendre au jeu. Mais à mon avis, c'est en présence de journalistes que Charles se surpasse. Il est toujours prêt à étonner, à faire une déclaration amusante ou à raconter une anecdote bizarre. En fait, on a même publié un livre qui ne renferme rien d'autres que des déclarations amusantes de Charles Barkley (je suis d'ailleurs l'objet de quelques-unes d'entre elles).

Charles a déjà affirmé qu'une fois sa carrière terminée, il aimerait entrer en politique dans son Alabama natal. Un jour, je lui ai demandé: « Charles, pourquoi désires-tu briguer le poste de gouverneur de l'Alabama ?

– Parce que je veux devenir gouverneur », m'a-t-il répondu.

Mon histoire favorite sur « Sir Charles » ? Il y a quelques années, il a écrit son autobiographie. (Charles s'est mis à l'œuvre dès qu'il est arrivé à comprendre qui en serait le personnage principal) ! Son livre renferme quelques déclarations à tout le moins étonnantes qui ont attiré l'attention des médias. Interrogé à ce sujet par des journalistes sportifs, Charles a répondu : « Mes propos ont été mal rapportés. » J'adore cette réponse: être mal cité dans sa propre autobiographie !

Vous vous dites sûrement : *« Le plaisir, cinquième secret magique de la réussite ? Soyons sérieux ! »*

Je suis très sérieux, d'une façon amusante... Pour connaître la réussite, il faut avoir du plaisir. Pour réaliser vos rêves, vous devez vous amuser en cours de route Sachez que si vous avez du plaisir, votre entourage en aura également. Si vous n'avez pas de plaisir à travailler, le prix à payer pour gagner votre vie est trop élevé.

Dans son livre *Walt: Backstage Adventures with Walt Disney*, l'ancien scénariste et réalisateur chez Disney, Charles Shows, raconte: «La vie dans un studio Disney était habituellement un feu roulant de blagues et de rires, bref du plaisir à l'état pur*.» Walt Disney pouvait être un patron dur et exigeant, il avait son côté amusant et espiègle, comme le raconte Charles Shows dans l'anecdote suivante:

> «On a déjà dit que les hommes sont comme des enfants dans des corps d'adultes et je suis persuadé que beaucoup d'hommes ne sont jamais que d'éternels adolescents. C'était le cas de Walt Disney.
>
> «Lors de l'inauguration de Disneyland, j'ai fait visiter le monde merveilleux de Walt à mes parents. Employé des chemins de fer, mon père avait hâte de faire un tour sur le spectaculaire train de Disneyland, un modèle réduit nommé Santa Fe. Nous sommes donc montés dans le train, qui s'est mis en marche. Alors que le train prenait de la vitesse, mon père a crié: "Regardez!". À travers la fenêtre, j'ai vu un homme dans une jeep qui roulait très vite pour essayer de rattraper le train qui accélérait. Lorsque la jeep est arrivée vis-à-vis de nous, j'ai reconnu notre poursuivant: c'était Walt Disney! La jeep a finalement rattrapé la locomotive qui crachait sa fumée et Walt a envoyé la main énergiquement, actionnant son klaxon comme s'il voulait engager une course avec le monstre de métal luisant.
>
> «Le sifflet du Santa Fe a répondu au klaxon de la jeep en émettant une série de «Tou-Tou» retentissants et clairs. Tel un petit garçon, Walt riait à gorge déployée.
>
> «Nous parlions encore de cette expérience lorsque, plus tard dans la journée, nous sommes montés à bord de l'impressionnant bateau à vapeur de Disneyland, le Mississippi River. L'idée de naviguer à bord de ce bateau enthousiasmait particulièrement mes parents, car ils avaient, dans leur jeunesse, sillonné le vrai fleuve Mississippi à bord d'un véritable bateau à roue à aubes.
>
> Nous sommes montés sur la passerelle du capitaine. Une série de coups stridents sont sortis du sifflet du bateau. Immédiatement après, à notre grand étonnement, est sorti de la cabine du capitaine

* Charles Shows, *Walt: Backstage Adventures with Walt Disney* (La Jolla, Calif.: Communication Creativity, 1980), p. 56.

un homme qui souriait comme un enfant venant de recevoir un nouveau jouet. C'était encore Walt Disney !

« Walt était un hôte chaleureux et génial. Il a insisté pour guider personnellement mes parents dans son nouveau royaume de la fantaisie. C'est de ce Walt Disney dont mes parents se rappelleront toujours et que je n'oublierai jamais. »

La plaisir était un des secrets magiques de Walt Disney. Il devrait en être de même pour vous et moi.

Détendez-vous

The Mighty Duck, le très populaire film de Disney qui raconte l'histoire d'une équipe de jeunes hockeyeurs qui passe de la médiocrité à l'excellence, renferme un message éloquent sur le pouvoir du plaisir. La première scène du film est une scène rétrospective où l'on voit un entraîneur autoritaire appelé Jack Riley demander à un de ses jeunes joueurs, Gordon Bombay, de réussir un lancer de punition décisif. « Si tu rates ton coup, tu me laisses tomber et tu laisses tomber l'équipe », dit-il. Le garçon s'élance sur la glace, lance et rate le but *de peu*. La honte de cette défaite pèsera sur Gordon Bombay pendant des années.

Devenu adulte, Gordon Bombay est maintenant l'entraîneur d'une équipe en difficulté, les Ducks du District n° 5. Dès le départ, Gordon Bombay adopte le même style que son ancien entraîneur, Jack Riley ; il réprimande, talonne, enseigne comment tricher. Peu à peu, cependant, il prend conscience d'une chose sur le hockey : pour filer sur la glace, il faut avoir du *plaisir* !

Dans ce qui constitue le point culminant du film, Gordon Bombay mène son équipe jusqu'aux finales de championnat contre une équipe de premier ordre, les Hawks, dirigée par nul autre que son ancien instructeur, Jack Riley. Ce cher Riley n'a pas du tout changé : il blâme ses joueurs et les envoie sur la glace en criant et en exerçant une pression sur eux.

Très vite, les Hawks prennent les devants. Pendant que Jack Riley ne cesse d'accroître la pression sur ses joueurs, Gordon Bombay dirige ses joueurs le sourire aux lèvres, leur criant : « Allez les gars ! Amusons-nous un peu ! » Le plaisir de jouer rapporte ses dividendes : les Ducks commencent à marquer et après chaque but,

Gordon Bombay rassemble ses joueurs autour de lui et lance un cri de ralliement: « Amusons-nous encore! Amusons-nous encore! ».

Jack Riley est fou de rage. Il en veut à ses joueurs. Il leur hurle des injures grossières, les insulte, les écrase avec encore plus de pression: « Vous perdez ce match, et *personne* ne fera partie de l'équipe l'an prochain! »

Les Ducks, de leur côté, poursuivent la fête et utilisent toutes sortes de moyens pour compter des buts – depuis les pirouettes de danseur de ballet jusqu'aux lancers à la volée. Ils réussissent à créer l'égalité 4 à 4 au moment où retentit la sirène indiquant la fin du match. Un des joueurs des Hawks commet toutefois une infraction, donnant aux Ducks un lancer de pénalité et une chance de remporter le match. Si le jeune joueur du nom de Charlie Conway compte le but, les Ducks deviennent les nouveaux champions.

Dans un scène évoquant le *flash-back* du début du film, Gordon Bombay parle au jeune Charlie. Toutefois, au lieu de lui mettre de la pression sur le dos (comme l'avait fait Jack Riley à l'époque), il dit à Charlie: « Tu peux réussir, comme tu peux échouer. Cela n'a pas d'importance. Ce qui importe, c'est d'être rendus là où nous sommes. Regarde autour de toi. Qui aurait prédit que nous nous serions rendus si loin? Fais de ton mieux. J'ai confiance en toi, Charlie, que l'on gagne ou que l'on perde. »

Charlie esquisse un sourire, s'élance sur la patinoire et lance. Il *s'amuse*! Et les Ducks remportent le match.

De la pure fantaisie, n'est-ce pas? Un film à la Hollywood où tout est bien qui finit bien? Tout cela n'a rien à voir avec la réalité?

Au contraire! Aussi incroyable que cela puisse paraître, ce scénario hollywoodien est *réaliste*. Je l'ai vu et revu des dizaines de fois dans le monde du sport, dans celui des affaires et dans tous les aspects de la vie. *Si vous voulez gagner, amusez-vous!* L'ancien instructeur-chef des Flyers de Philadelphie, Fred Shero, savait à quel point le message de *Mighty Duck* était vrai: il l'a enseigné à ses joueurs. Il disait: « Le hockey est un jeu d'enfant joué par des hommes. Et si c'est un jeu d'enfant, il faut s'amuser. » Le joueur étoile de hockey Wayne Gretzky ajoute: « J'adore jouer au hockey. C'est le même jeu que celui que les enfants jouent pour le plaisir. La seule différence, c'est que nous sommes de grands enfants. »

Le plaisir vous garde détendu, vous empêche de figer dans les moments critiques. Dès qu'il y a compétition, que ce soit dans les sports, les affaires, l'église ou le gouvernement, il y a de la pression, qui engendre des frictions. Or, la pression et les frictions peuvent vous empêcher de faire de votre mieux, de donner le maximum. D'autre part, le plaisir lubrifie votre cerveau, aide votre corps et votre esprit à combattre la pression et les frictions.

Je trouve que le plaisir est tout aussi important pour le Magic d'Orlando que pour les Ducks du film de Disney. Le sport professionnel est synonyme de plaisir et de jeu, certes, mais il constitue également un travail. Un travail souvent dur, exigeant, épuisant, où se mélangent la pression, le stress et les délais serrés. Il y a aussi beaucoup d'argent qui repose sur la performance de toute l'organisation du Magic, et cela aussi c'est une affaire sérieuse. Néanmoins, sur tout ce que nous faisons plane une aura de plaisir joyeux et merveilleux, tel un grand chapiteau bleu magique. Il *faut* que ce soit amusant, sinon ça ne vaut pas la peine de se rendre au travail. Si vous vous éternisez sous la douche le matin parce que vous n'avez pas hâte d'aller travailler, changez d'emploi.

Le joueur de baseball Andy Van Slyke connaît la valeur du plaisir et sait qu'il ne faut prendre au sérieux ni ses adversaires, ni ses critiques, ni soi-même. «J'essaie d'avoir du plaisir dans tout ce que j'entreprends. Le problème chez beaucoup de joueurs aujourd'hui, c'est qu'ils ne s'amusent pas assez. Ils devraient bavarder avec les gens lorsqu'ils sont à l'aéroport, faire des blagues avec le chauffeur de taxi, les partisans ou même avec les journalistes. Beaucoup de joueurs considèrent les relations avec les médias comme une corvée pénible et désagréable. C'est une mauvaise attitude à adopter quand on sait tout le plaisir qu'on peut avoir avec les journalistes. Je m'amuse avec eux et je ne les prends pas trop au sérieux; après tout, ce qui fait les manchettes un jour, sombre dans l'oubli le lendemain.»

Mike Schmidt, ex-joueur des Phillies de Philadelphie et membre du Temple de la renommée, est un vieil ami de la famille. En fait, le quatrième enfant auquel Jill a donné naissance a été prénommé Mike en l'honneur de Mike Schmidt. Mike Schmidt est un homme amusant qui a de la répartie, mais quand il jouait pour les Phillies, il prenait le jeu très au sérieux. Aujourd'hui, lorsqu'il se remémore sa grande carrière de joueur de baseball, il n'a qu'un seul regret: «J'aurais dû prendre plus de plaisir à jouer au baseball. En réalité, je ne prenais pas grand plaisir à jouer. Le baseball était du travail pour moi. J'étais tellement concentré sur ma performance au jeu. C'était terriblement important pour moi de dominer la ligue chaque année dans toutes les catégories. J'aurais dû faire certaines choses différemment. J'aurais été plus amusant, plus détendu.»

Voici maintenant des conseils amusants de quelques personnalités du monde du sport.

- Jimmy Johnson, ex-entraîneur des Cowboys de Dallas, a dit: «Lorsque je cessais de prendre du plaisir à faire une chose, et même une chose aussi agréable que de travailler avec les Cowboys, c'était pour moi le signal de passer à autre chose. Je refuse de refaire des choses où le plaisir est absent.»
- Le successeur de Jimmy Johnson à la barre des Cowboys, Barry Switzer, ajoute: «Diriger une équipe n'est pas une question de vie ou de mort. C'est une occasion extraordinaire, et c'est avec cette attitude que je vais diriger l'équipe, m'amuser et donner le maximum.»
- Robert Creamer, auteur du livre *Babe: The Legend Comes to Life*, a déclaré, à l'occasion du 100e anniversaire de naissance de Babe Ruth en 1995, qu'un seul mot résumait ce célèbre frappeur: le plaisir. «C'était un plaisir de le regarder, un plaisir d'être son coéquipier, un plaisir de jouer contre lui, un plaisir de lire à son sujet, un plaisir d'être en sa compagnie. Il avait une personnalité forte et exubérante. Jamais il n'était ennuyant. Il illuminait tout ce qu'il touchait.»
- «Quand on a confiance en soi, on peut avoir beaucoup de plaisir», dit Joe Namath, ancien quart de la NFL. «Et quand on a du plaisir, on peut accomplir des choses étonnantes.»
- Cherokee Parks, de l'équipe de basket-ball de l'université Duke, a dit: «Je veux que nous sautions sur le terrain et que nous donnions le maximum. Ce qui compte, c'est d'y prendre plaisir. Vous pouvez toujours vous crever au jeu, mais si le plaisir est absent, à quoi bon?» Grant Hill, ancien coéquipier de Cherokee Parks qui joue aujourd'hui avec les Pistons de Détroit, a dit: «Cherokee Parks est un cas différent. C'est le

bouffon de l'équipe. Il détend tout le monde. On se demande parfois s'il prend les choses au sérieux, mais le plaisir qu'il prend au jeu nous contamine tous. Les entraînements sont intenses, mais on s'amuse.»

- «Lorsqu'un match commence, on ne crie pas «Au travail!», mais «Au jeu!». On est donc censé s'amuser», dit Willie Stargell des Pirates de Pittsburg, membre du Temple de la renommée.
- Le patineur artistique Brian Boitano se souvient que le plaisir a été un facteur clé dans sa conquête d'une médaille d'or olympique: «Je ne visais pas la médaille d'or, ni quoi que ce soit d'autre. J'étais venu pour une chose: m'amuser. Et c'est ce que j'ai fait.»
- Une des meilleures athlètes de l'histoire, la médaillée d'or olympique Florence Griffith Joyner – eh oui, Flo-Jo en personne, l'amie de ma fille – a dit: «La plupart des athlètes sont tellement concentrés qu'ils ne veulent pas prendre le temps de vous dire bonjour. Moi, je bavarde avec tout le monde. Ça me détend. Et lorsque je cours dans un état détendu, je m'amuse et personne ne peut me battre.»

Suivez les conseils de ces gens, car ils savent de quoi ils parlent. Détendez-vous. Prenez du plaisir à faire ce que vous faites. *Amusez-vous.*

Le plaisir est synonyme de liberté

Dans toutes les entreprises dont j'ai fait partie ou que j'ai pu observer, j'ai constaté que les personnes qui atteignent le sommet sont souvent celles qui ont un bon sens de l'humour et même le sens du ridicule. Et tout cela est logique. «Dans le monde des affaires, l'atout le plus important après le simple bon sens est le sens de l'humour et la capacité de rire de soi ou de la situation», dit Mark McCormack, un ami à moi qui travaille comme directeur de marketing dans le domaine du sport à Orlando. «Le rire est l'outil le plus puissant et le plus constructif qu'on puisse utiliser pour contrer la tension du travail, qu'il est essentiel de dominer. Lorsqu'on est capable de trouver le côté drôle ou absurde d'une situation ou d'un affrontement, lorsqu'on peut faire tomber la tension en amenant l'autre partie à partager ses sentiments, on est sûr d'avoir l'avantage.

Il y a très peu d'absolus dans le monde des affaires. Le sens de l'humour en est un et il est infaillible. »

Le plaisir est humain. Il donne un sens au travail et à la vie. Il fait de vous une personne agréable à fréquenter et à écouter, avec qui on veut faire affaire et travailler. Les vrais bons patrons, les vrais bons dirigeants d'entreprises sont des personnes qu'on prend plaisir à côtoyer. Les vrais bons politiciens sont des gens qu'on prend plaisir à connaître. Les vrais bons enseignants et les vrais bons prédicateurs sont ceux qui donnent des cours ou des sermons qu'on prend plaisir à écouter.

Charles Swindoll est pasteur. Il dirige un séminaire et enseigne la Bible à la radio. Le plaisir occupe une place importante dans sa vie. « Le plaisir », dit-il, « est synonyme de liberté ». Dans *Laugh Again*, son petit livre sur le plaisir « bibliquement correct », le président du Dallas Theological Seminary dit : « Cynthia et moi sommes des amateurs de motocyclettes Harley-Davidson. Je sais, je sais... cela ne va pas avec notre image. Qu'est-ce qui peut bien me pousser à folâtrer en moto et à rouler sur les routes pittoresques bordant l'océan ? C'est pour oublier cette notion absurde qui veut que la vie soit à tout instant une chose sérieuse. C'est pour élargir mes horizons. C'est une question de liberté. Voilà, c'est aussi simple que cela : je le fais pour me sentir libre. »

Le rire, c'est la santé

Le plaisir donne de l'énergie au corps. Le simple fait de s'amuser et de faire l'idiot active la circulation sanguine, stimule le système nerveux et dissipe le brouillard du stress et du souci qui enveloppe le cerveau. Le rire dilate les poumons et apporte de l'oxygène aux cellules. Le plaisir est le meilleur remède qui soit ; il surpasse tous ceux qu'on peut acheter.

Mon amie Pam Smith est la diététiste du Magic. Elle a également accepté de se charger de la famille Williams sur le plan de la nutrition (sûrement son plus grand défi professionnel à ce jour !). Elle a participé à plusieurs émissions de télévision, notamment au *Today Show* de NBC et à l'émission du docteur James Dobson, *Focus on the Family*, pour parler de l'importance d'une bonne alimentation. Récemment, j'ai été étonné d'apprendre que pour rester en santé, elle recommande non seulement un bon régime alimentaire et de l'exercice régulier, mais également une dose quotidienne de rire et de plaisir. Dans son livre *Food for Life*, elle écrit :

> « Aussi incroyable que cela puisse paraître, à part l'exercice physique, une seule activité produit les endorphines qui combattent le stress : le rire. Zig Ziglar surnomme le rire le « jogging intérieur » et il n'a pas tort, car c'est à peu près l'effet que le rire a sur le corps. Une sorte de mini-séance d'aérobic. Difficile à croire ? Sur le plan cardiovasculaire, rire cent fois au cours d'une journée équivaut à ramer ou à rouler à vélo pendant dix minutes. En plus, le rire provoque une baisse de tension comparable à celle que ces exercices entraînent. Lorsque vous riez, vous dites à votre corps que la situation dans laquelle il se trouve n'est pas stressante. Salomon a dit : « Vie du corps : un cœur paisible ; mais l'envie est carie des os. » (Proverbes 14, 30). Le rire aide même à combattre l'infection, car il stimule des hormones capables d'annuler l'effet négatif du stress sur le système immunitaire. Voilà une nouvelle drôle !
>
> « Dans le fond, si nous prenons soin de nous-mêmes, notre corps prendra soin de nous. Le soin qu'on prend de sa personne est un investissement modeste qui produit de gros dividendes. Il permet non seulement de vivre plus longtemps, mais de vivre mieux*. »

Aimez ce que vous faites et faites ce que vous aimez

En février 1994, à l'occasion de son inauguration, j'ai visité pour la première fois le musée du Temple de la renommée Ted Williams, situé à proximité de la maison de retraite où Ted Williams habite, près d'Ocala en Floride. Ted Williams est un des plus grands frappeurs de l'histoire du baseball. Comme je le disais précédemment, il est aussi le héros de mon enfance. (Son nom de famille y est sûrement pour quelque chose...) En entrant dans le musée, la première chose que j'ai remarquée est Ted lui-même, qui a aujourd'hui près de 80 ans : tel un roi au milieu de sa cour, il trônait sur un grand fauteuil, dominant la salle de sa personnalité et de sa grosse voix résonnante. La deuxième chose que j'ai remarquée, c'est que Ted n'était pas seul : autour de lui se trouvaient d'autres figures légendaires du baseball, rassemblées pour l'occasion : Joltin'Joe DiMaggio,

---

* Pam Smith, *Food for Life* (Orlando : Creation House, 1994), p. 134.

Stan Musial, Bob Feller et une douzaine d'autres grands joueurs. C'était tout simplement incroyable.

J'avais apporté avec moi une photo – une grande photo noir et blanc que j'avais prise des années auparavant et que j'avais fait encadrer pour mon bureau. Cette photo montrait Ted en compagnie de Babe Ruth et était la seule qu'on ait jamais prise de ces deux personnalités côte à côte. Avec l'aide du fils de Ted, j'ai réussi à me frayer un chemin dans la foule qui l'entourait. Lorsque je me suis trouvé suffisamment proche de Ted, je lui ai montré la photo en lui demandant de l'autographier. Il a esquissé un large sourire en la regardant, se remémorant sans doute ce jour d'été 1943 où on avait pris cette photo de lui à côté du légendaire Babe. Puis il a dit: « Ce sera pour moi un *plaisir* d'autographier cette photo. » Je lui ai alors tendu un crayon à l'encre indélébile que j'avais acheté pour l'occasion et, de son écriture fluide, il a signé son nom sur son chandail des Red Sox.

Cette photo est de nouveau sur le mur de mon bureau et elle représente un souvenir encore plus précieux depuis qu'elle porte la signature de Ted. Si vous êtes trop jeune pour vous rappeler les exploits de Ted Williams, laissez-moi vous en parler. Il a joué de 1939 à 1960 (avec un arrêt de cinq années pendant lesquelles il a participé à la Seconde Guerre mondiale et à la guerre de Corée comme pilote de chasse). Sa fiche en carrière montre un total de 521 circuits et une moyenne au bâton de .344. En 1941, il a maintenu une moyenne de .406, dernier joueur du XXe siècle à avoir maintenu une moyenne de .400 pendant une saison. À deux reprises, il a été récipiendaire de la Triple couronne de la ligue américaine (champion frappeur, meneur au chapitre des circuits et meneur également pour les points produits, et cela durant une seule et même saison). Une seule raison explique une telle réussite: *Ted Williams brûlait d'une passion dévorante pour le baseball.* Ce jeu l'*amusait*. Ted Williams aimait ce qu'il faisait et faisait ce qu'il aimait.

Enfant, Ted Williams jouait au baseball avant et après la classe, faisant même l'école buissonnière pour s'adonner à son sport favori. Il a amorcé sa carrière professionnelle à l'âge de 17 ans avec les Padres de San Diego. Lorsqu'il ne jouait pas ou ne s'entraînait pas avec l'équipe, il allait sur un terrain de baseball et, seul avec un bâton et des balles, il exerçait son élan. Même lors de son passage dans l'armée, il avait toujours avec lui un bâton et des balles; chaque fois qu'il n'était pas dans les airs en mission, il était sur terre à frapper des balles.

À 76 ans, se remémorant son illustre carrière, Ted Williams a dit: «Le plaisir? Il n'y a pas plus grand plaisir au baseball que de frapper des balles! Toute ma vie j'ai frappé des balles. Personne n'a eu plus de plaisir que moi.»

Amusez-vous. Aimez ce que vous faites. Travaillez avec passion. Vous ne pouvez pas réussir en faisant un travail que vous détestez!

Allez voir quelqu'un qui s'apprête à entreprendre une carrière et demandez-lui ce qui a motivé son choix. Il y a de fortes chances qu'il réponde: «L'argent.» Pourtant, c'est une raison pitoyable. Car même si on vous paie un million de dollars par année pour faire un travail que vous détestez, vous serez sous-payé. Comme le dit Harvey Mackay, auteur spécialisé dans le domaine des affaires: «Trouvez quelque chose qui vous aimez faire et plus jamais vous n'aurez besoin de travailler.»

En 1901, l'industriel J.P. Morgan a dû affronter un dilemme d'un million de dollars. Son entreprise, United States Steel, venait de prendre le contrôle d'une autre aciérie, fondée par Andrew Carnegie. Ce faisant, U.S. Steel se voyait forcée d'honorer le salaire d'un million de dollars du plus haut dirigeant de l'entreprise, Charles Schwab (j'ai raconté son histoire dans le chapitre 4). Si ce salaire semble incroyable aujourd'hui, imaginez à l'époque. J.P. Morgan n'en revenait pas. Pour lui, ce salaire était tout simplement scandaleux. Il a donc convoqué Charles Schwab à son bureau, lui a montré le contrat et lui a demandé, non sans quelques bredouillements et hésitations, que faire à ce sujet.

Charles Schwab a pris le contrat des mains tremblantes de J. P. Morgan, puis l'a déchiré en mille morceaux au plus grand étonnement de son nouveau patron. D'un point de vue légal, monsieur Schwab pouvait exiger le respect intégral de son contrat. Au lieu de cela, il s'est entendu avec monsieur Morgan sur un salaire qui, quoique considérable, ne représentait qu'une fraction de son salaire initial.

«Mon salaire m'importait peu», a raconté Charles Schwab à un journaliste de *Forbes*. «Ce n'est pas l'argent qui me motivait. Je croyais en ce que j'essayais d'accomplir et je voulais atteindre mes objectifs. J'ai résilié mon contrat sans la moindre hésitation. Qu'est-ce qui me motive à travailler ? Le plaisir que j'éprouve en le faisant, la satisfaction de créer, de construire, de m'associer avec d'autres. La personne qui travaille sans aimer ce qu'elle fait, uniquement pour l'argent, a bien peu de chances de faire de l'argent et d'avoir du plaisir dans sa vie.»

«Les gens qui réussissent véritablement sont ceux qui se sont taillé une vie sur mesure en faisant ce qu'ils aiment», a dit Rush Limbaugh en mars 1994, pendant son émission de radio incroyablement populaire. Rush parle par expérience. «Pour réussir, il faut *être soi-même*», poursuit-il. Trouvez une occupation où *vous* pouvez être *vous-même*, où vous pouvez faire les choses que vous aimez, car c'est là que vous serez à votre meilleur. Vous serez heureux, vous serez motivé, vous serez au mieux puisque vous ferez ce que vous *aimez* le mieux. Toutefois, ce n'est guère facile de trouver l'endroit où on peut faire les choses qu'on aime. Ce n'est pas tout le monde qui en est capable. La plupart des gens voient leur emploi comme une occupation qu'ils *ne veulent pas* faire, mais à laquelle il consacre du temps dans le seul but de se récompenser de temps à autre avec des vacances, quelques jours de congé, etc. Or, la véritable *réussite* – si on est capable de l'atteindre – consiste à faire ce qu'on aime.»

Évidemment, nous ne pouvons pas tous occuper un emploi comme le mien. La plupart des gens ne peuvent ressentir la frénésie et l'action associées au sport professionnel que pendant les week-ends, et de surcroît à titre de spectateurs. Je demeure toutefois persuadé que nous pouvons tous avoir un travail conforme à nos désirs et à nos besoins si nous le voulons suffisamment et si nous aspirons à la réussite.

Par exemple, je connais un plombier comblé par son travail. C'est un homme qui aime s'amuser et qui est amusant. Lorsqu'il termine la réparation d'une toilette, il contemple son œuvre et rayonne de fierté. Il soulève le couvercle du réservoir et vous incite à jeter un coup d'œil sur les nouveaux et sensationnels leviers, bouchons, valves et chaînes qu'il vient d'installer. Il vous presse de mettre son travail à l'épreuve, « Allez-y, actionner la chasse d'eau de toutes vos forces! »

Donnez-lui en la chance et il vous racontera l'histoire de la plomberie dans tous ses détails, vous énumérera les avantages du cuivre par rapport au plastique ou vous expliquera pourquoi les tuyaux en U qu'on place sous les éviers sont constamment bouchés (non, ce n'est pas pour donner du travail aux plombiers). Ce plombier adore se glisser sous les maisons, car il y trouve toutes sortes de choses intéressantes, comme des bouteilles de bière des années 1940 et 1950 oubliées par des ouvriers de l'époque.

Cet homme aime aussi raconter des histoires de plombier. Lorsqu'il vous remet sa facture, il dit: «Je vous ai donné un bon tuyau, c'est maintenant le temps de payer!». Si votre sous-sol est inondé, il lance: « Cela pourrait être pire, sans compter que vous avez toujours voulu avoir une piscine intérieure! ». Lorsque l'inflation monte, il déclare: « Vous savez, le prix de la nourriture augmente tellement que même les plombiers commencent à s'en apercevoir! ».

Il n'est donc pas nécessaire de travailler dans le sport professionnel pour avoir du plaisir. Il suffit seulement d'aimer ce que vous faites et de faire ce que vous aimez! Comment y arriver? Je vous suggère trois moyens:

1. Déterminez ce que vous aimez faire, puis trouvez quelqu'un qui vous paiera pour le faire.
2. Vous détestez votre travail? Déterminez ce que vous aimeriez faire à la place, puis essayez d'y parvenir de toutes vos forces! Commencez dès maintenant à chercher ce nouveau travail qui vous enthousiasmera chaque jour. Assurez-vous toutefois d'avoir obtenu ce nouvel emploi avant de quitter celui que vous avez déjà. Choisissez un travail qui vous procurera du plaisir, même s'il est moins bien rémunéré au départ. Car si ce travail vous donne l'envie de vous dépasser, s'il vous procure du plaisir, l'argent et les promotions viendront.
3. Quel que soit l'emploi que vous occupez actuellement, adoptez une attitude du genre « prenons plaisir à travailler ». Prenez la résolution de rester enthousiaste à l'égard de votre travail. Par exemple, si vous êtes livreur de pizza ou commis d'épice-

rie, essayez d'être l'employé le plus joyeux et le plus enthousiaste de votre entreprise, même si vous ne souhaitez pas y faire carrière. Les pourboires, les promotions, les augmentations de salaire et les compliments vont aux gens souriants et empressés, aux gens qu'on prend *plaisir* à côtoyer!

On ne peut pas tous occuper un poste comme le mien, pas plus qu'on ne peut tous connaître une grande carrière sportive comme Shaq, John Madden, Ted Williams ou Michael Jordan. En revanche, je crois profondément qu'on peut tous trouver le moyen d'avoir du plaisir en travaillant. C'est ainsi que l'on devient candidat à la réussite.

Que faire avec le succès?

Quelqu'un a déjà dit: «Se *payer du bon temps* est plus important que se *payer des choses*. La richesse, ce n'est pas ce que l'on *possède*, mais ce que l'on *aime*.» Rien de plus vrai. Il y a tellement de gens qui ont de l'argent et de la renommée à ne plus savoir qu'en faire. Non seulement ont-ils atteint leurs objectifs, ils les ont largement dépassés; et pourtant, ils ne sont toujours pas satisfaits. Leur problème, c'est qu'ils ignorent comment se payer du bon temps! Logan Pearsall Smith disait: «Nous devons tous viser deux choses dans la vie: premièrement, obtenir ce que l'on veut; deuxièmement, en profiter. Seuls les sages réussissent à atteindre la seconde.»

J'ai connu beaucoup de gens qui, selon les normes en vigueur dans notre société, ont réussi. Ils sont brillants. Ils travaillent dur. Ils persévèrent. Ils ont atteint les sommets. Ils sont riches et célèbres. *Et ils sont malheureux!* Ce n'est pas la réussite telle que je la conçois, mais un échec sur toute la ligne. C'est gaspiller sa vie.

Si vous gagnez beaucoup d'argent mais que la vie ne vous procure aucun plaisir, quelque chose cloche sérieusement. Si vos objectifs vous absorbent à un point tel que vous ne profitez plus de votre famille, de vos amis et des plaisirs de la vie, vous êtes profondément déréglé. Si le travail vous obsède et vous laisse sans joie, réagissez. Vous avez besoin d'aide, et vite. Consultez un psychiatre. Priez pour votre guérison. Joignez-vous à une association pour intoxiqués du travail (je ne blague pas, de telles associations existent).

Mon ami, si vous êtes trop ambitieux et obsédé par le travail, vous avez besoin d'aide au plus vite!

« Lorsque je jette un regard sur le passé », dit cette institution vivante du monde du spectacle qu'est Bob Hope, « je découvre que ce sont les choses simples – et non les grands événements – qui m'ont procuré le plus de joie. Les moments que je me remémore le plus ne sont pas les moments où j'ai côtoyé les grands de ce monde ou ceux où j'ai reçu des prix. Ce sont des moments agréables, certes, mais mes souvenirs les plus doux restent les moments de tranquillité passés en famille, les journées de détente à jouer au golf, les bons repas avec de vieux amis. Bref, les moments de pur plaisir. »

Ceux qui réussissent véritablement sont capables d'anticiper les joies à venir, de se remémorer les moments joyeux et d'apprécier pleinement le moment présent. Que faire une fois qu'on a réussi? *On en profite!*

Le prix Nobel du plaisir

Au cours de ma carrière, la personne qui m'a le plus appris sur la valeur du plaisir a été Bill Veeck, un extraordinaire propriétaire-directeur-gérant-organisateur, et un membre du Temple de la renommée du baseball.

Laissez-moi vous raconter pourquoi Bill Veeck est une légende. Premièrement, il avait le baseball dans le sang. Son père était journaliste sportif à Chicago et le jeune Bill a amorcé sa carrière dans le baseball en vendant des cacahouètes, du maïs soufflé et des feuilles de pointage dans les gradins du Wrigley Field. À la fin des années 1930 et au début des années 1940, il a travaillé avec l'instructeur-chef des Cubs, Charley Grimm. C'est peu de temps après qu'il s'est mis à faire ce qui l'a rendu célèbre: acheter des équipes en difficulté pour les transformer en équipes gagnantes. Il a commencé par acheter le club-école des Cubs, les Brewers de Milwaukee, et les a aidés à passer de la dernière place, en 1941, à la première de 1943 à 1945. En 1946, il a été à la tête d'un groupe qui s'est porté acquéreur des Indians de Cleveland, une équipe qui n'avait pas remporté de championnat depuis 1920. Deux ans plus tard, les Indians ont non seulement remporté le championnat, mais également la Série mondiale. Il a été par la suite propriétaire des Browns de Saint-Louis et des White Sox de Chigaco, cette dernière équipe remportant le championnat de la Ligue américaine en 1959.

Deuxièmement, Bill Veeck était un génie de la publicité. En 1951, lorsqu'il était propriétaire des Browns de Saint-Louis, il a eu une idée brillante qui lui a permis de faire d'une pierre deux coups: assurer la présence d'au moins un joueur sur les sentiers, et divertir les spectateurs dans les gradins. Son idée consistait à utiliser comme frappeur suppléant un joueur de 1, 5 mètre, Ed Gaedel. Le lanceur adverse était pratiquement incapable de placer une balle dans la zone de prises très basse de monsieur Gaedel, qui recevait alors un but sur balle. Grâce à son génie de la publicité, Bill Veeck était souvent capable de prendre en charge une équipe et de doubler l'assistance aux matchs en une année (sous sa gouverne, l'assistance aux matchs des Indians a atteint 2 millions de spectateurs en 1940 et celle aux matchs des White Sox a atteint 1,5 million à la fin des années 1950 et au début des années 1960).

Troisièmement, Bill Veeck était profondément humain. À une époque où le racisme était érigé en système dans la société américaine, il se moquait de la couleur de votre peau. Il considérait chaque joueur comme une *personne* et il considérait chaque joueur de baseball comme un *joueur de baseball.* C'est pourquoi il a embauché Larry Doby chez les Indians de Cleveland, premier joueur de couleur de la Ligue américaine. Et c'est pourquoi il a sorti Satchel Paige des ligues de baseball réservées aux Noirs pour l'emmener à Cleveland. Ces deux décisions étaient audacieuses en cette fin des années 1940.

Quatrièmement, la passion de Bill Veeck était d'amuser les spectateurs. Il mettait autant d'accent sur le divertissement que sur la victoire ou la rentabilité. Il était le Walt Disney du baseball et chacun de ses gestes reflétait son désir d'amuser les gens et de les rendre heureux. Comme il l'écrivait dans sa biographie publiée en 1962, *Veeck as in Wreck*: «Ma philosophie en tant que gestionnaire du baseball est tout ce qu'il y a de plus simple: donner le maximum de plaisir à un maximum de gens, non pas en détournant leur attention du match, mais en y greffant des moments de joie pure et simple. Mon objectif a toujours été d'attirer les foules et de transformer chaque spectateur en amateur de baseball.»

J'étais âgé de 22 ans lorsque j'ai rencontré Bill Veeck pour la première fois en 1962. Trois ans plus tard, je terminais ma première année comme directeur général du club-école des Phillies de Philadelphie, situé à Spartanburg en Caroline du Sud. Bill Veeck était mon mentor. La saison avait été longue et difficile parce que, en toute honnêteté, notre club était médiocre. Toutefois, malgré les performances pitoyables de l'équipe, les gens nous appuyaient. Nous avions attiré 114 000 personnes en tout, une assistance considérable pour une équipe des ligues mineures. Pourtant, j'étais déprimé et découragé par le fait que l'équipe avait terminé la saison parmi les dernières du classement.

C'était donc la fin de la saison et mes sentiments étaient partagés: notre performance sur le terrain avait été misérable, mais nous avions remporté un grand succès aux guichets. Je ressentais une certaine mélancolie: «Tout ça pour ça?». J'étais déçu, vidé. J'avais investi six ou sept mois de ma vie, j'avais travaillé seize heures par jour, ma première saison comme directeur général était maintenant terminée, et qu'avais-je accompli? Cela en valait-il la peine? Je l'ignorais.

J'ai donc appelé Bill Veeck.

Je me sentais choyé d'avoir Bill Veeck comme ami. Il m'avait pris sous son aile lors de mon déménagement à Spartanburg et m'avait appris beaucoup de choses. J'admirais son génie de la publicité et je l'avais consulté à maintes reprises pour différentes questions concernant les rouages du baseball. Je me suis donc vidé le cœur au téléphone et Bill m'a écouté avec patience. Dès que j'ai arrêté de parler, il m'a demandé: «Pat, combien de spectateurs as-tu attirés au stade cette saison?

– Cent quatorze mille», ai-je répondu.

– Combien d'entre eux se sont amusés et ont passé un bon moment?

– Eh bien, je crois qu'ils ont *tous* passé un bon moment.

– Maintenant, nomme-moi une autre chose que tu aurais pu faire cet été qui aurait diverti autant de gens et qui leur aurait procuré autant de plaisir et de joie?»

J'ai hésité, réfléchi, puis répondu : « Euh... je ne sais pas trop ce que j'aurais pu faire d'autre.

– Laisse-moi te dire une chose. Pour rien au monde tu n'as à t'excuser d'avoir amusé les gens », a dit Bill Veeck.

Cette seule conversation a transformé ma façon de voir les choses. J'ai pris conscience que j'avais accompli quelque chose d'important, de valable, de significatif dans la vie de milliers de personnes. Cette conversation a eu une profonde répercussion sur le reste de ma carrière, jusqu'à aujourd'hui en fait, puisque je fais le même travail depuis trente ans. Je ne prétends pas être un deuxième Bill Veeck – il n'y en aura jamais qu'un *seul* – mais je crois être devenu un gestionnaire et un maître du divertissement dans la plus pure tradition de Bill Veeck.

Personne n'a mieux décrit Bill que la personne qui l'a le mieux connu : son épouse, Mary Frances. « Il était tellement agréable à côtoyer », disait-elle à l'occasion de l'intronisation de Bill au Temple de la renommée du baseball à Cooperstown, dans l'État de New York. « Il prenait la tête de la parade et on ne pouvait faire autrement que de le suivre. » Le fils de Bill, Mike, est directeur général d'une équipe des ligues mineures. Son père lui a appris la leçon suivante : « Le plaisir n'est pas illégal. Il n'est pas nécessaire d'arborer un air sombre pour accomplir des choses. Il est permis de s'amuser. »

Bill Veeck m'a aidé à mettre les choses en contexte. Je suis heureux qu'il y ait des médecins, des infirmières, des policiers et des pompiers ; ces gens sont des héros qui sauvent des vies. Je suis également heureux qu'il y ait des enseignants et des prédicateurs ; ils remplissent notre esprit de connaissances et notre cœur de sagesse afin que nous menions une vie constructive et responsable. Je suis heureux qu'il y ait des politiciens ; les meilleurs d'entre eux rendent ce monde meilleur (quant aux pires, ils sont tôt ou tard démasqués et mis à la porte). Toutes ces vocations sont nobles ; ceux et celles qui les occupent méritent notre respect.

Et à mon avis, il est tout aussi noble de devenir un grand joueur de baseball ou de basket-ball, ou un acteur de télévision ou de cinéma, ou un musicien, un auteur-compositeur, un producteur de disques, un clown, un acrobate, un humoriste, un danseur. Ce sont tous ces gens qui nous divertissent. Le chirurgien peut sauver des vies avec son scalpel, mais les artistes contribuent à donner un sens à ces vies sauvées et à les rendre plus gaies. Ils apportent le *plaisir* en ce bas monde.

Meadowlark Lemon, l'ancien joueur des Harlem Globetrotter, disait: « On ne perd jamais quand on rend les gens heureux, quand on fait naître un sourire qui refuse de s'effacer. À la fin d'un match des Globetrotters, ce n'est pas de la marque finale dont les gens se rappellent, mais des rires. »

Walt Disney et Bill Veeck sont des hommes remarquables, mais il n'existe aucune récompense pour souligner leur style de réussite. Personne n'a jamais reçu le prix Nobel du plaisir. Ce serait néanmoins une excellente idée. Avoir du plaisir et en donner aux autres est un des gestes les plus nobles et les plus utiles qu'on puisse poser. C'est également une des choses les plus humaines que nous faisons.

Et vous savez quoi? Il n'est pas nécessaire d'être un artiste professionnel pour être amusant! Selon moi, tous les parents devraient donner l'exemple en créant au sein de leur famille une atmosphère propice au plaisir. Tous les dirigeants d'entreprise et les gestionnaires devraient faire du lieu de travail un endroit où on prend plaisir à travailler et à être productif. Tous les enseignants devraient montrer à leurs élèves qu'apprendre est un plaisir. Tous les prédicateurs devraient apprendre à leurs fidèles que le Dieu qu'ils vénèrent aime rire et qu'Il a fait à son image des êtres humains amusants qui aiment s'amuser.

Chantez, dansez, riez! Enfourchez une motocyclette. Enfilez vos patins à roulettes et jouez au hockey dans la rue avec les enfants du voisinage. Si vous comptez un but, sautillez et scandez: « Amusons-nous encore! Amusons-nous encore! »

La prochaine fois que vous cuisinerez quelque chose, prenez les couvercles des casseroles et frappez-les ensemble telles des cymbales. Vous vous sentirez idiot et vous vous salirez, mais vous vous amuserez!

Et pourquoi pas? Si le cœur vous en dit, mettez-vous des haricots dans le nez.

La vie est grandiose. La vie est un grand éclat de rire. Secouez-vous et *amusez-vous!*

Attendez ! N'y allez pas tout de suite. Il vous reste un dernier chapitre à lire avant d'aller dehors vous amuser. Tournez cette page, donc, car *le temps de ma grande conclusion est venu...*

Chapitre 10

Qu'est-ce que la réussite après tout?

- *«Le plus grand de tous les miracles, c'est qu'en utilisant tout le potentiel que Dieu nous a légué pour nous améliorer, on peut être demain tout autre que ce que l'on est aujourd'hui.»*

  Rabbin Samuel M. Silver

- *«Le but de la vie n'est pas de trouver la liberté, mais de découvrir son Maître.»*

  G. Campbell Morgan

Qu'est-ce que la réussite?

Pour l'adolescent et le jeune adulte que j'étais, la réussite se résumait à une seule chose: devenir receveur au baseball professionnel. Je suis tombé en amour avec ce sport le jour où mon père m'a emmené au Shibe Park de Philadelphie pour assister à mon tout premier match de baseball des ligues majeures. C'était en 1947 et j'avais sept ans. Au cours des dix ans et demi qui ont suivi, je me suis lancé à la poursuite de ce rêve, d'abord dans les terrains de jeux et les cours d'école du quartier, ensuite à l'université Wake Forest qui m'avait accordé une bourse d'études, puis dans les mineures pour le club-école des Phillies à Miami, en 1962 et 1963, à titre de receveur. Je respirais du baseball, je mangeais du baseball, je dormais en rêvant au baseball.

Toutefois, comme je le disais précédemment, mon rêve ne s'est pas matérialisé. Après avoir donné tout ce que j'avais dans le ventre durant deux ans dans l'ombre de la Ligue de l'État de la Floride, j'ai dû me rendre à l'évidence: ma médiocre carrière tirait déjà à sa fin. Un de mes coéquipiers à l'époque était Ferguson Jenkins, un lanceur qui a plus tard atteint les ligues majeures et qui est devenu membre du Temple de la renommée. Il aime dire aux gens: « Pat Williams est le joueur qui m'a donné le plus de fil à retordre, non comme frappeur, mais parce qu'il était mon receveur! ». (Fergie, je te le revaudrai un de ces jours!)

J'avais des rêves, mais je demeurais réaliste. Je savais que ma carrière s'éteignait doucement tel un météore dans le ciel du mois d'août. C'était une prise de conscience effrayante, comme si je regardais fixement un gouffre obscur et sans fond au creux de mon âme;

j'étais en train de rater l'objectif numéro un de ma vie. Seize années de luttes pour rien.

C'est difficile de voir un rêve ainsi mourir. Je devais toutefois survivre, m'adapter, me trouver un nouveau but et une nouvelle définition du mot réussite. J'ai pris la résolution de trouver un nouveau domaine où exceller, quelque chose d'une importance telle que ma modeste carrière de joueur ne serait qu'une minuscule note en bas de page dans le livre qui relaterait mes *véritables* exploits. J'avais toujours été un gars sociable et dynamique, un rêveur créatif qui aimait parler et organiser des choses. Voyant en moi ces qualités ainsi que mon amour pour le baseball, les Phillies m'ont offert de travailler dans l'administration du club de Miami. J'ai considéré cette offre comme une belle occasion d'en apprendre le plus possible sur l'administration et la promotion d'une équipe de sport. J'ai travaillé fort et j'ai essayé d'être tout yeux tout oreilles.

En 1964, je suis devenu directeur général adjoint. En 1965, j'ai obtenu mon premier poste de directeur général avec les Phillies de Spartanburg, en Caroline du Sud. J'exécutais mon travail avec une passion intense et tenace. Le seul moment où je ne travaillais pas à la promotion du baseball était pendant que je dormais. Je gagnais un bon salaire. J'accomplissais mes tâches et on reconnaissait mon travail. Pendant trois ans d'affilée, de 1965 à 1967, la ligue Western Carolinas m'a décerné le titre de Gestionnaire de l'année. Au cours de la troisième année, je suis devenu président de l'équipe et en 1967, le magazine *Sporting News* m'a nommé Gestionnaire de l'année dans les ligues mineures. Ma carrière était en pleine ascension et prenait de la vitesse !

Toutefois, quelque part dans mon esprit, le doute et la déception, et même un brin de découragement, me tenaillaient. Ma carrière était bien en selle, je menais une vie excitante et gratifiante, cela aurait dû me rendre heureux et me satisfaire pleinement. Je me disais aussi que j'avais compris les règles du jeu : on travaille dur, on se concentre sur ses objectifs, on s'active, on fonce, et la réussite arrive. Bien sûr, cela ne va pas sans sacrifice, mais le jeu en vaut la chandelle, n'est-ce pas ?

Erreur.

Plus je réussissais, moins j'éprouvais de satisfaction et plus je me sentais seul et isolé. Mon travail m'apportait beaucoup d'éloges, flattait mon ego et me procurait de fortes sensations. Toutefois, tout cela était furtif, et la satisfaction que j'en avais tirée avait disparu le lendemain. Je ressentais un vide à l'intérieur de moi. Je croyais pourtant m'y prendre de la bonne façon pour le combler, mais ce vide persistait. J'étais complètement décontenancé : qu'est-ce qui me manquait ?

Les règles de la réussite selon R. E. Littlejohn

Au cours de cette période, j'ai dû réévaluer les fondements sur lesquels ma vie reposait. Quel était le sens de ma vie ? Quel était le but de mon existence ? Que signifiait pour moi la réussite ? Pendant cette période de questionnement et d'introspection, un homme a exercé sur moi une énorme influence : R. E. Littlejohn, un des propriétaire de l'équipe de Spartanburg (j'ai parlé de cet homme dans le chapitre 4). Lors de mon arrivée à Spartanburg en 1965, monsieur R. E. (c'est comme cela que tout le monde l'appelait) se trouvait à l'extérieur de la ville. Sa femme, que tous surnommaient Sam, se trouvait aux bureaux de l'équipe et s'est chargée de me faire faire le tour du propriétaire. Elle m'a alors dit quelque chose qui m'a frappé : « Vous aimerez travailler avec monsieur R. E.. Vous ne rencontrerez jamais personne comme lui. » Elle avait tout à fait raison !

R. E. Littlejohn était un symbole de réussite, un « gros bonnet » au sein de la Western Carolinas League. Pourtant, son comportement n'était pas celui qu'on attend d'un « gros bonnet ». Il était généreux, courtois et aimable, mais également fort, direct et catégorique. Comme me l'avait prédit sa femme, il était unique en son genre. En fait, cet homme a eu une telle répercussion sur ma vie que Jill et moi avons nommé notre aîné à la fois en son honneur et en celui de mon père : James Littlejohn Williams. R.E. Littlejohn était tout simplement l'être le plus *exemplaire* que j'ai connu et je l'avais adopté comme modèle.

Pendant les quatre années où j'ai travaillé avec lui – quatre années parmi les plus fascinantes et enrichissantes de ma vie – je l'ai vu vivre sa vie de tous les jours selon des principes que j'appelle « Les règles de la réussite selon R. E. Littlejohn ». Depuis ce jour, j'essaie de suivre ces règles. En voici quelques-unes :

1. *Avoir foi en Dieu.* Lui demander conseil pour chaque décision, petite ou grande. Monsieur R. E. croyait fermement à ce passage de la Bible: «Quel que soit votre travail, faites-le avec âme, comme pour le Seigneur et non pour des hommes, sachant que le Seigneur vous récompensera en vous faisant ses héritiers.» (Colossiens 3, 23) Ces paroles signifient que le travail est un devoir sacré et que Dieu est notre grand patron. Quand on considère Dieu comme son employeur, on est porté à donner le maximum.
2. *Mettez-vous en valeur.* Faites toujours bonne impression la première fois que vous rencontrez quelqu'un. Ensuite, efforcez-vous de gagner sa confiance et de la garder.
3. *Maintenez une vie ordonnée.* Si vous êtes incapable de gérer vos affaires ou votre famille, pourquoi vous confierait-on un poste important ou de grandes responsabilités?
4. *Soyez sincère et bienveillant à l'égard de vos collègues.* Dites merci. Soyez aimable. Cherchez à connaître leurs besoins ou leurs souffrances et essayez de les aider. La bienveillance engendre la confiance, la loyauté et la coopération. Il n'y a pas meilleur investissement.
5. *Faites vos preuves.* Nous devons tous apprendre à nager avant de faire une longueur de piscine. Apprenez la valeur de la patience et de l'apprentissage. Ne vous attendez pas à commencer au sommet. Tirez plutôt profit de chaque expérience, essayez d'apprendre quelque chose à chaque échelon, afin de devenir un gestionnaire efficace.

Voici quelques-uns des principes de monsieur R. E.. En suivant ces règles, il est devenu un homme d'affaires prospère, un grand propriétaire de club de baseball, un mari et un père accomplis. Il était aussi fort que doux. Il portait à la fois un gant de fer et un gant de velours.

Beaucoup d'athlètes, d'entraîneurs et de propriétaires d'équipes ont adopté des règles semblables. Pour se les rappeler et les inculquer à leur entourage, certains d'entre eux vont même jusqu'à les afficher dans leur lieu de travail.

Trois portes, trois valeurs

Peu après la construction du magnifique Amers Veston Arena, le président des Suns de Phœnix, Jerry Colangelo, m'a offert une visite guidée de ce centre sportif. Ma section favorite était le vestiaire des Suns: on y trouvait un spacieux vestiaire, une salle de poids et haltères bien équipée et une aire d'entraînement.

Au moment de sortir du vestiaire, j'ai remarqué trois portes. Sur la première porte se trouvait un écriteau de vinyle sur lequel figurait un verset de la Bible: « Où étais-tu quand je fondai la terre? Parle, si ton savoir est éclairé. » (Job 38, 4)

Sur la deuxième porte, on pouvait lire: « Qui chérit la discipline chérit le savoir, qui répugne à la réprimande est stupide. » (Proverbes 12,1)

La troisième porte menait directement sur le terrain. Son écriteau disait: « Le match est au calendrier et nous devons le jouer. Alors aussi bien le gagner. (Bill Russell, Celtics de Boston, 11 championnats en 13 ans). »

Ces écriteaux m'ont fasciné. Une fois de retour à la maison, j'ai donc appelé l'entraîneur des Suns, Paul Westphal, pour lui demander pourquoi il les avait mis là.

Il m'a répondu: « Lorsque ces joueurs célèbres et talentueux franchissent la première porte, je veux qu'ils restent humbles devant cette question que Dieu pose: "Vous tous, joueurs si talentueux, où étiez-vous lorsque j'ai créé un monde à partir de rien?"

« Lorsque les joueurs passent la deuxième porte, je veux qu'ils sachent que s'ils ne sont pas prêts à accepter mon enseignement et ma discipline, ils sont stupides...

« Enfin, lorsqu'ils franchissent la troisième porte, je veux leur rappeler que nous pratiquons ce métier pour une seule et unique raison: gagner des matchs. »

Plus tard, Bill Russell m'a confié: « Lorsque j'étais joueur actif, mes coéquipiers trouvaient la saison trop longue ou se plaignaient de leur fatigue. Je leur disais: « Écoutez, je joue 46 minutes par match et l'effort est le même, que je gagne ou je perde. Alors aussi bien gagner, non? »

Je crois que Paul Westphal sait ce qu'il faut pour être un gagnant dans la vie. J'ai appris beaucoup d'autres choses depuis l'époque de Spartanburg en compagnie de R. E. Littlejohn. Je m'en suis rendu compte le jour de mon 41e anniversaire de naissance.

«Je me charge des victoires et des défaites»

Dans le chapitre 3, j'ai laissé à l'ancien entraîneur-chef des Celtics de Boston, Red Auerbach, le soin de vous raconter sa version de l'histoire qui suit; j'aimerais maintenant vous donner la mienne. Bien que le présent livre porte sur la réussite et la victoire, cette histoire parle d'échec et de défaite. Je crois néanmoins qu'elle s'intègre bien à ce dernier chapitre. Après l'avoir lue, vous comprendrez pourquoi.

Nous étions le dimanche 3 mai 1981 et je célébrais mon 41e anniversaire de naissance. Cet après-midi-là, le cadeau que je désirais plus que tout au monde était une victoire des 76ers sur les Celtics. L'enjeu était de taille. C'était le septième et dernier match de la série finale de conférence. Si nous battions Boston, nous remportions le championnat de la Conférence Est et nous allions ensuite affronter Houston pour le championnat de la NBA. Si nous perdions, c'était la fin de la saison. Depuis cinq ans, on prédisait le championnat aux 76ers; depuis cinq ans, nous avions échoué. Nos partisans et les journalistes sportifs nous avaient vivement fait ressentir leur déception à l'égard de ces cinq échecs. Et nous ressentions encore une fois le poids de leurs attentes. C'était maintenant ou jamais.

Grâce à Julius «Dr. J.» Erving, qui jouait le meilleur basketball de sa carrière, nous avons amorcé la série en lions avec trois victoires contre une seule défaite. Même si Boston nous livrait une lutte acharnée dans cette série 4 de 7, nous pensions que la série était dans la poche. Suffisait de remporter une autre victoire. Lors du cinquième match, nous avons mené jusqu'au quatrième quart puis, à moins de deux minutes de la fin, nous avons gaspillé une avance de cinq points et nous avons perdu par un seul point.

En route pour disputer le sixième match, nous nous disions: «Pas de panique, il ne nous manque qu'une victoire. Nous allons réussir.» Encore une fois, nous avons dominé le match et pris une avance qui s'est encore envolée en fumée au quatrième quart. À quelques secondes de la fin, Boston menait par un point et nous étions en possession du ballon. Notre joueur de pointe étoile, Andrew Toney, l'a lancé au panier, mais Kevin McHale de Boston l'a bloqué. Nous avons encore perdu. Soudain, notre balade vers la série de championnat de la ligue se transformait en calvaire. Pire, le match décisif allait se jouer en territoire ennemi, sur le plancher du Garden de Boston.

Au fur et à mesure que l'affrontement ultime approchait, on sentait un renversement d'humeur chez les 76ers. L'optimisme débordant qui avait régné pendant les premières parties avait cédé la place à une froide détermination. «Nous allons gagner!» s'était transformé en «Nous devons gagner!». Il n'est pas facile de jouer au Garden de Boston. C'est une véritable marmite sous pression. Les partisans sont bruyants et rancuniers. Les bannières commémorant les championnats de conférence et de ligue tapissent les murs et pendent du plafond, vous narguant et vous obsédant. Et pour cause: les Celtics étaient les détenteurs du plus grand nombre de titres de la NBA.

Le septième match – qui tombait le jour de mon anniversaire – a suivi le même scénario que les 5e et 6e matchs: Dr. J. et les Sixters ont pris une sérieuse avance en début de match, le jeu a ralenti dans le troisième quart, et le quatrième quart a donné lieu à un jeu partagé et serré où aucune équipe ne semblait vouloir prendre les devants. Enfin, à mi-chemin du quatrième quart, les Sixters ont commencé à prendre le dessus, se construisant une avance de sept points. Je flottais dans les airs, humant déjà l'odeur de la victoire.

Je dois vous avouer quelque chose: je ne tiens pas en place durant un match du calendrier régulier, et encore moins pendant les séries éliminatoires et durant un septième match! Je me lève, je marche, je fais les cent pas. Durant ce match contre les Celtics, je sentais mon cœur sortir de ma poitrine. C'était une performance courageuse, au coude à coude. Les spectateurs criaient tellement fort qu'on s'entendait difficilement penser. Je me disais: *Quelle sensation magnifique que de battre les Celtics sur leur propre terrain après avoir failli perdre la série. Une fois Boston hors de notre chemin, nous serons en route pour la grande finale à Houston et là, personne ne pourra nous arrêter...*

C'est à ce moment que tout s'est mis à déraper.

Les Sixters ont raté quelques occasions de marquer et ont cédé quelques points. Juste au moment critique, nous étions figés sur place ! Tout allait de travers. Les Celtics étaient aussi tendus et nerveux que nous, mais ils réussissaient à marquer des points. Ils pressaient le jeu et nous bousculaient, affamés de victoire. Ils ont égalé le compte. Puis ils ont pris les devants. Ensuite, c'est nous qui avons repris l'avantage. Ensuite, ils ont repris l'avance. L'avance a ainsi passé d'une équipe à l'autre jusqu'à la dernière minute de jeu, où le score était égal.

À quelques secondes de la fin, Boston a pris le contrôle du terrain. Le ballon est passé d'un joueur à l'autre jusqu'à Larry Bird, qui a alors enfilé le panier pour Boston. Les Celtics menaient par deux points.

Les Sixters ont demandé un arrêt de jeu.

Je faisais les cent pas sur la passerelle, arpentant le couloir derrière les gradins, m'arrachant les cheveux. Il nous restait suffisamment de temps pour effectuer un dernier tir au panier. Toutefois, j'avais un mauvais pressentiment, une vision d'apocalypse. Nous étions *si près du but*, mais je craignais que ce dernier panier de Larry Bird nous ait brisé les reins.

Je savais que le temps d'arrêt durerait assez longtemps à cause des réclames publicitaires télévisées. J'ai donc couru derrière les gradins et foncé dans le corridor. J'étais non seulement tendu, j'étais presque en larmes. Remporter ce match représentait *tout* pour moi. J'ai ouvert la première porte que j'ai trouvée pour m'y engouffrer – et me rendre compte qu'il s'agissait d'un placard à balais. Mais je m'en fichais complètement. Je voulais seulement me retirer quelques secondes, le temps de reprendre mes esprits et de prier.

Cinq années ! que je me disais. Cinq années pendant lesquelles nous sommes passés si près de notre objectif, cinq années de défaites en séries éliminatoires alors que nous étions les favoris. Tous ces espoirs qui s'envolaient. Notre saison tout entière ne tenait maintenant qu'à deux choses: quelques secondes et un dernier tir à tenter.

J'ai éclaté en sanglots. J'avais tout fait en fonction de ce championnat depuis que j'étais devenu directeur général des 76ers en 1974. Chaque négociation de contrat, chaque échange, chaque acquisition, chaque réunion, chaque journée au bureau, chaque coup de téléphone avaient eu pour but de gagner un championnat, de faire des 76ers une équipe championne. Et j'étais loin d'être le seul à m'être entièrement consacré à cet objectif: nos collaborateurs, nos dépisteurs, nos entraîneurs et nos joueurs avaient fait de même. Certaines équipes se seraient considérées chanceuses d'atteindre les séries éliminatoires, mais pour nous, se rendre aux éliminatoires n'était que le début. Nous voulions *gagner*, et seule la victoire finale pouvait nous satisfaire.

Cette victoire, je la désirais tellement que j'ai sangloté une prière, toujours dans le placard à balais: «Mon Dieu, je vous en supplie, faites que nous remportions ce match! Vos désirs seront des ordres! Je travaillerai encore plus fort en Votre nom. Aidez-nous à réussir ce dernier lancer! Aidez-nous à gagner!»

À travers la porte close du placard à balais, je pouvais entendre le vacarme de la foule déchaînée de Boston, assoiffée de sang, de notre sang, exigeant la conclusion ultime du retour miraculeux des Celtics. Un vacarme propice à transformer vos os en gélatine et à vous glacer le sang. Impossible de trouver sur terre un endroit aussi saturé d'émotions que le Boston Garden en ce dimanche après-midi de 1981: les émotions de la foule, les émotions des joueurs, et mes propres émotions dans ce placard à balais.

Tout à coup, au beau milieu de ce maelström d'émotions, j'ai ressenti quelque chose d'étrange, une sensation de calme et de sérénité qui semblait m'envahir. J'ai senti la voix de Dieu résonner dans mon esprit, une voix douce et apaisante: «Calme-toi», disait-Il. «Reprends tes esprits, Pat. Je me charge des victoires et des défaites. Tu n'as qu'à rester à Ma disposition.»

J'ai entendu la sirène indiquant la fin du temps d'arrêt. Je suis sorti du placard et me suis précipité sur la passerelle pour regarder le dénouement du match, de la série et de la saison tout entière. La stratégie était limpide: transporter le ballon jusqu'au milieu du terrain et tenter un panier de trois points pour remporter la victoire.

Je ne pensais pas que la victoire était dans le sac, mais je me sentais calme. Dieu m'avait apaisé, Il comprenait ma fragilité et ne me punissait pas d'attacher tant d'importance à un simple match de basket. Évidemment, dans un sens, c'était une chose très importante. À titre de directeur général, la victoire est mon objectif. Et il doit en être ainsi. Mieux l'équipe joue, plus elle reçoit de l'appui, plus les médias en parlent, et plus les recettes aux guichets sont élevées. C'est un jeu, mais c'est également une entreprise.

Toutefois, il arrive que l'on perde. On ne devrait jamais se complaire dans la défaite, la prendre à la légère, la balayer du revers de la main, mais on ne devrait jamais non plus la laisser détruire son équilibre émotionnel et spirituel, même s'il s'agit d'une défaite aux séries éliminatoires. Il faut garder les choses dans leurs justes proportions.

La foule semblait branchée par un câble électrique au ballon qui venait d'être remis en jeu. Des milliers de gorges hurlaient lorsque le ballon est passé des mains de Bobby Jones au Dr. J., qui a alors essayé de s'approcher du panier pour tenter un lancer. Pressé par le manque de temps, il a fait un ultime effort, mais le ballon est retombé sur la plancher sans avoir rien touché. Notre sort en était décidé. Nous avions échoué. Nous avions perdu.

Triomphante, la foule de Boston a explosé de joie. Les Sixters ont pris la direction du vestiaire et je suis descendu les rejoindre. On aurait dit une morgue. On aurait pu couper leur déception au couteau. Et nos déboires ne faisaient que commencer.

Les joueurs ont pris une douche et se sont changés dans le plus grand calme. Nous sommes montés à bord de l'autobus, qui s'est éloigné du Garden pour entrer dans un mauvais rêve qui était moitié bouchon de circulation, moitié émeute. Un groupe de partisans de Boston a décidé d'enfoncer un peu plus le clou en nous narguant et en nous huant, secouant l'autobus et lançant des pierres et des bouteilles dans notre direction. C'était vraiment effrayant. N'était-il pas déjà suffisant que les Celtics nous aient démoli sur le terrain? J'étais désolé pour l'équipe, pour nos partisans, pour moi. Pourtant, même pendant l'émeute et la charge contre notre autobus, je sentais encore la présence apaisante, rassurante de Dieu.

Finalement, le chauffeur de l'autobus a pu se tirer de l'impasse et nous éloigner des partisans de Boston en mal de sensations fortes. Pendant que l'autobus fonçait sur l'autoroute déserte en direction de l'aéroport international Logan, je n'ai pu m'empêcher de retourner quinze ans en arrière, à l'époque des Phillies de Spartanburg. Nous avions remporté le championnat de la ligue. Nous avions remporté 25 victoires consécutives. Nous avions attiré une assistance totale de 173 000 spectateurs dans ce bassin de population de moins de 50 000 personnes. Cette saison avait été tellement excitante, à l'opposé de celle que les Sixers venaient de vivre.

Et pourtant... Je me rappelais mon retour chez moi le soir où nous avions remporté ce championnat avec les Phillies: les clameurs s'étaient tues; le taux d'adrénaline était redescendu; et je m'étais retrouvé seul avec mon succès. Tout apparaissait alors vide de sens. Je m'étais alors posé cette question: « Tout ça pour ça? »

Comme c'était étrange que des années plus tard, après avoir subi une défaite crève-cœur en séries éliminatoires et après avoir été la cible de sarcasmes et de bouteilles vides, je me retrouve le cœur en paix. Aucune voix dans mon esprit ne demandait: « Tout ça pour ça? ». Je savais qu'il y avait quelque chose au-delà de la victoire et de la défaite. Évidemment, ce revers me faisait mal, comme il faisait mal à tous les passagers de cet autobus. Mais j'allais m'en remettre. Même dans l'adversité, j'avais beaucoup plus de raisons d'apprécier la vie et beaucoup plus de raisons de vivre qu'à l'époque de la saison du championnat, 15 ans auparavant.

L'année suivante, 1982, a été une copie conforme de 1981. Nous avons de nouveau livré une guerre de tranchées contre Boston en séries éliminatoires, le tout culminant dans un match serré au Garden de Boston, un dimanche après-midi. Seulement, en 1982, nous avons remporté la victoire. Vers la fin du match, je suis retourné dans le même placard à balais pour remercier Dieu – moins pour lui demander la victoire que pour le remercier de m'avoir fait comprendre qu'Il se chargeait des victoires et des défaites. Par la suite, lors de la grande finale de la NBA, les Lakers de Los Angeles nous ont battu à plates coutures. On gagne parfois, on perd aussi, et je sais comment on se sent dans les deux cas. Je déteste la défaite, je l'ai toujours détestée et je la détesterai toujours. Toutefois, chaque fois que je suis tenté de demander à Dieu « Pourquoi? », je me rappelle Ses paroles dans le placard à balais en 1981: «Je me charge des victoires et des défaites. Tu n'as qu'à rester à Ma disposition.» Et je me souviens alors de l'apaisement que Ses paroles m'avaient procuré, un apaisement qui dépasse mon entendement.

Qu'est-ce que la réussite? Cette question est vieille comme le monde et la réponse est toujours la même depuis 2 000 ans: «Que sert donc à l'homme de gagner le monde entier, s'il ruine sa propre vie? Et que peut donner l'homme en échange de sa propre vie? (Marc 8, 36-37) L'argent, la gloire, le pouvoir, la célébrité et le plaisir n'apportent pas la véritable réussite. Ce ne sont que des à-côtés, *agréables* certes, mais qui n'assurent pas le salut de notre âme. Réussir véritablement notre vie consiste à accomplir les choses qui importent le plus dans tous les aspects de notre vie – bâtir des liens familiaux inaltérables, exceller au travail et, d'abord et avant tout, vivre en paix avec soi-même et avec Dieu.

Voilà la vraie réussite et beaucoup de gens l'ont compris.

La véritable réussite

Après ma rencontre avec R. E. Littlejohn, ma vie a été profondément influencée par des personnes remarquables. Une des personnes qui m'a le plus marqué récemment est un homme dont j'ai parlé au chapitre 9, l'homme à qui je dédie ce livre, mon ami Richard DeVos. Comme je le mentionnais précédemment, Rich est le cofondateur d'Amway et un des propriétaires du Magic d'Orlando. Le magazine *Forbes* a estimé sa fortune à 4,5 milliards de dollars. Pour bien des gens, cette fortune à elle seule est synonyme de réussite. Je crois cependant que la vraie réussite dépasse la simple richesse ou le pouvoir qu'on détient dans une grande entreprise. Et Rich a atteint cette sorte de réussite.

Richard DeVos est issu d'un milieu modeste de Grand Rapids au Michigan. Enfant, il n'était pas un élève particulièrement doué, mais il manifestait déjà un grand enthousiasme et une profonde détermination. Après la Seconde Guerre mondiale, il s'est lancé en affaires avec un ami d'enfance, Jay Van Andel. Leur première entreprise était une école de pilotage et un service de vols nolisés, Wolverine Air Service. Ils ont par la suite ouvert un restaurant, puis ont tout vendu en 1948 pour parcourir en voilier les Caraïbes et l'Amérique du Sud.

Pendant le voyage, ils ont discuté et rêvé de lancer de nouvelles entreprises, de nouveaux moyens de fabriquer et de vendre des produits, de nouvelles façons de réussir. Ce voyage était une aventure: les deux jeunes hommes avaient pris la mer en ignorant tout de la navigation. Ils se sont perdus, se sont échoués et ont finalement été sauvés par un navire marchand américain. Cette aventure a cimenté leur amitié et leur a donné une idée pour une nouvelle entreprise: importer des sculptures de bois haïtiennes. Ils ont fait faillite, mais Rich et Jay ont persévéré et s'en sont sortis.

En 1959, les deux hommes ont fondé Amway, acronyme formé des mots «American Way». Ils ont basé cette entreprise sur un concept qu'ils ont modifié, le concept de marketing à paliers multiples ou réseautage, mis au point par Nutrilite, une entreprise spécialisée dans les vitamines et les suppléments alimentaires. Avec l'aide de leurs épouses, Helen DeVos et Betty Van Andel, ils ont démarré l'entreprise dans le sous-sol de leurs maisons. Ils préparaient et emballaient eux-mêmes leur premier produit, un nettoyant liquide organique tout usage.

Depuis ce produit fabriqué dans leurs sous-sols, l'entreprise est devenue une méga entreprise qui offre 400 produits différents et affiche des ventes annuelles de 4,5 milliards dans 70 pays. La croissance phénoménale de cette entreprise provient du fait que ses produits sont distribués par des particuliers qui sont leurs propres patrons et dont les revenus augmentent en proportion de leur rendement. L'éthique de travail américaine – «The American Way» – en constitue la clé. En suivant les principes d'Amway, de nombreux distributeurs sont capables de gagner un revenu dans les six chiffres.

En 1991, Rich et certains membres de sa famille ont acheté le Magic pour la somme de 85 millions de dollars. Rich voulait s'associer avec une équipe de la NBA en partie pour la raison suivante: cette situation procure une visibilité qui lui permet de prêcher son message, à savoir que la réussite repose sur le travail acharné et la persévérance. Rich aime les jeunes et souhaite transmettre à la jeunesse de tout le pays les principes de la réussite en Amérique.

«Même si vous possédez une très grande entreprise, ça n'impressionne pas les jeunes», dit-il. Mais si vous êtes propriétaire du Magic et que vous vous retrouvez sur une photo en compagnie de Shaquille O'Neal, ils vous écoutent!»

Qu'est-ce qui motive Rich DeVos? Il est riche, puissant, célèbre et mène une vie agréable. Il possède plusieurs bateaux de plaisance, de magnifiques résidences, et il jouit de la liberté de vivre sa vie à peu près comme il l'entend. Laissez-moi vous dire cependant que rien de tout cela ne motive Rich DeVos. Je connais cet homme et je sais que sa vie repose sur une tout autre définition de la réussite. Il recherche la réussite et l'excellence parce qu'il veut que tout le mérite de ses efforts reviennent à Dieu et contribuent à améliorer la vie des gens. Rich DeVos est un homme généreux qui donne temps et argent à plusieurs causes louables, notamment à des églises, à des organisations charitables et à des hôpitaux.

En apprenant à mieux le connaître, j'ai été de plus en plus impressionné par certains aspects de sa vie. Premièrement, il est le meilleur communicateur que j'ai jamais entendu, que ce soit dans un entretien en tête à tête, lors d'une cérémonie religieuse réunissant des joueurs de la NBA, ou devant un rassemblement d'Amway de 40 000 personnes. Il est un orateur hors pair qui commande le respect et qui sait capter l'attention de ses interlocuteurs.

Deuxièmement, Rich possède le génie des affaires. Dieu lui a donné un sixième sens qui lui permet de distinguer les entreprises qui réussiront de celles qui échoueront. C'est pour moi une expérience excitante d'assister à une réunion et de l'entendre parler de sa philosophie des affaires ou de sa vision des choses.

Troisièmement, cet homme fait preuve de sagesse. Rich fait partie de ces gens aptes à comprendre un problème et à trouver des solutions pratiques et équitables. Il peut participer à une réunion, faire le tri dans tout ce qui se dit, et mener habilement le groupe dans une direction. Il s'agit là d'un talent remarquable.

Quatrièmement, Rich sait déléguer. Sa façon de faire: embaucher les bonnes personnes, leur donner des responsabilités, les aider à faire face aux difficultés, les appuyer de façon inconditionnelle, puis les laisser faire leur travail.

Cinquièmement, il aime réellement les gens. Il aime se mêler aux autres et traite tout le monde avec attention et respect, depuis le président des États-Unis (il en a connu et en connaît encore) jusqu'au concierge de son entreprise. Il est attentif aux autres, les écoute, s'entend bien avec eux, se met à leur place, communique. Dieu a donné à Rich la capacité d'aimer les autres sans rien leur demander en retour. Il termine toujours ses lettres en signant : *Affectueusement, Rich.*

Sixièmement, il possède un merveilleux sens de l'humour. Il aime les bonnes blagues et adore rire. Un sourire espiègle vient toujours illuminer son visage devant une situation cocasse.

Septièmement, il encourage les autres. S'adressant aux joueurs de la NBA à l'occasion d'un service religieux tenu à Orlando en 1992, Rich a parlé d'une rencontre avec Walt Disney. Citant Walt Disney, il a dit : « Il existe trois catégories de personnes dans la société d'aujourd'hui. Il y a les « empêcheurs de tourner en rond » qui vous découragent, qui empoisonnent votre créativité et qui vous disent ce que vous ne pouvez pas faire. Il y a les « partout sauf dans ma cour », des gens bien intentionnés mais qui ne pensent qu'à eux ; ils s'occupent de leurs petites affaires et ne lèveraient pas le petit doigt pour aider les autres. Puis il y a les « enrichisseurs », des gens qui tendent la main pour enrichir la vie d'autrui, motiver et inspirer. Nous devons aspirer à être des « enrichisseurs » et à s'entourer de telles personnes. »

Rich DeVos est ce genre de personne, un « enrichisseur ». Demandez-lui quel est son rôle dans Amway, le Magic ou toute autre organisation dont il fait partie et il vous répondra : « Je suis le meneur de bans en chef ! ». Il possède cette merveilleuse capacité de féliciter, d'encourager, d'inspirer et de motiver. Lorsqu'il est de passage à Orlando, il entre dans mon bureau, il prend quelques minutes pour s'enquérir de moi, de mon travail et de ma famille, puis il conclut notre entretien par un petit mot d'encouragement. Même si nous ne parlons que quelques minutes, je me sens toujours plus motivé, plus inspiré, plus énergique après. Il vous aide à vous sentir content de vous-même, à tel point que vous avez l'impression que vous pourriez déplacer des montagnes ou décrocher la lune pour lui.

Rich est inquiet pour les jeunes; il trouve qu'on leur enseigne que la réussite est quelque chose qui arrive «par hasard» ou par l'entremise d'une quelconque conspiration au sein des pouvoirs établis. Il veut faire savoir aux jeunes que la réussite est un choix qu'ils peuvent tous faire s'ils sont disposés à travailler dur et à faire leurs classes. «Les personnes qui restent prisonnières de la pauvreté le sont habituellement par choix», dit-il. «Elles ne s'en rendent pas compte, mais en se plaignant d'être pauvres au lieu de faire quelque chose pour s'en sortir, elles se condamnent elles-mêmes à l'échec. Si vous vous tenez avec des ratés et que vous adoptez la mentalité des ratés, vous deviendrez vous-même un raté. Si vous prenez comme modèles des gens qui ont réussi, si vous écoutez ce qu'ils ont à dire, si vous travaillez fort et que vous persévérez comme ils le font, vous vous en sortirez.»

Richard DeVos est un capitaliste audacieux et il ne s'en cache pas. Il le vit et le prêche. Il aime profondément l'Amérique et professe sa foi dans le mode de vie américain, où qu'il se trouve. Toutefois, il croit également que le capitalisme va de pair avec la compassion et il fait preuve de compassion et de générosité dans sa propre vie*. On traite parfois Rich de «fondamentaliste» et de «défenseur de l'extrême-droite». Pour moi, il n'est qu'un homme qui a toujours essayé de faire de son mieux, de servir son Dieu, de faire honneur à son pays, de respecter son entourage, de se montrer compatissant envers les gens dans le besoin, de motiver les autres et de leur insuffler de l'énergie. Sa vie est un *véritable* exemple de réussite, et je suis fier de l'appeler mon ami. Si fier, en fait, que lorsque Jill et moi avons adopté un jeune Brésilien de 11 ans, en 1993, nous avons décidé de le renommer Richard, en l'honneur de Rich DeVos.

Depuis l'époque de Spartanburg, j'ai essayé de faire de ma vie un tel exemple de réussite. Et cela a vraiment changé quelque chose à la fois pour moi et pour tous ceux que j'aime.

La magie vous entoure

À l'automne de 1993, j'ai reçu un appel en provenance du bureau de Dave Thomas (ce même Dave Thomas qui apparaît dans

---

* Note de l'Éditeur: En témoigne d'ailleurs son livre publié aux éditions Un monde différent: *Le Capitalisme avec compassion.*

les annonces publicitaires de la chaîne de restaurants Wendy's, qui a créé la fameuse croquette de bœuf carrée et qui est l'auteur du livre sur la réussite intitulé *Well Done*). La secrétaire de Dave Thomas était au bout du fil. Elle a dit que son patron était en train d'écrire un livre et qu'il voulait y insérer quelques histoires de gens qu'il connaît ou dont il a entendu parler. « Monsieur Thomas aimerait parler de votre famille dans son livre », a-t-elle ajouté. Il a lui-même été adopté et il a beaucoup d'admiration votre femme et vous qui avez adopté quatorze enfants. »

Nous ne le connaissions pas, nous ne l'avions jamais rencontré, mais nous étions honorés qu'il souhaite parler de nous dans son livre. Quelques semaines plus tard, nous avons donc reçu la visite d'un rédacteur qui a passé la journée avec nous, recueillant des informations pour le livre. Lorsqu'il est parti, nous pensions que notre contribution s'arrêtait là, que nous n'aurions pas de nouvelles de ce livre jusqu'à sa parution. Il s'est écoulé encore quelques semaines, puis nous avons de nouveau reçu un appel en provenance de Colombus, en Ohio, du bureau de Dave Thomas. « Monsieur Thomas aimerait vous rendre visite à votre domicile de Winter Park, le temps de prendre quelques photos avec votre famille pour les publier dans son livre. Est-ce que cela vous conviendrait?

« Il est le bienvenu », ai-je répondu.

Par un après-midi du mois d'avril 1994, un gros et vieil autobus s'est garé devant notre maison. En sont sortis une horde de photographes et de représentants d'agence et, bien sûr, Dave Thomas, exactement tel qu'on peut le voir dans les réclames publicitaires de Wendy's. Inutile de dire que les enfants avaient les yeux comme des billes. Dave est entré et a commencé à jouer au basket avec les enfants dans la cour pendant que les photographes se préparaient. Il était vraiment tel qu'il apparaît dans les annonces publicitaires: un entrepreneur énergique au visage aussi candide et chaleureux que le capitaine Kangourou, doublé d'un amoureux des gens et des enfants. Nous nous sommes tous fait prendre en photo avec Dave, comme s'il était le propre grand-père des enfants en visite après une longue absence. Il a donné à tous nos enfants des tee-shirts de Wendy's portant sa photo. Une trentaine de minutes après, il s'apprêtait à repartir.

Au moment de nous quitter, l'entraîneur de natation des enfants, Kevin Meisel, est arrivé pour emmener les enfants à leur pratique. Il fallait voir sa tête quand il a vu Dave Thomas en personne sortir de la maison et se dirigeant vers le trottoir où il attendait. Dave a serré la main à Kevin et a dit: «Bonjour, je suis Dave Thomas.» Et Kevin a répondu: «Je sais!»

Cette fois encore, nous pensions ne plus entendre parler de rien avant la parution du livre... mais ce n'était pas fini! En octobre 1994, nous avons reçu un *autre* appel du bureau de Dave Thomas. «À l'occasion du lancement de son livre», a dit la secrétaire, «monsieur Thomas aimerait honorer certaines personnes en leur décernant des prix. Il serait heureux de vous inviter, votre épouse et vous, au Carnegie Hall à New York le mois prochain.» Jill ne pouvait y venir mais je n'aurais manqué cet événement pour rien au monde. En novembre, j'ai pris l'avion pour New York, sauté dans un taxi et demandé au chauffeur: «Comment se rend-on à Carnegie Hall?»

Sa réponse: «En pratiquant encore et encore!» (Ils sont tous des comédiens là-bas!)

Le taxi m'a emmené au Carnegie Hall, où on m'a conduit jusqu'à la porte. J'y étais enfin, dans cet endroit sacré où tous les artistes les plus célèbres du monde s'étaient produits. La cérémonie a commencé par un mot du maître des cérémonies, Dave Thomas. Il a présenté toutes les personnes à qui on allait faire honneur ce soir-là, des gens que je connaissais, d'autres que je ne connaissais pas. J'ai immédiatement reconnu Pat Robertson, Norman Vincent Peale et l'acteur Lee Majors. Lorsque j'ai dû à mon tour me lever et parler, j'ai récité une prière dans ma tête: «Dieu, merci de m'avoir mené aussi loin. Merci de cette incroyable chance. Merci de me donner plus de faveurs que je n'en mérite. Aide-moi maintenant à trouver les bons mots.»

J'ai alors brièvement raconté l'histoire de nos quatorze adoptions, de l'intense désir de Jill d'adopter ces enfants, de mon désaccord initial et de la façon dont Dieu avait finalement ouvert mon cœur. J'ai raconté comment, en 1983, nous avons adopté deux fillettes de la Corée du Sud, puis j'ai résumé l'arrivée de chacun des enfants que nous avons adoptés de différentes régions du monde. J'ai conclu en disant: «Beaucoup de gens nous demandent pourquoi nous avons fait cela. La seule réponse que je peux leur donner, c'est que Dieu a vraiment parlé directement à nos cœurs et qu'Il nous a donnés l'intense désir d'adopter ces enfants. Ce désir qu'Il nous a donnés, se résume le mieux, dans la forme et le fond, à travers ce poème accroché à l'entrée de notre maison. Notre ami Bobby Malkmus l'a reproduit sur une dentelle à l'aiguille. Voici ce qu'il dit:

« Certains amassent de l'or
Sur le chemin de la vie
D'autres voient leurs roses au jardin éclorent
Et s'y réfugient loin des conflits

Mais nous, nous recueillerons des enfants
À travers les épines du blâme
En quête de leur regard insouciant
De la belle innocence de leur âme

Car nul or ne peut envahir
Les terres du soir de la vie
Et les roses aujourd'hui cueillies
Sont appelées à flétrir

Et fasse Seigneur que le rire des enfants
Accompagne notre dernier voyage
Car au seuil des portes du paradis ardent
Leur bonheur sera notre ultime et unique bagage »

À la fin du poème, la foule s'est déchaînée en applaudissements, en cris. Certains autres pleuraient. Ce n'est pas tant des applaudissements destinés à Pat et Jill Williams qu'ils offraient; ils se disaient plutôt: « Oui ! Voilà ce qu'est véritablement la vie ! Voilà la vraie réussite: changer la vie, permettre qu'une minuscule parcelle de notre monde soit un tantinet meilleure ! Oui ! Oui ! Oui ! »

L'argent ne fait pas le bonheur. La célébrité ne fait pas le bonheur. Se prélasser dans un hamac en sirotant une citronnade ne fait pas le bonheur. Pour moi, le véritable bonheur, la vraie réussite de ma vie, c'est d'être un bon père de famille pour mes 18 enfants, de leur transmettre ma foi et mes valeurs, de les regarder grandir en prenant de la force et de l'assurance, de les offrir à Dieu et au reste du monde tel un présent, de faire de ce monde un monde meilleur. C'est pour l'amour de mes 18 enfants, pour l'amour de Jill et pour l'amour de Dieu que je m'assure, jour après jour, de suivre ces principes:

- penser « avenir » ;
- donner libre cours à mon imagination ;
- viser l'excellence ;
- persévérer ;
- m'amuser.

Mon ami, ne passez pas à côté de la magie que la vie vous réserve. Accrochez-vous à ces cinq secrets magiques. Faites-les vôtres. Rêvez puis partez à la poursuite de vos rêves. Construisez votre château, votre chemin de fer, votre navire, votre cité, votre chaîne de montagnes. Tendez vers le firmament et décrochez-vous une étoile ! La magie de la vie est tout autour de vous ! Alors qu'attendez-vous, mon ami ? ***Allez-y pour la magie ! – Décrochez votre bonne étoile !***